U0887823

现代产教融合
系列培训教材

现场管理

On-site Management

王相森　主编
孙志虎　罗小放　陈尚林　副主编

化学工业出版社
·北京·

内容简介

《现场管理》聚焦制造业的核心运营单元——现场，系统阐述班组高效现场管理的精髓与方法。其主要内容包括自我管理：培养基层管理者的角色认知、时间管理、情绪控制与持续学习能力，奠定个人领导力基础；团队管理：掌握人员沟通、激励、授权、冲突化解及执行力建设的技巧，打造高绩效、有凝聚力的现场团队；班组日常管理：深入解析班前会、交接班、标准化作业（SOP）、5S 管理、目视管理、设备点检等日常运营规范及效率提升工具；安全管理：强化“安全第一”理念，系统掌握风险识别、隐患排查、安全规程落地、应急处理及安全文化建设，筑牢现场安全防线；现场问题分析与解决：运用 PDCA 循环、5Why 分析法、鱼骨图等实用工具，快速识别、分析并高效解决现场出现的各类异常与瓶颈问题。

本书注重实战性与操作性，通过案例解析与工具实操，旨在帮助学员（班组长、一线主管及现场改善人员）系统掌握提升现场效率、质量、安全水平与员工士气的综合管理能力，实现现场管理的规范化、精细化与持续改善。

图书在版编目（CIP）数据

现场管理 / 王相森主编 ; 孙志虎，罗小放，陈尚林副主编. -- 北京 : 化学工业出版社，2025. 12.
（现代产教融合系列培训教材）. -- ISBN 978-7-122-49501-3

Ⅰ. F273

中国国家版本馆CIP数据核字第2025T378U2号

责任编辑：林　洁　高　宁
文字编辑：范晓峰
责任校对：宋　玮
装帧设计：刘丽华

出版发行：化学工业出版社
（北京市东城区青年湖南街 13 号　邮政编码 100011）
印　　装：中煤（北京）印务有限公司
710mm×1000mm　1/16　印张 14　字数 236 千字
2025 年 12 月北京第 1 版第 1 次印刷

购书咨询：010-64518888　　售后服务：010-64518899
网　　址：http://www.cip.com.cn
凡购买本书，如有缺损质量问题，本社销售中心负责调换。

定　　价：78.00元　

现代产教融合系列培训教材
编委会

主　　任：郭志文　邓曦东

副 主 任：王相森　古永红　周演华

委　　员：陈远姨　金学平　严文超　张莉莉　蒋安军
陈尚林　马　慧　肖远志　汪　静　向良勇
于宁波　肖玲玲　鲍婷婷　王伟奇　张天海

《现场管理》编写人员名单

主　　编：王相森

副 主 编：孙志虎　罗小放　陈尚林

参编人员：陈远姨　朱　蓓　陈云端　龙春娥　陈世淦
张莉莉　闫冬雪　向凡平　付仕琳

序一

在中国经济高质量发展的新征程中，化工产业作为国民经济的支柱产业，正经历着前所未有的转型升级。随着“中国制造2025”“智能制造”等国家战略的深入推进，产业急需大批“懂工艺、精装备、善管理、会创新”的现场工程师，教育培训亟待打通“学科孤岛”与“企业围墙”。然而，长期以来，我国化工教育与产业实际需求之间存在着“两张皮”现象，人才培养与企业需求脱节，导致既有的人才供给难以满足产业发展的实际需要。

产教融合是解决这一矛盾的重要途径。它打破了传统教育与产业之间的壁垒，实现了教育链与产业链的有机衔接，促进了优质教育资源与先进产业要素的深度融合。在此背景下，湖北兴发化工集团股份有限公司（以下简称“兴发集团”）与湖北三峡职业技术学院联合，倾力打造“现代产教融合系列培训教材”，旨在为化工行业培养“下得去现场、攻得下难题、带得好团队”的高素质技术技能人才提供有力支撑。

本系列教材涵盖化工安全、化工工艺、机电仪、智能制造、企业管理等多个领域，以实际工作过程为导向，以典型工作任务为载体，将企业真实案例、前沿技术和工匠精神融入教材内容，努力实现“教学做合一”。本系列丛书的《现场管理》《工作管理》《团队管理》《自我管理》《化工生产现场技术员》《化工单元操作》等教材，均由兴发集团一线技术专家与湖北三峡职业技术学院资深教师及行业专家合作编写，既有理论高度，又有实践深度，既体现学理性，又强调应用性，是产教融合的生动实践和丰硕成果。

这套教材有三大显著特点：一是立足产业实际需求。编写团队深入企业生产一线，全面分析岗位典型工作任务，精准提炼核心职业能力，确保教材内容与企业实际生产需求紧密对接。二是突出职业能力培养。教材以工作过程为主线，以项目为载体，以能力为本位，引导学习者在“做中学、学中做”，实现知识学习与技能训练的有机统一。

三是体现技术前沿发展。教材及时融入新技术、新工艺、新材料、新装备，反映行业发展前沿，增强学习者的创新意识和创新能力。

化工产业是一个技术密集型、资金密集型产业，对从业人员的专业素养和技术水平有着极高的要求。同时，它也是一个高风险行业，安全生产永远是第一位的。本系列教材既注重培养学习者的专业技术能力，又着力提升其安全意识和规范操作能力，力求为企业输送全面发展的高素质技能人才。

作为兴发集团与湖北三峡职业技术学院合作的成果，本系列教材凝聚了双方专家的智慧和心血，是校企深度合作的典范。兴发集团作为国内主要的精细化工企业之一，拥有丰富的生产实践经验和先进的技术工艺；湖北三峡职业技术学院则在化工人才培养方面积累了丰富的教学经验和教育资源。双方优势互补，共同打造了这套既有理论深度又有实践价值的精品教材。

在新时代背景下，希望本系列教材能够为广大化工专业学生和企业一线员工提供系统、实用的学习资源，帮助他们掌握必备的专业知识和关键技能，培养精益求精的工匠精神和持续学习的创新意识。同时，也希望本系列教材能为职业院校教师提供优质的教学参考，促进课程改革和教学创新，为产教融合、校企合作探索新路径、提供新样板。

化工强则中国强。随着我国化工产业向高端化、智能化、绿色化方向发展，对高素质技术技能人才的需求将更加迫切。我们期待这套教材能够在培养新时代化工人才方面发挥重要作用，为中国化工产业高质量发展贡献力量。

中国化工教育协会第四、第五届理事会会长

2025年8月

序二

企业的持续稳健发展，关键靠科技、根本靠管理、最终靠人才。人才是企业的第一战略资源，知识员工、创意员工是智能信息化时代的引领者，以“大国工匠”为代表的技能员工队伍是制造类企业的基石。建设战略学习型组织，通过高质量的职业培训为各类人才提供学习与成长的机会，是建设世界一流企业的重要基础。

职业培训的生命力源于产教融合的程度，关键在于搭建理论与实践之桥，把概念性、原则性的理论知识转化为通俗化、具有操作性的语言、方法和工具，不仅易学易记，更要有用有效，帮助企业解决堵点、难点、痛点、关键点等实际问题，这就需要开发符合职业培训特点的课程体系和培训教材。

中国化工教育协会原会长郝长江同志指出，职业培训教材建设主要有两条路径：一是高等院校教材的简化版，这在体系化、规范化方面比较成熟，但适用性有待加强；二是从岗位胜任力出发的实操版，显现了良好效果和生命力，但体系化、规范化方面有待提高，才能更好推广普及。这两条路径具有互补性，但解决理论与实践“最后一公里”问题，更需要从岗位能力出发，根据国家职业大典和技能等级资格认定标准，丰富工具和方法，才能知行合一，为职业教育改革特别是产教深度融合探索新路径，创造新成果。

兴发集团是全国职业教育教师企业实践基地、湖北省首批产教融合型企业，积极探索建设“工作管理为核心、团队管理为关键、自我管理为基础”的管理培训课程体系，组织编印了“现场管理”“工作管理”“团队管理”“自我管理”等培训教材。2019年6月以来，这些教材内容持续在兴发集团等多家企业管理干部集训班试用，获得了学员的广泛好评，为正式成册出版提供了重要实践基础。

“现代产教融合系列培训教材”是集体智慧的结晶。有关企业管理和职业培训的研究探索成果浩如烟海，编者精心筛选集成，力求为在职人员特别是管理者提供简洁适用的管理理念、方法和工具。丛书编委会副主任王相森具有30多年职业培训和20多年大型国有上市公司高管的丰富经历；专业培训机构高级讲师孙志虎、彭洋、龚全新，全程参与了教材的策划、编写与培训工作；湖北三峡职业技术学院朱蓓、陈云端、罗小放、龙春娥教授对教材内容的思想观念合规性、知识案例合理性、工具方法操作性进行了认真把关；湖北大学郭志文、娄兆文、叶红春、徐江琴教授给予了悉心指导；退休中文教师、原天星供电公司培训主管吴绪纲先生进行了细致的文字把关；兴发集团培训中心陈远姨、陈世淦、张莉莉、闫冬雪、向凡平、陈尚林、付仕琳承担了教材组稿、校对、教学管理等大量基础工作；特别是中国化工教育协会有关专家深入公司指导教材建设，组织全国20多所高等院校的化工专家现场调研交流，提出了弥足珍贵的意见和建议。对所有参与者的辛勤付出，在此一并致以最衷心的感谢！

本书可以作为企业中基层干部的培训用书，也可以作为各类管理人员、基层员工、学校师生、社会人士的参考读物。

兴发集团党委书记、董事长李国璋

2025年7月于昭君故里

前言

从制造业一线摸爬滚打过来的人都知道，班组长是现场管理的“顶梁柱”。安全能否有保障、设备能否顺畅运转、产品质量能否稳定、员工积极性能否提升，关键在于班组长。但现实中的困境是，许多技术能手晋升为管理者后，习惯于亲力亲为，不知道如何赋能团队，遇到突发问题时往往手足无措，找不到根因和对策。这些难题，绝非靠敬业、勇敢或“拍脑袋”就能解决，而是需要一套具体可行的方法和经过验证的实战经验来指导，才能善为善成。

《现场管理》是一本实操性很强的工具书。全书没有讲太多高深理论，而是将兴发集团近半个世纪在班组长培养与现场管理实践中积累的宝贵经验，进行系统化梳理与提炼的成果。作为全国精细化工领域的领军企业，兴发从湖北三峡库区的一个小山区县走向世界，筚路蓝缕，深知现场管理之痛。正是在长期摔打锤炼中，不断优化管理流程，着力解决现场管理中“上热下冷”的传导难题，致力于打通现场管理的“最后一米”，持续提高标准化班组建设水平，探索出了一套行之有效的班组现场管理经验。

全书致力于将一般性原则和道理转化为一个个清晰的步骤、一张张实用的表单和一套套结构化的工具。无论是班前会的高效组织、设备点检的精准执行，还是问题根因的深度剖析、团队沟通的有效开展，都是经过一线反复验证、简单易学、拿来即用的“真方法”。

全书紧扣班组长“管人”与“理事”两大核心职责，从自我管理的角色认知、时间规划，到团队管理的沟通技巧、激励方法，再到班组日常的交接班、现场巡检、安全管理风险排查与应急处置，最后到问题分析与解决，构建了完整的能力模型。各章内容紧扣“能落地、有效果”这一核心原则，旨在为读者提供一套可执行、可衡量、可复制的现场管理行动指南。

真诚希望本书能成为广大读者的好朋友。不管是初入职场的新手，还是初任班组长的“管理新兵”，或者经验丰富的“职场老兵”，都能从中有所感悟与收获。新人、新兵可借此掌握更多的职场门道，少走弯路；老兵则能对照反思，查漏补缺，将工作做得更精细、更扎实、更出彩。特别期盼广大现场管理者，能从中获得启发，让工作更顺畅、更安全、更高效。

囿于编者理论知识和专业能力，不足与疏漏在所难免，敬请专家、读者批评指正，便于再版时改进。

编者

2025年9月

目录

第一章 自我管理

第一节 概述

一、认识自我

现代企业中，班组长的才能、素质对企业发展起着至关重要的作用。卓越的班组长，是班组有效运行的保障；卓越的班组，是企业长青的根基。班组管理是实践的过程，实践成就的大小取决于班组长自身胜任力的高低。班组长胜任力高，班组管理就规范、建设就有效；反之，管理就混乱、建设就无效。所以班组长认识自我非常重要，认识自我才会有自我管理、自我提升的意识。

认识自我要先从弗洛伊德的“本我、自我、超我”的理论说起。

“本我”（完全潜意识）代表欲望，代表原始欲望和冲动；

“自我”（大部分有意识）负责调节“本我”的欲望和“超我”的道德标准，以及处理现实世界的事情；

“超我”（部分有意识）是良知或内在的道德判断。

本我、自我、超我构成了人的完整人格。人的一切心理活动都可以从它们之间的联系中得到合理的解释。自我是永久存在的，而本我和超我则几乎是永久对立的，为了协调本我和超我之间的矛盾，自我需要进行一些调节。若个人承受的来自本我、超我和外界压力过大而产生焦虑时，自我就会帮助启动防御机制。常见防御机制包括压抑、否认、退行、抵消、投射、升华等。

二、自我管理的定义

自我管理就是自我对于本我和超我的协调，自我管理的目的在于如何采用社会能接受的方式满足人的生物本能和实现超我理想，也就是指对自己本身，对自己的目标、理想、心理和行为等表现进行的管理，自己把自己组织起来，自我评估，自我激励，自我完善等，从而完成自我奋斗目标的一个过程。

自我管理又称自我控制（self-control），即利用个人内在力量改变行为的策略，普遍用于减少不良行为、增加积极行为。例如：有个人晚上开车经过一个十字路口，这时黄灯已转成红灯，他心想“反正没车”，便加速冲了过去，结果不巧被警察拦了下来。警察问：“你没看到红灯吗？”“看到了。”“那你怎么还要闯红灯啊？”警察又问。“没看到车，也没有看到你呀！”这个故事说明，自我管理注重的是个人的自我教导及约束的力量，亦即行为的制约是通过内控的力量，而非传统的外控力量。

三、自我管理的重要性

工作中，我们拥有的专业技术知识、人际交往能力、组织能力、语言表达能力等，这些内在的东西都要通过自己的行为表现出来。那么，我们该拥有怎样的自我管理能力，使自己整体能力得到提高，从而让个人在职场上表现得更优秀呢？

在生活中，我们需要扮演不同的角色，和不同的人打交道。有时处在人生的低谷，整个人心情低落，处于一种消极状态；有时整个人是兴奋、心潮澎湃的，处于一种膨胀的状态。其实这两种状态都不好。我们需要调节自己，让自己平静下来，冷静面对生活中的悲与喜。保持愉悦的心情，享受快乐生活，提升自己的幸福感。

每个人都有或大或小的梦想，要在有生之年实现自己的梦想，就要不断改变自己，让自己更接近梦想。人生苦短，所拥有的资源是有限的，比如时间、精力、金钱。要实现梦想，创造好的生活，就要学会管理自己有限的资源，不断提高自己的管理能力。

四、怎样提高自我管理能力

（一）自我心态管理能力

在我们不断塑造自我的过程中，影响最大的莫过于选择积极的态度还是消极的态度。自我心态管理是个人为了实现自我人生目标、达到优化自我的目的，而进行心态调整的行为。成功的管理者善于进行自我心态管理，随时调整自我心态，持续保持积极的心态！

（二）自我心智管理能力

主观偏见是禁锢心灵的罪魁祸首，管理者的见识、行为总是受制于它。心智模式是人们在成长过程中受环境、教育、经历的影响，而逐渐形成的一套思维、行为的模式。每个管理者都有自己的心智模式，但每个管理者的心智都会存在一定的障碍。管理者需善于突破自我、审视自身心智，更要主动塑造正确的心智模式。

（三）自我形象管理能力

作为一名管理者，吸引着许多关注的目光，因此形象至关重要。懂得如何更得体地着装，并符合社会对商务礼仪的要求，能够提升管理者的个人魅力。注重自身修养、举止和谈吐等方面的形象管理，是每一位管理者都应高度重视的。

（四）自我激励管理能力

在我们每个人的生命里，潜藏着一种神秘而有趣的力量，那就是自我激励。人大多的主动行为是由激励而产生的，善于自我激励的管理者，能够通过不断地自我激励使自己具有持续前进的动力。自我激励是一个人事业成功的推动力，其实质则是一个人把握自己命运的能力，管理者要拥有健康的心理，善于运用一定方法实施自我激励。

（五）自我角色认知能力

管理者处于企业、上级、同级、部属及客户之间，若对自身角色定位缺乏正确认知，往往会陷入上下难做人、里外不是人的境地。如何正确认知自己的角色，是管理者走向成功的重要环节！

（六）自我时间管理能力

每个管理者都拥有每年 365 天、每天 24 小时。可是，为什么有的管理者在有限的时间里既完成了辉煌的事业，又能充分享受到亲情和友情，还能使自己的业余生活多姿多彩呢？他有“三头六臂”吗？他们会“分身术”吗？“时间老人”会过多地偏爱他们吗？都不是，关键的秘诀就在于成功的管理者善于进行自我时间管理。

（七）自我人际关系管理能力

有人说“成功 =30% 知识 +70% 人脉”；也有人说“人际关系与人力技能才是真正的第一生产力”。因为人的生存不是孤立的，我们与周围的人总会发生直接或间接的关系，这种人际关系是人类生命中很重要的一部分。由此看来，管理者要想成功，就应该提升自我人际关系管理能力。

（八）自我目标管理能力

生命的悲剧不在于没有达成目标，而在于没有目标！目标有多远，我们就能走多远。目标指引管理者工作的总方向。管理者每天的生活与工作，其实都可以理解为一个不断提出目标、追求目标并实现目标的过程。

（九）自我情绪管理能力

情绪能很大程度上影响人的生活，有助于改善人际关系和说服他人，情商高的人可以控制、化解不良情绪。在成功的路上，我们不仅需要机会和资历，更要学会掌控自己的情绪。愤怒时，若不能遏制住火气，会使周围的合作者望而却步；消沉时，放纵自己的萎靡，会把许多稍纵即逝的机会白白浪费。成功的管理者必须善于管理自我情绪。

（十）自我行为管理能力

根据社会伦理和组织行为规范，每个人的行为都可以分为正确和错误两类。管理者职业行为规范是成为管理者要坚守的正确行事准则。管理者如何具有职业化的行为，如何对自我行为进行管理以达到职业化行为规范的要求，这是每个管理者都应该重视的。管理者只有进行自我行为管理，坚守职业行为规范，才能展现出成熟的职业化素质。

（十一）自我学习管理能力

学习是人类生存与发展的推动力。人不是生而知之，而是学而知之，知识和能力不是天上掉下来的，而是从学习和实践中来的。管理者最重要的能力是什么？是学习能力，管理者的竞争力就体现在学习能力上。我们处在一个激烈竞争的时代，具备“比他人学得快的能力”是管理者保持竞争优势的关键。

（十二）自我反省管理能力

反省是成功的加速器。管理者经常反省自己，理性认识自己，对事物作出清晰的判断，还可以提醒自己改正过失。管理者只有全面地反省，才能真正认识自己。只有真正认识了自己并付出了相应的行动，才能不断完善自我。因此，每日反省自身是不可或缺的。“反省自身”应该成为管理者工作的一个重要组成部分。管理者不断地检查自己行为中的不足，及时地反思自己之所以失误的原因，就一定能够不断地完善自我。

第二节
基层管理者的职责

一、职责的定义

职责是指任职者为履行一定的组织职能或完成工作使命，所负责的范围和承担的一系列工作任务，以及完成这些工作任务所需承担的相应责任。

以现场基层管理者班组长为例，班组长在职场中对下代表经营者，对上代表生产者，对其他单位代表班组。作为管理者，班组长是“将尾”；作为员工，班组长是“兵头”。因此，班组长需要建立自己的人际网络结构，明确在组织中的角色定位。同时，班组长还要明确自己的工作职责，即工作目标和任务，以及为达成目标所需采取的行动。

二、基层管理者的成长路径

假如你参加为期六天的基层培训班，需先把工作放一边，将手机收起来参加培训，你担不担心现场？放不放心工作？如果说不担心，是否意味着就是不负责、没有责任心？担心或者不担心都是某方面能力的凸显，担心的话代表你业务能力强，不担心的话代表你管理能力强。我们从基层岗位被提拔到管理岗位就是因为质量、安全、生产等方面做得比别人好。只有工作做得比别人好才有可能晋升为基层管理者。而且当初提拔你的时候，领导通常看中的是你的专业能力，而不是你还未成熟的管理能力。

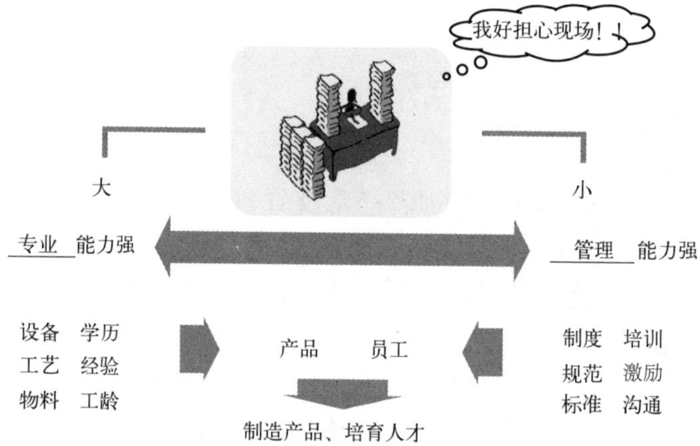

图 1.1 基层管理者的成长路径

如图 1.1 所示，设备、学历、工艺、经验、物料、工龄，这六个维度都是专业的范畴，而制度、培训、规范、激励、标准、沟通六个维度才是管理的范畴。

基层管理者的工作压力大，就是因为专业技能和管理职责要两头兼顾，所以基层管理者的使命就是制造产品、管好生产。

三、基层管理者成长中的挑战

想要成为合格的基层管理者是不容易的，一般会有以下障碍（如图 1.2 所示）：

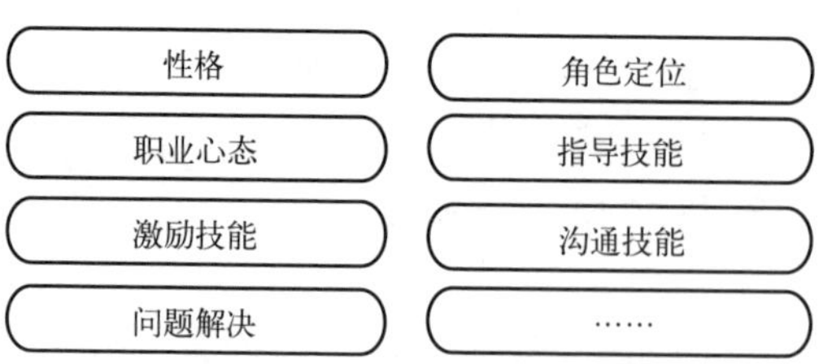

图 1.2 成长中的挑战

（一）性格

俗话说："江山易改本性难移。"内向或外向的性格和职业有关系吗？销售人员、班组长、文员应该是内向还是外向？性格不适合怎么办？每个岗位无论外向性格或内向性格的人都能担任，只是看自己如何调整以适应岗位的要求。比如我们通常认为性格外向的人更加适合销售岗位，但据统计，销售冠军中性格内向的人反而更多，那为什么我们较少看到性格内向的人在销售岗位上呢？其实是因为很多时候性格内向的销售在前三个月就被淘汰了，因为销售人员前期需要迅速与客户建立联系，这个阶段外向型性格更占优势。而在后期的售后服务和跟踪中，需要细心服务，这时内向型性格反而占优势。所以在性格这个维度需要关注两个重点，第一，性格不需要改变，但需要调整，调整到更加适合工作岗位；第二，要了解自己的性格，也要了解员工的性格。

（二）角色定位

人们常说："人生就像一场戏。"而人生剧情的发展在很大程度取决于个人选择什么样的角色。班组长的角色既是一线的领导者，又是一线的生产者。特别是在服务型企业中，班组长不仅要处理企业内部关系，还要应对企业外部关系。班组长处于各种关系的交汇点，其角色核心在于协调上下级、班组间、班组成员间的关系，化解矛盾，促进各方面关系的和谐。

（三）职业心态

不少团队里都存在消极、敷衍、不愿意干活的员工，那到底是哪个环节出了问题呢？这通常源于管理者的心态问题。作为管理者，第一，我们要调整自己的心态；第二，我们需要关注到员工的工作心态。

那么什么是职业心态呢？作为一位管理者，第一，我们要认清自己的心态，千万不能一年热、两年温、三年成"凉粉"、四年结成冰。而工作带来的最大财富，便是积累全面的管理知识，这些知识不仅可以在你的日常工作与生活中应用，也将有助于你今后的管理工作。第二，我们要了解每一个员工的心态，并适当引导他们树立正确的工作心态和价值观。

（四）指导技能

"授人以鱼，不如授人以渔"，基层管理者要承担起"教练"的角色，不仅要给班组成员传授必要的知识和技巧，还要在工作时指出其不足之处，并督促改善，从而提高班组成员的工作能力和士气。

（五）激励技能

激励是人力资源的重要内容，是指激发人的行为的心理过程。激励这个概念应用于管理中，是指激发员工的工作动机，就是用各种有效的方法去调动员工的积极性和创造性，使员工努力去完成组织的任务，实现组织的目标。

有效的激励可以激发员工的热情，促使他们产生更加强烈的工作意愿，让他们产生超越自我和他人的渴望，并释放出巨大的内驱力，进而为企业的愿景目标奉献自己的热情。

（六）沟通技能

沟通是思想与感情在人与人之间、人与群体之间传递和反馈的过程，目的是达成思想上的一致和感情上的通畅。沟通技能涉及诸多方面，如精准表达、积极倾听、重视反馈、情绪管控等。虽然拥有沟通技能并不意味着能够成为一个卓越的管理者，但缺乏这一技能会使管理者遇到许多麻烦和障碍。

（七）问题解决能力

基层管理者必须具备发现问题、分析问题、解决问题的能力，要善于发现问题，敢于直面问题，寻找问题的症结，采取及时有效的措施解决问题、预防问题，并在这个过程中实现新的突破。

【案例】

理不清的小李

班长小李在公司工作已近三年，由于个人业绩突出，两个月前被提升为基层管理者。他发现基层管理者需要处理的事情特别多，经常遇到人员、设备、工艺、材料等方面的问题，每天都是从早忙到晚，甚至经常留下来加班，才能处理完班组的相关工作。尽管如此，他认为只要保证工作任务完成，不出问题，累一点也是应该的。

有一天生产主管和几个班长说：“最近总部要过来对工作现场进行检查，

你们在各自班组中要注意教导好员工，严格按作业标准进行作业，不要被查出问题。”

小李听完后，嘀咕了一句：“事情这么多，又是检查又是整改，麻烦死了。”主管听到后，马上说：“李班长，很多事情你要教会下属，让下属按规定做事，下属都会了，并且不出问题，你工作起来也就轻松了。”

小李：“好的，主管，我知道！”但是回到班组，转念一想，现在这些员工干活很累，而且不少人平时牢骚就很大；我要求一多，他们抱怨会更多。前两天另外一个班就有一个员工情绪不好，无故旷工，导致夜班只有一个员工在岗，差点出问题。公司都管不了，我能管得了？哎，只能自己多辛苦点呗！

就在这时，主管又打来电话，说现场员工小吴违反了安全操作流程，被领导发现了，让他赶紧去处理。小李摇摇头：“这些家伙，工作一点都不上心，说了多少次，就是不改！”

请问你觉得小李有哪些问题？如果你是小李，你应该怎么做？

点评：从这个案例中，我们能否看出小李属于内向型性格还是外向型性格？毫无疑问，他属于内向型性格的人。作为内向型性格的管理者，他该如何调整自身状态呢？内向型性格的人，细致和细心是优点，不需要担心，该担心的是他的主动性。面对问题，他宁可自己加班也不愿意主动与员工交流，因此内向型性格的管理者难以从普通员工转变到管理者的角色。基层管理者在了解自己的性格之后应该怎样做调整呢？该沟通的必须沟通，该主动的必须主动。第二个就是他的角色定位，他一直没有提前教导好员工，教会下属做事，而总是自己亲力亲为。请问一个公司对基层管理者的要求，是期望他单独把这些工作干了，还是希望他带领一个班组、一个团队共同把工作完成呢？显然，基层管理者一个人是怎么也完成不了班组所有工作的。

四、基层管理者的职责

管理者的职责主要是管人理事。我们知道，企业以人为本，而人又是做事的执行者。管理者的职责实质上就是管人——人管好了，事自然就管好了。但管人并不是一件容易的事情，我们经常会想不通：人为什么难管？今天承诺得很好，明天又犯毛病；表面答应，过后又我行我素了；当面说得很好，背后又是一个样。管理者常常抱怨，什么都好管，人最难管。实际上，人确实是难以管理的。因为人有思想，思想是千变万化的。我们必须承认它并且面对它，不断探索行之有效的工作方法，才能管理到点子上。

基层管理者的管理对象与管理职责如图 1.3 所示。

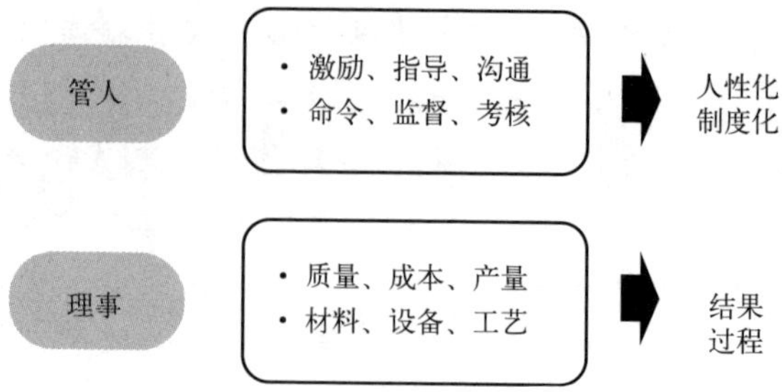

图 1.3　现场管理对象

【案例】

员工心目中的好班长

我离开学校，步入社会，进入公司，突然觉得一切都很陌生。但我遇上了一位好班长。不了解我们班长的人会觉得他很严厉，其实他是一位外冷内热的人。他不仅把我们当下属，还把我们当弟弟妹妹来对待，工作中手把手教我们学操作，生活中嘘寒问暖，使我很快地适应了新的工作环境。

工作中，班长对操作的要求非常严格。谁要是不按"作业标准"操作，他会马上指出来，并要求立刻改正。当然，有不明白的地方他也会毫无保留地讲解。在他的带领下，我们班的质量考核指标总是车间第一名。

生活中，班长对我们的关心无微不至。入秋了，天气很干燥，他从家里拎来了一兜苹果分给我们组员，下班时叮嘱我们要多穿衣服，注意身体。他怕我们想家，下班后就同我们聊天，还问我们对工作的想法和对他有什么意见。一次，我生病在宿舍休息，班长买了我爱吃的点心来看我，使我这个离家上百公里的异乡人非常感动。

班长给我们的温暖变成了我们工作的动力，使我们班组这个小集体成了一个温暖的大家庭！

点评：基层管理者应该管人理事，工作内外都要做到刚柔相济。班长与组员之间情同手足，和谐的班组一定会成为富有战斗力的团队。用脑工作，用心生活，你也能成为案例中的好班长！

（一）班组长职责——管人

在班组管理的过程中，一切应以人为本，把人作为管理的第一要素贯穿始终，确保人尽其才、才尽其用，实现班组效益的最大化，实现“人与班组的共同发展”。通过人员管理来梳理和安排工作，核心在于团队的分工和授权，安排得好事情自然能解决。管理人倾向人性化管理与制度化管理相结合，注重对下属的激励、指导、沟通、命令、监督、考核。

请思考一下：我们管理员工或下属的时候，是激励、指导、沟通偏多，还是命令、监督、考核偏多？我们的上级领导在管理我们的时候更注重什么呢？其实这代表着人性化管理和制度化管理两种方式，人性化和制度化哪种管理方式更好呢？其实人性化和制度化不是相违背的，而是相互补充的，人性化和制度化像一把双刃剑的两面，缺一不可。

1. 人性化与制度化管理

（1）人性化管理　以“人”为中心，依据企业的共同价值观和文化精神氛围进行的人格化管理方式。它在研究人的心理动机和行为规律的基础上，采用非强制性方式，让员工激发内在的驱动力，从而把组织意志变为个人的自觉行动。因此人性化管理是一种“柔性管理”。

（2）制度化管理　是一种“刚性管理”，以“规章制度”为中心，凭借制度约束、纪律监督、奖惩等手段对企业员工进行管理。20 世纪，以泰勒的科学管理理论为代表的制度化管理曾风行全球[1]。中国有句俗语：“没有规矩，不成方圆”，这也体现了制度化管理的重要性。

（3）制度化与人性化结合　如图 1.4 所示，所谓的制度化就是一个框，框架外部包含公司的制度、标准、纪律、规则，代表制度化管理。而框架的内部则体现了人性化管理，原则上员工只要不触碰到这个框，就可以自由发挥，这就是人性化管理。我们可以展现人性化管理的一面，跟员工自主协商，在不违反公司的制度的前提下，不影响生产，就可以通过沟通的方式达成共识。

图 1.4　人性化管理与制度化管理

[1] 泰勒在著作《科学管理原理》中详细阐述了他的科学管理理念，这本书至今仍被公认为管理学的经典之作。尽管泰勒的方法在当代管理实践中已有所演进与拓展，但他对效率和科学方法的强调依然具有重要借鉴与启发意义。

人性化管理：激励、指导、沟通；

制度化管理：命令、监督、考核。

人性化沟通，制度化管理，即在制度化管理的过程中必须尊重员工，把自己团队成员看成和管理者在人格上平等的个体来对待。在管理中不随便骂人，也绝不放任自流。制度化和人性化两种管理方式并不矛盾，制度和流程的推行尽管是公司层面的，但这些制度和流程最终需要人来执行。不考虑人的因素，制度是不可执行的。此外，一些好的人性化管理措施、理念也是可以将其制度化的。二者相辅相成，各自可以解决不同情况下的团队问题，因此，我们要深刻认识到两种管理方式是可以同步推进的，也是必须学习的。

2. XYZ 管理理论

XY 理论由道格拉斯·麦克里戈（Douglas McGregor，1906—1964）于 1957 年在其著作《企业的人性面》中首次提出，实质上是基于对人性的“XY 假设”，用来指导管理者如何领导和激励员工，如图 1.5 所示。

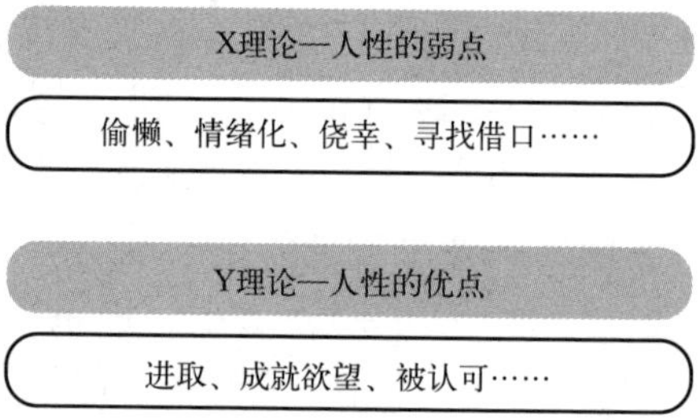

图 1.5　XY 理论

（1）X 理论　把人的行为视为机器，需要外力作用才能产生。它认为人的本性懒惰，厌恶工作，尽可能逃避工作责任；多数人没有雄心壮志，怕负责任，宁可被他人领导；他们只有极少的创造力，必须用强制办法甚至惩罚、威胁手段来达到组织目标，激励只在生理和安全需要层次上起作用。

（2）Y 理论　把人视为一个有机的系统，其行为不仅受内外力影响，人也是“自动人”。认为人不是厌恶工作，而是给予机会就会努力；愿意对工作负责，寻求展现才能的机会。限制和惩罚不是组织实现目标的唯一办法，激励在需要的各个层次上都起作用。

（3）Z 理论　由威廉·大内（William Ouchi）在 20 世纪 80 年代提出的，它结合了西方的管理风格和日本的管理实践。Z 理论主张以坦诚、开放、沟通为基本原则，实行“民主管理”。

企业的决策可能是集体做出来的，但最终由一个人对此负责。领导者和各级人员共同研讨制定管理战略，明确共同的管理宗旨，创立高效合作、协调的组织结构和激励措施，来贯彻其宗旨。

不同于“性本恶”的X理论与“性本善”的Y理论，Z理论“追求效率，又尽可能减少公司与员工的对立，尽量取得行动上的统一”。

有句话我们要牢记，“少数人创造环境，环境影响多数人”，基层管理者应该在班组创造良好的、积极的工作环境，用环境去影响更多的人，驱动更多人主动努力工作，追求卓越。

（二）班组长职责——理事

用人、授权、考核、淘汰、激励，这些都是手段而已。真正要实现目标，最核心的问题是：如何实现目标，事情怎么做才能成？核心的思想就是“用有效的过程管理来保障结果的达成，用过程的确定性应对结果的不确定性。”

按照管理阶段的不同，可以将“理事”分为过程控制和结果控制。

1. 班组长现场过程控制

班组长需在整个生产过程中进行监控，从人、机、料、法、环五个方面全面展开，确保生产顺利进行。

（1）人员管理　是生产管理中最大的难点，也是目前所有管理理论的讨论重点。不同的企业围绕着人的因素有不同的管理方法。

① 确保公司的各项规章制度和会议精神在本班组的贯彻执行；

② 接收上级主管的工作指令，做好上传下达，负责班组各项工作的安排与落实；

③ 统筹协调班组人员做好班前、班中、班后的各项工作；

④ 接受公司组织的各项培训，引导班组成员持续学习和掌握各项安全知识和岗位操作规程；

⑤ 组织班组人员参加公司举行的各项活动和会议；

⑥ 关注员工的工作和思想状态，倡导文明生产，增进不同班组间的团结；

⑦ 有权对不服从工作安排、不遵守劳动纪律、有意浪费材料及消极怠工者，进行批评教育，情节严重者上报车间主任处理。

（2）机器管理　“机器”就是指生产过程中所使用的设备、工具等辅助用具。生产中，设备能否正常运作、工具是否完好，都是影响生产进度和产品质量的要素。

① 确保班组设备得到合理使用与维护保养；

② 组织开展“5S”活动；

③ 配合参与各类维修工作；

④ 检查并填写各种记录，督促操作人员执行日常点检和日常维护，认真执行定人定机和凭证操作制度。

（3）材料管理 “材料”指物料，包括半成品、配件、原料等生产用料。

① 负责备料：根据生产计划及通知单的货期，提前三天开具备料单；

② 负责催欠料：督促跟踪所欠物料，填写车间欠料报表；

③ 负责领料：按要求每天领取物料，根据比例抽点，确保数据准确；

④ 负责发料：根据车间开出的班组通知单发料并做好相关记录，保证数据准确；

⑤ 负责质量：了解物料质量状况，并及时向主任及 MC 反馈；

⑥ 负责易耗品：负责车间易耗品领发工作；

⑦ 负责报废工作：标记待报废物料并进行监控和处理，汇报当天报废情况；

⑧ 负责物料分类工作：做好物料分类，确保分类标识和防护明确清晰。

（4）方法管理 “方法”，顾名思义就是法则，指生产过程中需遵循的规章制度。班组长的职责包括：

① 实行规范化操作，不断提高技术技能；

② 熟练掌握模具制造工艺和设备操作技术；

③ 开展传、帮、带活动，帮助车间新员工提高技术水平；

④ 定期组织员工探讨生产情况和找到工艺上的薄弱环节，及时向领导反馈意见，并提出改进设想，努力提高车间员工的凝聚力。

（5）环境管理 环境对产品生产很重要，因为某些产品对环境的要求很高，环境会影响产品的质量。

① 参与本班组环境因素的辨识及控制管理工作；

② 负责本班组范围内的污染物的管理，确保不发生环境污染事故，并建立污染物的储存与转移台账；

③ 抓好文明生产管理工作，搞好车间环境卫生，确保产品、工具摆放有序，清洁整齐，秩序井然，确保文明安全生产；

④ 贯彻执行公司及部门对环境保护的指令和要求，积极参加各项环保活动。

2. 班组长现场结果控制

前文从过程的角度展开控制，下文我们将围绕生产效率（P）、品质（Q）、成本（C）、交货期（D）、安全（S）、士气（M）六大现场业务管理目标，运用PDCA管理循环[1]，推动业绩改善，确保取得良好结果。

（1）生产效率管理

① 编制好“生产日计划”；

② 做好人员培训与合理分工；

③ 加强设备、工装夹具保养，减少设备故障；

④ 跟踪物料，确保及时到位。

（2）品质管理

① 按“标准作业书”的要求开展作业；

② 开展工序诊断，预防不良品产生；

③ 优化工序布局，提高工序能力；

④ 吸取以往的经验和教训，改善产品质量以应对新需求。

（3）成本管理

① 在标准工时内，完成生产任务；

② 减少材料、半成品、成品的在线库存量；

③ 对员工操作动作进行分析优化，提升员工个人技能；

④ 杜绝办公经费滥用；

⑤ 杜绝各种白干、瞎干、蛮干的行为。

（4）交货期管理

① 编制“生产日计划”，严控生产进度；

② 适当调整工序，平衡工时；

③ 确保材料准时到位。

（5）安全管理

① 向员工强调安全守则，必要时可强制执行；

② 必要时邀请专家会诊，提出改善方案；

③ 定期检查各种安全防护措施，确保无失效；

④ 遇到事故，第一时间组织救援，并向上级报告；

⑤ 确保照明、温湿度、噪声、气味等符合标准要求。

（6）员工士气管理

① 制定奖惩分明的制度，鼓励员工提出合理化建议；

② 以身作则、率先垂范，发挥领导示范作用；

③ 关心部属身心健康，维持良好的人际关系；

④ 鼓励部属自修和相互学习，并适时给予奖励；

⑤ 全力推进“6S”管理活动。

---

[1] PDCA管理循环，又称为“计划-执行-检查-行动”循环，是一种迭代式管理和持续改进的方法。这个概念最初由沃尔特·A·休哈特提出，并由威廉·爱德华兹·戴明进一步推广普及。

（三）现场管理体系

1. 领导管两头、员工中间走

对于企业来说，最主要的目标就是实现利润最大化。利润来源于低成本、高品质以及准时交货，这些目标的实现要依靠高效的生产过程。因此，基层管理者需要抓好过程控制，包括人员管理、设备维护、原材料控制、操作方法等，以达到公司需要的绩效目标。过程的好与坏主要取决于基层员工能否有效开展工作，因此需要开展标准化作业、“5S”活动和持续改善工作，管理层还需要特别关注团队合作、员工士气以及合理化建议。

2. 向上找意义、向下找方法

“现场管理之屋”（House of Plant Management）是一个概念性的模型（如图 1.6 所示），用于描述和组织制造或服务行业现场管理的关键要素。这个模型通常将现场管理的不同方面比作房屋的结构，每个部分都有其独特的功能和重要性。

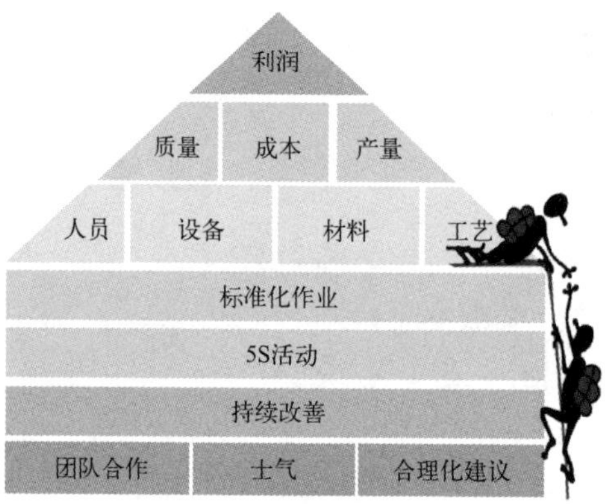

图 1.6　现场管理之屋

“现场管理之屋”的基础，通常指的是现场管理的基石。例如：团队合作、提高士气、自律、质量圈、合理化建议，以及相关的日常事务（沟通、授权、技能发展以及可视管理）。基层管理者必须坚守承诺，持续开展这些活动。只有当基层管理者确保员工在现场具备积极的心态、良好的自律意识和强烈的改善意愿时，才能执行、维持及改进标准工作，达成质量、成本及交期（QCD）的目标，以满足顾客需求。许多企业引进了改善活动但没有成功，通常都是由于在开始时未能成功地建立必要的改善结构。幸运的是，我们不必等到所有体系完全建立，或现场每个人都已转变，才能看到改善。员工越早地开始改善的工作，就能越早改变他们的思维及行为。例如，现场建立了健全的“5S”管理时，员工们就会自觉地遵守他们所认同的规则。

现场管理追求的最终目标就是利润，在可持续发展的前提下，利润最大化永远都是企业的理想目标。实现这一目标的企业经营策略，在现场管理中体现为质量、成本、交货期三个方面。影响这些策略成功与否的因素就是我们常说的现场“4M 管理”，即对人员、设备、材料、方法（部分企业已拓展至环境和测量这两方面）的管理。换句话说，这四种资源的管理和利用，构成现场管理人员日常工作的核心内容。企业的盈利与亏损，最终在现场层面的体现，往往就在于每个企业在这些方面的管理理念和水平的差异。

怎样才能科学地管理这四种资源呢？有哪些具体的手段和管理工具？企业又该怎样循序渐进地进行推进呢？我们来看一下现场管理之屋的主体吧！

无论是 4M[1] 中的哪一个，其管理的基础必定是标准化。比如对“人”来说，岗位描述或工作分析是企业人力资源管理的前提；再比如“机”，在大家熟悉的 TPM（全面生产性维护）活动中（如图 1.6 所示），初期清扫和加油、紧固基准的建立是自主保养当中相当重要的环节。只有有了标准化，企业的管理才能规范化，企业才能建立一套稳固的管理体系，并应对各种变化。在没有标准化之前，我们对各种资源进行整理整顿，寻求一个稳定的状态是非常有必要的，这些工作就是 5S，即对现场和工作场所中所有涉及的人、事、物的秩序进行分析规划，提高效率，消除浪费。

以上所有管理活动最终都是由企业员工完成的，因此高昂的士气、高效率的团队、民主的制度，都是顺利推行各项管理活动的保障。

企业经营者要想提升现场管理水平，为企业赢得最大利润，其推进管理工作必须遵循“从地基到屋顶”的顺序，循序渐进地引进并推行各种管理方法，扎扎实实打好管理基础。

第三节
基层管理者的角色

一、基层管理者的角色定位

（一）什么是角色

角色可指在戏剧、电影、电视中演员扮演的剧中人物，也可指生活中

[1] 4M 是管理学中的一个概念，它指的是生产与管理活动的四个基本要素：人（Man）、机（Machine）、料（Material）、法（Method）。这四个要素是企业开展生产和管理活动的基础，而标准化则是确保这些要素高效协同运作的关键保障。

某种类型的人物。而在组织中，角色则是一种分工，一个部分，一个环节，一种岗位。所处位置不同，角色也有所不同。作为一名基层管理者，需要明确自身的角色是什么，并根据自身的角色要求改变自己的行为模式。

如何成为一名合格的基层管理者?

有些基层管理者不把自己看作管理者，觉得自己只是比普通员工多付出、多承担工作而已。这种看法显然是不对的。从企业管理的构架来看，基层管理者的作用很大。从优秀员工转换到基层管理者，这个跨度其实也很大。中层以上管理者，由于明确了管理地位，各类培训应有尽有。而针对基层管理者的培训往往非常薄弱。因此企业要加强对基层管理者的培训与培养，让基层管理者真正承担起基层管理的责任。

【案例】

庄重的晋升仪式

企业既然把现场的人力、物力和财力资源都交予基层管理者管理，基层管理者对企业来说就成了一线管理的代表。某公司每年都为新晋升的基层管理者举行宣誓仪式。总经理亲自将聘书发给每位新晋升的基层管理者，并领读《宣誓词》:

- 我自愿承担基层管理者的管理职责;
- 感念公司的厚爱与同仁的信任，心存感激，明晰责任;
- 忠诚于公司的事业，牢记使命，为实现公司的愿景贡献自己的才干;
- 为胜任基层管理者的岗位，我将努力学习，带领全体组员共同进步;
- 在工作中，做上级的助手，做员工的楷模!

晋升仪式结束后，该公司还将新晋升的班组长的照片张贴在公司的展窗里，刊登在公司的报刊上。这些庄重的活动营造了庄重氛围，不仅将班组长管理的使命感传递给新晋升的班组长本人，还同时传递给他们的班组及整个公司，既增加了新班组长的荣誉感，也增强了他们的责任感。

点评: 要让班组长有责任感，有正确的角色认知，就要让他们感觉到当班组长是一件光荣的事。这家企业的晋升宣誓仪式，不仅让班组长感到庄严、光荣，也让整个企业的人都为他们鼓劲、加油。

(二)基层管理者的角色定位

当企业发展到一定规模，想要继续做大时，扎实的基础管理必不可少。要加强管理，首先就要建立一支技能娴熟、善用科学管理、主动学习的一线班组长队伍。班组长既是员工的上级，也是上级的下属，具有承上启下的作用。班组长总是工作在生产一线，是企业最基层的负责人，也是企业经营目标的一线组织与实施者。只有通过班组长将企业的方针和目标有效地落实到生产一线，企业的发展才能得到有力的支撑。班组长的角色认识内容如表 1.1 所示。

表 1.1　班组长的角色认识

角色认识内容		对自己和环境的分析
对自己	对自己的角色责任、权利和义务的准确把握，但需避免过度越位	
对领导	了解领导的期望值。作为下级来说必须及时、准确地了解领导的指示，领导指示的背景与环境也需关注，领导的工作风格也要掌握，并适时地向领导提出自己的建议	
对下级	了解下级的期望值。包括办事公道、关心部下、目标明确、及时指导等方面	

管理者必须具备自我管理的能力，即便是班组长这类基层管理者也不例外。自我管理首先要解决的就是角色认知问题，要成为一名称职的班组长，首先要明确“自己是谁”，清楚自己的位置，这样才能当好一个班组长。

许多大企业都十分重视班组长的管理，在人员选拔上十分严格，需要经过多重考核才可以当上班组长。同时，在当上班组长后，还会对班组长进行系统的培训，让他们真正地认知自己的角色，并告诉他们班组长的作用和责任，帮助他们掌握管理下属的正确方法，以及运用班组人际关系技巧处理冲突与沟通问题，让班组长在任职后清晰地知道该如何去做。《道德经》中有这样一句话：“知人者智，自知者明。”意思就是人贵有自知之明，只了解别人是不够的，更关键的是要了解自己，知道自己是谁，以及处在什么位置上。所以，只有你弄清了自己的角色定位，才能把本职工作做好。

很多人说班组长是兵头将尾，不仅要扮演“兵”的角色，还要履行“将”的职责，要想做好，需针对上级与下属扮演好不同的角色。

1. 对上级来说班组长的角色

对上级来说，班组长是被领导者。而一旦担任班组长的职位，需要代表上级进行管理，并承担相应的责任，还要具备全局观念。班组长首先要认识到的问题是，自己的职位是企业任命的，是企业委托班组长对班组进行管理，因此个人的言行就不能太随意，要注意表达企业的意图。

在工作过程中，班组长有权制定决策以达成企业的生产目标，并为其决策承担相应的责任。班组长也有义务提供有价值的信息和建议，帮助企业实现质量、成本、交货期的目标。工作目标下达后，班组长必须立刻执行，至于上级的决策是否正确，不应由班组长评判对错，而需交由更高层级的领导处理。很多班组长因为没有明确自身角色，经常对上级的决策产生怀疑，因为心存疑惑，在工作过程中也是敷衍了事，这是一种不负责任、不称职的行为。除非是涉及安全的错误指令，否则必须严格遵照上级交代的去办。

班组长还有责任代表上级与其他部门进行工作协调，如设备维修、物流协调、信息传递等。在协调过程中发生冲突时，班组长要从企业全局的角度出发，而非局限于本班组的视角去分析处理问题。无论是企业的哪个部门出了问题，都会对企业的生产造成影响。

2. 对下级来说班组长的角色

对下级员工，班组长要扮演好领导的角色，组织并管理班组工作，同时成为员工信赖的伙伴。班组长的首要任务是实现班组的生产目标，要根据班组的实际情况选择合理方法来达成目标。对班组资源进行优化配置，这是班组长应该在生产管理中发挥出来的作用。具体来说，实现生产目标需要对生产、质量、成本、安全、人员等各个方面进行管理。

班组长还要在下级面前扮演好指导者和教练的角色，这也是班组长肩负的重要使命。新员工加入班组后，班组长不应置之不理，而应该指导他们尽快掌握班组的工作技能，尽早适应工作岗位，和老员工一样熟练开展工作。在新技术、新设备、新工艺应用时，班组长需要率先掌握，然后再将相关知识与技能传授给班组其他成员，保证他们能够在短时间内熟练上手。

班组长和员工是一个绩效共同体，相互依仗，相互促进，需要共同努力才能更好地实现生产目标。班组长不仅要在工作上指导员工，还要在生活上关怀和照顾员工，建立起彼此信赖的关系。工作中出现问题，班组长要多站在员工角度思考，避免一味指责，而要尽快帮助员工解决问题克服困难。

3. 对其他班组来说班组长的角色

在传统企业里，班组之间缺乏工作配合，多是各自为政。现代企业里班组长不仅要带领班组完成自身的生产任务，还要建立起内部客户的概念，即下道工序是我的客户，或者谁用我的工作成果谁就是我的客户。企业的生产是按流程进行的，为了保证最终产品的质量符合客户的需要，各个生产环节的衔接需保持顺畅。一个班组的工作往往不是孤立进行的，还需要得到其他班组或部门的支持。

拿破仑有一句著名的话："不想当将军的士兵不是好士兵。"这句话固然有它的道理，但是从某种意义上来说，如果一名士兵连兵的本职工作都做不好，却整天想成为将军，结果将是什么也干不成。因此，想要做好班组长，就一定要找准自己的角色，这样才能把事做对、把事做好。

（三）基层管理者对下属的三种角色

如图 1.7 所示，基层管理者对下属应扮演好三种角色。基层管理者首先应该像指挥一样，清楚地知道什么时候做什么事情，合理安排下属的工作任务；其次要像教练一样，全身心地投入，为下属提供最全面的指导，让下属能快速有效地掌握基本的操作技能；最后要像舵手一样，紧跟公司的整体目标，协同下属一起朝同一目标前进。

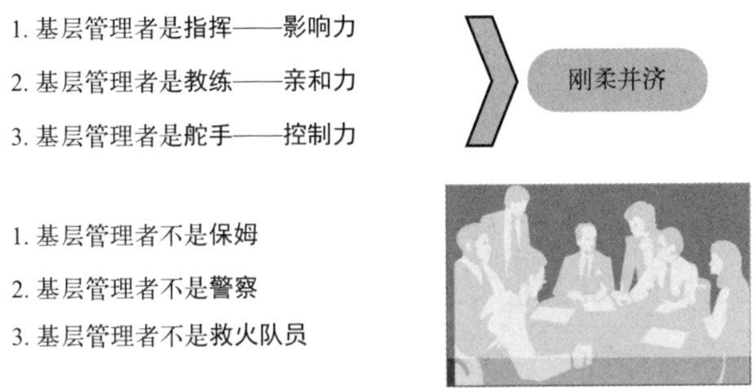

图 1.7　基层管理者对下属的角色定位

基层管理者不应像保姆般事事亲力亲为，剥夺下属的成长空间，而应专注于团队管理；不应像警察般仅依赖制度约束，而应融入人性化沟通；也不应像救火队员般被动应对，而应注重风险预防，做到防患于未然。

1. 基层管理者是指挥——影响力

班组长是否具备影响力，直接影响到班组成员潜力的发挥。在一个团队中，影响成员潜力发挥的因素很多，团队建设中的任何小事、任何细节若落实不到位，都有可能影响团队成员的积极性，进而影响团队整体的表现。要想让班组成员在差异中寻求共识，共同朝班组的整体目标努力，就需要班组长利用自身影响力做好组织协调工作。比如满足成员对公平的需求、建立大家都能接受的绩效评估机制、创建良好的人际关系氛围等。这些问题解决不好，班组成员就不会协调一致地行动，甚至会产生内耗，这样就不会实现整体大于部分之和的协同效应。个人依靠精神力量生存和发展，其理念决定生存状态，班组也是如此。只有那些具有影响力的班组长，才能将班组诸位成员的个人精神，凝聚成共同的团队精神，这才是一个班组兴旺、发展的起点。

2. 基层管理者是教练——亲和力

班组生产工作主要是人的工作，而人是有思想、有感情、有丰富语言交流能力的高级动物，越是在民主和法治的社会，越是要求班组长具有较强的亲和力。在班组生产工作中，班组长是否具有亲和力，是一个班组长能否被成员认可的一个重要因素。增强工作亲和力，以下问题值得注意：

（1）学会尊重　人常说："你敬我一尺，我敬你一丈。"尊重他人绝不能以获取别人的尊重为目的，更不能为获得尊重而刻意讨好献媚。尊重是相互的，班组长与成员在生产工作上虽然有明确的上下级关系，但并不意味着在和成员相处时就可以压人一头、高人一等。要赢得成员发自内心的尊重，班组长首先必须尊重班组每一个成员。在现实班组生产工作中，人人都希望得到别人，尤其是班组长的尊重、理解和关心，班组长对成员的尊重就是对他们最好的奖励。

（2）学会关心　班组长要学会真诚地关心成员，只有真正关心成员，才能赢得成员的信任、帮助与合作。关心成员要通过具体的行动表现出来。凡涉及班组成员关注的热点、敏感问题，班组长不仅要表现出关心，还要做到秉公办事、不徇私情、不搞特权，以自身的行为表率带动成员形成良好的道德风尚。关心成员同其他人际关系的原则一样，必须出于真诚。不仅付出关心的人应该这样，接受关心的人也理当如此，这是一条双向通道，两者皆受其益。因此，在班组生产工作过程中，班组长要想有效激励团队成员，就必须坚持并恰当地运用情感，充分发挥情感的作用。

（3）学会认错　"人非圣贤，孰能无过。"在与成员意见发生分歧时，有的班组长常常自以为是，而有的班组长则会先考虑一下成员的想法。作为班组长，如果自身有错，应立即承认；如果存在分歧，即使先承认考虑不周或认个错也不会导致麻烦。只有如此，才能平息争吵，也可以使成员重新考虑存在的分歧。要敢于承认错误，不应为自身的错误辩护。认错不仅能使分歧获得好的结果，也能给成员一个良好的印象。如果能在成员对你形成固有看法之前认错，将会收到更好的效果，并给人一种高尚的感觉，成员就会对你采取宽容、原谅的态度。这是班组长宽容大度和高尚品格的体现。

3. 基层管理者是舵手——控制力

班组长被赋予了一定的职位权力，他们应当利用这些权力来履行班组管理的职责。但同时我们又常常看到另一种现象：同为班组长，为什么有的班组长能够一呼百应，而有的却只能让员工表面服从，内心却不认同，甚至当面顶撞？班组长能否在权力运作中有效行使控制力，特别是班组管理的控制力，关系到指令的顺畅传递，也关系到班组的凝聚力和战斗力。所以，提升班组长管理班组、处理复杂问题的能力，具有十分重要的意义。

二、基层管理者的角色转换

（一）角色转换的定义

角色转换是指个体因社会任务和职业生涯的变迁，从一个角色进入另一个角色的过程，其根本的变化是社会权利和义务的转变。在社会生活中，每个人都履行着不同的社会责任，遵循着不同的社会规范，扮演着不同的社会角色。对自身的社会角色认识得越清晰、越全面，就越能顺利地完成角色的目标与任务，越符合社会的期望。

（二）角色转换的四重障碍

在每一个公司，从普通员工到管理阶层，每个人在不同时间、不同阶段、不同岗位上都扮演着不同的角色，每个人的角色并非一成不变。所以，在职场里，角色转换很重要。

从普通员工晋升为基层管理者，工作内容和管理对象都发生了变化，这是因为角色已经转变。基层管理者不应仅仅关注短期目标的达成，而应聚焦于符合公司长远发展的绩效目标；同时，要将打造积极向上的团队作为管理的核心任务。那么在从员工到基层管理者的角色转换中存在哪些障碍呢？图 1.8 展示了四种主要障碍。

图 1.8　角色转换中的障碍

1. 定位模糊

自身角色定位模糊。基层管理者对自身的基本岗位职责不明确，或对自己在各项任务中的角色行为不清晰。

2. 角色惯性

即便明确了自身角色定位，但因长期在同一个岗位工作，易形成角色的惯性，需要一段时间的过渡。

3. 能力差距

自身的能力不足以胜任新的角色，需要快速地进行能力提升；例如，基层管理者需具备的基本能力：指导、激励、沟通。

4. 成就感缺失

自身定位有问题。自身缺乏在新岗位上的成就感，不愿意完全进入新的角色状态；在新旧角色之间游离、摇摆，从而影响其发展。

（三）如何向基层管理者转换角色

图 1.9 展示了一个绩效优秀的员工向基层管理者转换的目标要求，根据这些内容，基层管理者应该清醒地认识到要成为一个合格的基层管理者，不仅要完成自身的工作，更要注重提升团队管理能力。

区分维度	骨干员工	班组长	角色转换
职责范围	专项事务	团队	个人贡献→团队协作
工作对象	事	事+人	专注事→人事平衡
工作技能	作业/业务技能	人际、管理	个人技能→管理能力
个人价值	个人业绩	团队业绩	自我实现→团队实现

图 1.9　如何向基层管理者转换角色

班组长作为兵头将尾，是企业经营生产管理的“芝麻官”，官衔虽小，却在工作中却发挥着巨大的作用。

班组长既要对班组的安全生产负主要责任，还需统筹协调现场安全隐患排查、安全措施落实、工作任务分配等事项。除此之外，班组长还肩负着对全班成员生命安全负责的重任，可谓角色众多。也就是说，作为一名班组长，从到岗任职的那一刻起，就需快速转变角色，确保本班的安全生产万无一失。

从班组长自身发展角度来讲，通常需要完成以下几方面的角色转换：

1. 从个人贡献向“团队协作”转变

这涉及个人认知状态的巨大转变，个人贡献者只需要对自己的业绩负责，而团队贡献者是对团队业绩负责。团队创造的业绩是个人业绩的数倍，贡献越大，能获得的组织认可越多，获得的资源也就越多。

2. 从专注事业向“人事平衡”转变

班组长在进行角色转变时需要从“人”和“事”两个方面来进行考量，

即寻找人事平衡的“最优解”，在自身做事能力有保障的前提下，培养自己统筹、协调、沟通、影响别人的能力。

3. 从人事技能向“管理能力”转变

在从技术向管理的转变中，个人应该由个人成功向组织成功转变。职业价值观应该由“技术型”（关注专业技术）向“管理型”（追求管理职责和企业发展）转变。但很多管理人员在转型过程中并没有转变角色的意识，始终认为只有在专业领域保持自己的权威，才能确保自己在公司的地位。很多技术人员被提拔到管理层，经过一段时间后仍然不能胜任岗位，事后表示自己在角色上无法转变。技术人员仅需要完成自己的任务，成为管理人员后，面对的就不只是个人的任务，而是需要在深入了解团队成员的能力之后，思考如何进行合理分工、有效激励团队，面对事情需要思考如何管控风险。真正地认识到“做好一个人的事”和“带领一群人把事情做好”的区别，实现从关注个人表现到提升管理能力的重要转变，从而让团队共同进步。

4. 从自我实现向“团队实现”转变

优秀的基层管理者大多数都是从优秀的基层员工成长起来的，作为绩优员工，通常习惯自己亲力亲为干活，成为基层管理者后也很难改变，基层管理者一定要想办法适应自己的新角色。新的角色会引发新的思考，原本不需要考虑和承担的问题和责任，现在也需要开始承担。这会在工作职责和心理上产生巨大转变，比如在思考问题方面、在与同事相处方面甚至未来规划。以前只需要做好自己分内的事就可以了，帮助其他人甚至还会得到嘉奖。但成为管理者之后，不但要做好自己分内的事，还要兼顾整个团队，下属的工作与生活方方面面都要考虑到。如果是作为一名优秀的管理者，还要为下属的将来和发展着想，这些都是个人与团队的区别。

（四）角色转换的四大策略

角色转换的四大策略如图 1.10 所示：

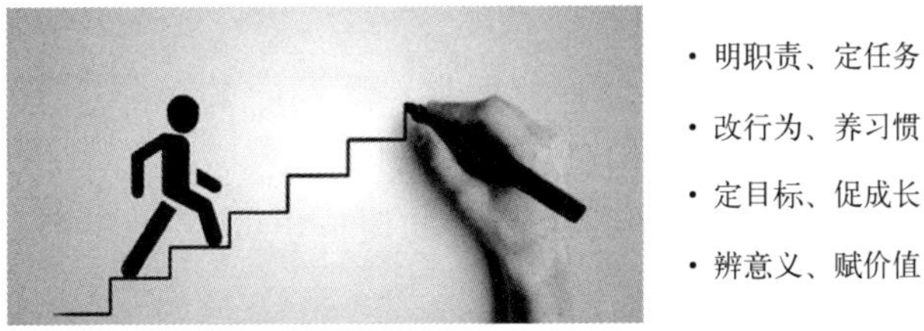

图 1.10　角色转换的策略

1. 明职责、定任务

（1）明确自身职位在组织中的位置及上下关系；

（2）划分自己管理的整体范围，如过程管理的 4M1E；

（3）罗列各个管理要素对应的具体工作任务有哪些。

2. 改行为、养习惯

明确自己在各项任务中的角色对应的行为。

3. 定目标、促成长

与上级确定关键任务以及需要达成的目标。

4. 辨意义、赋价值

明确自身在各项任务执行过程中的权力和责任。

第四节 基层管理者自我提升

班组长是在班组日常工作中扛大梁的人。班组长的能力强、水平高，将带动整个班组一起进步；班组长能力不足，或者没有提升自我的意识，将严重阻碍班组向更高的层次发展。为了更好地建设班组，班组长应该在积极工作的基础上，不断提升自己的各项能力，如管理能力、业务能力、组织协调能力等，只有不断更新知识，督促自我成长，才有可能将班组建设得更好。

一、SIP 个人发展计划

（一）什么是个人发展计划

SIP（Self-Improvement Plan）个人发展计划是指结合员工岗位需要及个人发展意向，员工与主管双方经沟通达成的，旨在促进员工素质提升、技能优化的发展计划，包括参加培训、特别指导、指派特别项目、岗位轮换等。

个人发展计划是帮助员工进行职业生涯发展的工具，是一张描绘员工未来职业生涯发展的蓝图，勾勒出员工的优势、兴趣、目标、待发展能力及相应的发展活动，帮助员工在合适的时间获取合适的技能以实现职业目标。

个人发展计划（SIP）绝不仅仅是一张每年填写一次的表格，它是通向未来职业发展的路线图，因为业务和客户需求在不断变化，员工也应当定期回顾自己是否专注于那些有助于实现目标的能力和学习路径。

SIP 决不能草草应付或在最后一分钟完成，也不能在开会前挤出几分钟仓促进行，只有经过深思熟虑，把它当成长期职业发展计划，融入员工的热情，包含员工在企业具体职业发展行动的时候，SIP 才能发挥最大的价值。

SIP 体现下属与主管的职业发展伙伴关系，是连接员工职业发展需求与公司能力需求的桥梁，是识别员工基于职业发展通道发展所必需的素质、知识和技能的有效工具，是促进下属与主管就职业发展进行有效沟通的工具，是员工职业发展的综合计划，它包含学习、培训、进修或轮岗实践等，是一个激励员工不断提升能力、经验的持续动态职业发展过程。

SIP 不是一次性活动，不是绩效提升工具，不是岗位职责及任职资格说明书，不是职位晋升承诺，不是培训、进修等的合同，更不是修复下属与主管关系问题的工具。

（二）个人发展的 3E 理论

如图 1.11 所示，个人能力的成长主要来自三个方面，包括自我学习、从他人处汲取经验和自身实践。从效果来看，这三者大致收获比率为 10%、20% 和 70%。Education（教育和培训）：包括自学、查阅资料、参加相关培训等；Experience（接触和见识）：包括向他人请教、观摩他人作业、案例分享等；Exposure（经历和修炼）：包括个人实践、参与相关作业、开拓新市场等。

图 1.11　3E 学习理论

（三）制定 SIP 个人发展计划

图 1.12 展示了制定自我提升计划过程中的书写要求、任务描述及时间要求。

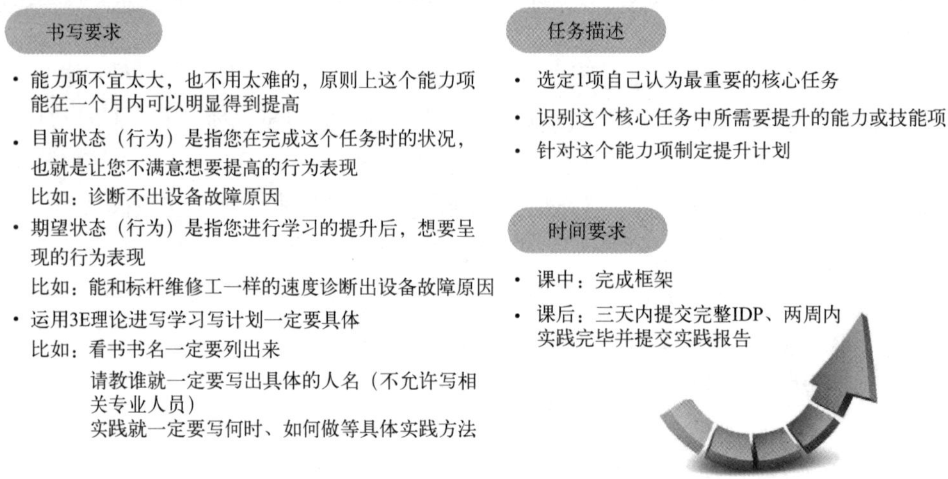

图 1.12　制定个人发展计划 -SIP

（1）个人职业发展目标是什么；

（2）实现个人职业发展目标需要什么样的基础能力素质；

（3）评估自身当前能力和经验状况，思考需要提升哪些能力、补充哪些经验；

（4）制定详细的学习、发展活动计划，提升个人能力。

知识、技能和能力三者之间的关系如下：

知识：是工作信息最基础的载体，是开展工作方式方法的客观描述。

技术技能：是指人们通过练习而获得的动作方式和动作系统；具有行业、专业或企业标准性。

能力素质：是一种个体特征的思维、行为模式，相对稳定不易改变，对不同情境下知识和技能的应用具有深远的影响。

二、日常时间管理

认识你的时间，是每个人只要肯做就能做到的，这是一个人走向成功的有效的自由之路。

——德鲁克

【案例】

忙乱的一天

班长小李所在的班组经常出现调整订单、设备故障、员工离职、新员工犯错等情况，小李每天都在处理这些问题。

有一天小李在现场巡查时，发现员工小杨和小郑吵起来了，小杨操作速度比较慢，小郑认为耽误了他，忍不住发了几句牢骚，两人于是发生了争执。小李走过去，让两人别吵了。

正在这时，突然有个员工跑过来："领导，有一台设备有故障了，挺严重的，怎么办啊？"小李马上扔下手中的活向故障设备处走去。这时接到经理的电话："昨天安排你的班组合理化建议的汇总材料准备好了没有？"小李想到昨天上午领导打电话安排这个事，并交代今天中午必须完成。

"领导，昨天接到您的电话后，生产线上材料出了点小问题，我处理完就把这事给忘了，真是对不起。"

"怎么回事，这也能忘，那抓紧时间做吧。"领导说完便把电话挂了。

小李立即手忙脚乱地准备合理化建议的汇总，忽然想起参加班组长培训项目的作业还没有做，而且这项作业必须在今天下班前提交。图 1.13 展示了基层管理者在日常管理工作过程中的难题与困境。

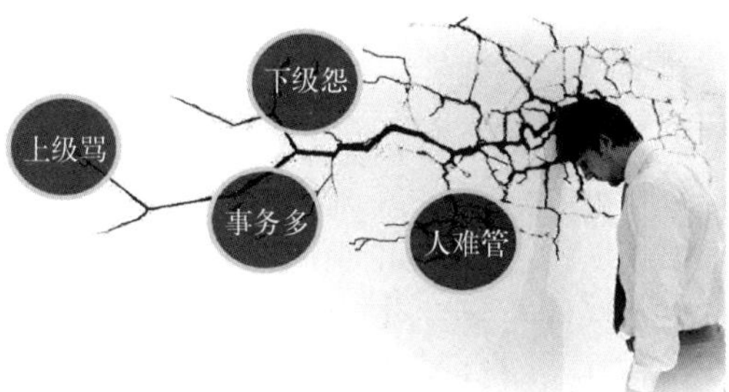

图 1.13　基层管理者日常管理中的难题与困境

点评：案例中的小李一整天下来手忙脚乱，还没有把事情都做好。作为一名基层管理者，你是否和他一样经常遇到类似的情况？

在基层管理者的日常工作中，总会遇到各种突发的问题，稍不留神，就会和案例中的小李一样，日复一日地陷入"剪不断，理还乱"的管理现场；以至于下班后筋疲力尽地回顾一天的工作时，都不知道自己忙了些啥。在日常工作中，很多未完成的事情，我们原本是有很多机会去计划和完成的，但是由于各种原因，常常导致没有及时地去做，以至于越推越迟，留给我们的时间和空间越来越少，影响到了工作质量和效果，造成难以挽回的局面。

因此，基层管理者需要清楚明白地掌握自己的工作内容，并遵循一定的作业流程，用合适的方法进行时间管理，才能确保工作质量，以形成高效的工作模式。

那么，下面就让我们一起来认识一下时间管理。

（一）时间管理的内涵

时间是一种无形的、快速流逝的资产。你所拥有的时间就只有那么多，每个人每天都是 24 小时，你如何过一天，就将如何过一生。时间是最宝贵的资源，每一分钟都重要，浪费时间就是浪费生命，而风险必须由自己来承担。

现在让我们再来看看，什么是时间管理?

从管理学上的定义来看，时间管理是通过事先规划和运用一定的技巧、方法与工具，实现对时间的灵活、有效运用，从而实现个人或组织的目标。

从日常工作的实际角度出发，我们给时间管理做出以下定义：

1. 时间管理实质上是过程管理

从真正意义上来说，是没有时间这个概念的，所谓的时间不过是人们为了便于衡量变化过程的一个度量单位，也就是说时间其实只是一个过程，管理时间就是利用和引导事情或事物发展的过程，将之合理化、均衡化，向着我们希望的方向发展。

2. 时间管理是项目管理

时间管理涉及各种人员、物资、流程等，最好的时间管理需合理搭配资源，以实现最优的效果。它涉及如何配置资源、协调关系、沟通信息等。把每一天、每一周、每一月、每一年当做一个项目，那么其中每一个小的时间段就是我们的子项目，时间管理就是如何恰当地安排各个子项目。我们需要考虑的是在什么样的时间做什么样的事，如何安排才能使各种资源恰到好处地为我们的项目进行服务。

3. 时间管理是自我管理

世界上的事情分为两种，一种是别人的事，一种是自己的事，别人的事我们不能控制，只能影响，我们能控制的只有自己的事情。而实现一个目标往往需要自己和他人的共同努力，在他人有自己事情的情况下，要取得他们的配合就要管理控制好自己的事情，使自己的事情能够与他人的时间和精力相协调。

4. 时间管理是当下管理

时间是由无数个不连续的当下组成的，做好时间管理就是做好每一个当下的管理；使每一个当下产生最大的价值和效能，这就要我们规划好未来每一个当下，计算好自己的精力，然后在它们到来的时候认真地做好属于每一个当下该做的事情。可以测试一下在日常工作中，自己对于时间管理的水平究竟如何。

（二）时间管理的方法

俗话说得好：一寸光阴一寸金，寸金难买寸光阴。现在我们大家都已经认识到时间是人类最珍贵的资源。如何利用好时间就成为一个恒久的话题。有关时间管理的研究历史悠久，其理论也经历了多个发展阶段：

第一代时间管理法建立在“备忘录”基础上，以使用便笺和核对表为特点；

第二代时间管理法以“计划与准备”为核心，以使用日历和事务登记簿为特征；

第三代时间管理法以“计划、排序、控制”为核心，这一代的特征是有各种各样的计划手册和时间管理手册，电子的或写在纸上的，每天都有详细列表；

第四代时间管理法与以往最大的不同之处在于，它在根本上否定了“时间管理”这个概念，主张关键不在于时间管理，而是个人管理，与其过分关注时间与事务的安排，不如把重心放在维持产出与产能平衡上。

1. 什么是四象限原则

“时间管理四象限”法是美国的管理学家科维提出的一个时间管理的理论。象限是数学的专业名词，指由横纵坐标划分出来的四个区域。在这里，我们以紧急与否为横坐标，重要与否为纵坐标，就可以把我们所有的事件填充进四个象限。这种划分并非随意的文字游戏，而是有理由的，在这四个象限内，每一个区域包含一类事务，你对每类事务的重视程度和时间投入，决定了个人或工作的成效。

在该理论中我们把工作按照重要和紧急两个维度划分为四个象限（如图 1.14 所示）：既紧急又重要、重要但不紧急、紧急但不重要、既不紧急也不重要。

四个象限按处理顺序划分：先是既紧急又重要的，接着是重要但不紧急的，再到紧急但不重要的，最后才是既不紧急也不重要的。“四象限”法的关键在于第二和第三类的顺序问题，这需要非常谨慎和细致的判断。另外，也要注意划分好第一和第三类事，都是紧急的，分别在于前者（既紧急又重要的事务）能带来价值，实现某种重要目标，而后者不能。以下是四个象限

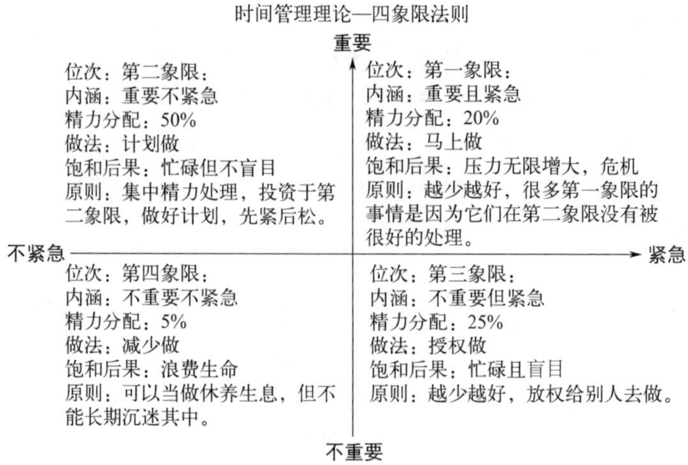

图 1.14　时间管理四象限

的具体说明：

（1）第一象限（既紧急又重要）　诸如应付难缠的客户、准时完成工作、住院开刀等。

这是考验我们的经验、判断力的时刻，也是可以用心耕耘的园地，如果荒废了，我们很可能会变得浑浑噩噩。但我们也不能忘记，很多重要的事都是因为不断拖延或事前准备不足，而变得迫在眉睫。这种情况的本质是缺乏有效的工作计划，导致原本属于“重要但不紧急”的第二象限的事务转变为紧急事项。这也是传统思维状态下的管理者的常态，即总是处于忙碌之中。

（2）第二象限（重要不紧急）　主要与工作目标、生活品质有关，包括长期的规划、问题的发掘与预防、参加培训、向上级提出问题处理的建议等。

荒废这个领域将使第一象限进一步扩大，使我们陷入更大的压力，在危机中疲于应付。反之，多投入一些时间在这个领域有利于提高实践能力，缩小第一象限的范围。做好事先的规划、准备与预防措施，很多急事将无从产生。这个领域的事情紧迫性不高，需要我们主动去做，这是发挥个人领导力的领域。

这正是传统低效管理者与高效卓越管理者的重要区别，建议管理者把 80% 的精力投入到第二象限的工作，第一象限的“急”事尽可能变少，不再瞎忙。

（3）第三象限（紧急不重要）　比如电话、会议、突来访客都属于这一类。

表面上，很多第三象限的事情看似应该处于第一象限，因为外界迫切的呼声会让我们产生“这件事很重要”的错觉，实际上就算重要也是对别人而言。我们可能会花费大量时间在这个象限内徘徊，误以为自己在处理第一象限的事务，其实不过是在满足别人的期望与标准。

（4）第四象限（不紧急不重要）　比如阅读令人上瘾的无聊小说、毫无内容的电视节目、办公室聊天等。

简而言之就是浪费生命，所以根本不值得花半点时间在这个象限。但我们常常在一、三象限来回奔走，忙得焦头烂额，不得不到第四象限去疗养一番再出发。这部分倒不见得都是休闲活动，因为真正有创造意义的休闲活动是很有价值的。然而像阅读令人上瘾的无聊小说、毫无内容的电视节目、办公室聊天等活动不但无法帮助我们走更长的路，反而会损害身心，刚开始时也许有滋有味，到后来你就会发现其实是很空虚的。

我们建议你对照时间管理矩阵，回想一下自己过去一周的日常管理内容。如果将过去一周所做的事情进行归类，列入所属的象限内，那么你大部分时间花在了哪个象限就一目了然了。

对于第一和第三象限，要认真考虑。因为大家很容易把紧迫的事情认为是重要的。区分这两个象限的快捷方法是：扪心自问紧迫的事情是否有助于实现重要的目标，如果不是，它可能属于第三象限。如果你与我们遇到的多数人一样，很可能将大部分时间花在了第一象限和第三象限，那么代价如何？如果紧迫的事情主导了你的日程，那么那些真正重要的事情，甚至是你的首要任务，没有得到应有的时间和关注。

【案例】

生命中的鹅卵石

在一所大学的课堂上，一位教授在桌上放了一个装水的罐子，然后从桌子下面拿出一个大约拳头大小，正好可以从罐口放进罐子的鹅卵石，当教授把鹅卵石放完后，问他的学生：“你们说这罐子是不是满的？”“是。”所有学生异口同声地回答道。“真的吗？”教授笑着问，然后又从桌下拿出一袋碎石子，把碎石子从罐口倒下去摇一摇，再加了一些，他再问班上的学生：“你们说，这罐子现在是不是满的？”

这回他的学生不敢答得太快。最后，班上有位学生怯生生地细声答道：“也许没有满。”“很好！”教授说完后，又从桌下拿出一袋沙子，然后把沙子慢慢倒进罐子，倒完后再问班上的学生：“现在你们告诉我，这个罐子是满的还是没满？”

“没有满！”全班同学这下学乖了，大家都很有信心地回答道。“好极了！”教授再一次称赞这些“孺子可教也”的学生们。称赞完了后，教授从桌子底下又拿出一大瓶水，把水倒在看起来已经被鹅卵石、小碎石、沙子填满了的罐子里。

当这些事都做完后，教授问道："由此我们可以得到什么启示？"

班上一阵沉默，然后一位学生回答："无论我们的工作多忙，行程排得多满，如果被逼一下的话，还是可以多做些事的。"这位学生回答完后心中想："这堂课讲的就是时间管理啊！"

教授听到这样的回答后，点点头微笑道："答案不错，但这并不是我要告诉你们的重要信息。"说到这里，这位教授故意顿住，环视全班同学后说道："我想告诉各位最重要的信息是如果你不先将大的鹅卵石放进罐子里，你也许以后永远没机会把它们再放进去了。"

点评：每次提到时间管理，总会有人想到这个经典案例。上述案例中的玻璃瓶就是时间，有着固定的属性，而鹅卵石、碎石子、细沙和水分别代表四种不同轻重缓急的事情。正确的顺序是：鹅卵石（紧急又重要的事）、碎石子（重要但不紧急的事）、细沙（紧急但不重要的事情）、水（不紧急也不重要的事）。这个案例告诉我们，工作任务的完成要有合理顺序，否则，将会影响目标的达成，这就是四象限法则所提倡的。

2. 如何对事项进行四象限归类

评估一项工作重要程度的标准可以按照实际工作价值来判断，而紧急程度则按照截止时间来确定。当待办事项清单列了一堆事情时，大部分人并不知道如何对事项进行分类，为此，我们给出如下"三步法"建议：

（1）给所有待办工作事项新增两列，分别是"重要程度"和"紧急程度"。

（2）对工作事项进行"轻重"区分。主要判断标准：工作事项和计划目标是否相吻合，吻合度越高就代表越重要。这个吻合度如何确定，就要靠个人按其工作价值为标准来判断。

（3）对工作事项进行"缓急"区分。主要判断标准：工作完成的时间要求，也就是以截止时间为标准区分是否紧急。需要提醒的是，一旦确定了时间节点，最好不要轻易改动。

如此简单三步，就基本上把所有待办工作事项分类归集到对应象限。

3. 处理四象限工作事项的法则——4D 原则

现在，我们对时间管理的四个象限有了比较清楚的认识，那么这四个象限的事情分别应该按照怎样的方式处理呢？正确的处理方式是遵照 4D 原则。

（1）第一象限：马上做（Do it now）

重要且紧急的工作，立即去做，如重大项目谈判、客户投诉、即将到期的重大项目、财务危机、处理媒体对公司的负面报道等，需要第一优先级处理，否则后果可想而知。例如：设备故障停机必须马上去维修，无法回避也不能拖延，拖延就会导致非常严重的后果，也就变成我们通常所说的“火烧眉毛”的事了。

此外，除了立即去做第一象限事情的同时，还需要认真思考这些工作是否真的属于重要且紧急的事情。事实上，我们工作中的主要压力就来自第一象限的任务，但第一象限中 80% 的任务又来自第二象限中没有被很好处理的事务。

（2）第二象限：计划做（Do it later)

重要但不紧急的工作，需计划后推进（即“计划做”），如建立人际关系、人员培训、制定防范措施等；例如：编写下个季度的工作计划、制定家庭投资理财策略等。

这些工作虽然看起来不紧急，但如果不处理，随时都会发展成为重要而且紧急的事情。因此，对于这类工作，也要制定一份时间计划表，持续推进，避免进入第一象限。

（3）第三象限：授权做（Delegate)

不重要但紧急的工作，符合别人的期待但对自己来说不一定是最重要的，可以交给他人去做。如无谓的电话、各种应酬、不速之客、临时部门会议等。

这部分的精力开销是不可避免的，但是不能认为紧急的就是重要的，需要评估这件事情相对于手头其他事情的重要程度再做决定。其实，大部分人发现时间不够的主要原因是将太多不属于自己的工作揽在自己身上。我们建议一方面不要做老好人，另一方面在团队协作时，不要让工作进度因自己停滞。当你手上碰到的事情需要其他同事协助处理时，就需要在收到任务时尽早将事情转交给其他同事，你只是负责跟进进度，而不是一直将事项放在自己这边，等到最后时刻才想起转交给同事。

（4）第四象限：减少做（Don’t do it）

不重要而且不紧急，仅用于打发无聊时间，比如闲谈、刷手机、追剧、逃避性活动等。这个象限的事情可以用来当做前三个象限的调剂，可以通过做一些不重要且不紧急的事情来调整自己的心态和身体，但如果一直沉迷于第四象限，那工作产出就会大打折扣。

每一个人、每一个岗位、每一个角色、每一个阶段，可能对重要和紧急的理解都会有所差异。所以四象限法则不是直接教大家找到重要和紧急的事务，而是灌输一个理念，传达一个信息，面对任何事务，我们心目中都要坚持这样一个原则：就是不管什么时候我们都要坚持对准备做的事作出一个快速而准确的判断，把事项分别放入四象限中，然后针对不同象限各个击破，就可以看到效率和效能的提升。

三、班组长心理风险控制

近年来，企业步入全球化竞争时代，经济、科技飞速发展，知识经济兴起，高技术企业猛增，人们的工作、生活节奏越来越快。数字时代带来了海量信息的冲击，人口结构性变化加剧了就业压力，多元化的诱惑与选择令人困惑，生态环境持续恶化，人们对职业发展和企业前景充满疑虑，而未来社会政治经济发展的不确定性更增添了焦虑。在这些因素的影响下，企业员工的心理问题变得越来越普遍。

（一）企业员工常见的心理问题

企业员工的心理问题可能受多种因素影响。具体而言，当前较为常见的心理问题主要包括以下几个方面：

1. 心理压力问题

心理压力问题是当前企业员工最为常见的心理健康问题。各种竞争和考核给了员工极大的压力，他们每天都要完成海量的工作，应对各种岗位考核，这些都会增加企业员工的心理压力。此外，当前的大部分企业员工都是中年人，他们需要赡养老人和照顾孩子，企业员工难以承受这些压力，不仅在生活和工作中更容易疲劳，创造性和积极性也会下降，这就会极大地影响工作效率。

2. 人际关系与沟通问题

企业员工的人际关系与沟通主要包含与客户沟通、与同事沟通、与上下级沟通三个方面，这些沟通对员工的发展有着重要作用，也关系到企业的管理和组织运行效率。但是由于企业员工的沟通往往掺杂着利益关系，因此在沟通的过程中有诸多顾虑，这也会给企业员工造成较大的压力。

3. 心理危机问题

企业的发展并不是一帆风顺的，特别是在激烈的市场竞争中，企业常常会发生裁员、并购和破产等问题，因此企业员工会存在心理危机。特别是对于企业的管理层而言，也有焦虑、紧张等情绪，长期处于这种状态下会影响企业员工的心理健康。

4. 职业倦怠问题

在长期的高度压力下工作，企业员工会出现身心俱疲的状况，且为完成工作常缺乏睡眠，会导致失眠、腰酸背痛和记忆力下降等健康问题，这也被称为职业疲劳。

5. 个人问题

员工的个人因素也会造成心理健康问题，例如家庭、婚姻、恋爱、子女等都会给企业员工带来心理压力，进而引发心理健康问题。

（二）企业员工常见心理问题的原因

造成企业员工心理问题的原因有多种，因此基层管理人员要正确地分析产生心理问题的原因。这样才能进行针对性的疏导，让员工保持良好的精神状态。具体而言，导致企业员工常见心理问题的主要原因如下：

1. 适应不良的原因

每个员工都有自己的发展潜能。在企业工作中，其潜能会不断地与实际工作整合，最终实现能力的提升。但是在员工进步和成长的过程中，会遇到自我意识的矛盾。这种矛盾一方面来源于员工自我期望和现实的差距，另一方面来源于公司约束和自我独立之间的矛盾。因此，这可能会造成企业员工适应不良的问题，很容易让企业员工产生自我怀疑，进而影响到其工作的积极性。

2. 技能学习障碍的原因

企业员工需要不断地进步和成长，这样才能满足企业发展的需要。从科学的角度来看，企业员工的学习不应该是被动地接受，而应是对原有知识结构的完善。然而从实际情况来看，当前企业员工学习缺乏积极性，大多是被动学习，缺乏终身学习的意识。此外，很多员工学习压力较大，很难彻底地掌握知识与技能，这会给他们带来心理的压力。

3. 自卑的原因

有部分企业员工自我评价偏低，缺乏自信心，因此常产生失望和悲观等消极心理。而且这些消极心理还会表现为嫉妒、焦虑、紧张等情绪。特别是对于自卑问题较为严重的企业员工，他们还会掩饰自己的弱点，将自己封闭；于是很容易遭受挫折后就放弃，没有竞争意识，也不愿参加社会活动。这部分员工在企业内的存在感较低，不会积极地表现自己，也不愿意承担较大的责任，这对于企业的长久发展有着不利的影响。

（三）员工心理风险带来的影响

目前，国内外很多研究表明，心理健康不仅是威胁个人生命健康的大敌，也是影响企业组织效率的一个重要原因。企业员工的心理问题已经发展成为制约企业各项建设的一个重要因素。

1. 员工心理风险对自身的影响

对于员工而言，心理风险给自身带来的不良影响是很多的。员工由于心理健康出现问题可能导致的现象有：

（1）心理疾病　有心理健康问题的员工，其身体、情感、思维和行为都会受到影响。同正常人相比，这部分员工会有失眠、心悸、易怒、健忘、沮丧、烦躁、自卑、悲观等消极表现，还会有记忆力减退、注意力障碍，人际交往障碍，工作兴趣严重丧失的情况。如果这种倾向在较长时间内得不到调节和干预，极有可能发展为严重影响员工心理健康的心理疾病：抑郁症、焦虑症、心理疲劳等。一旦患上这些疾病，往往只有专业的治疗才能控制病情。

（2）身体疾病　在工作的过程中，如果环境条件所提出的要求超过了一个人的能力与资源承受范围时，就会感到紧张。这一精神和心理状况产生的原因是人从意识上感觉了潜在的危险（身体或精神上）以及潜意识思考如何消除危险。研究表明，压力过大容易导致疲惫、偏头痛、食欲不良等各种亚健康症状以及冠心病、高血压、肠胃溃疡等疾病，人体免疫能力也会随之下降。

（3）行为扭曲　工作中有部分员工不服从管理，自以为是；或者性格孤僻，不与其他同事打交道。还有的员工脾气暴躁，被批评或指责时，可能会做出损坏生产设备或工具的行为，更极端的甚至可能做出轻生或攻击他人的行为。

2. 员工心理风险对企业的影响

在企业运行过程中，我们往往希望避免危机，但实际上除了硬件设施等外部因素，员工的内心也会经历多种情绪起伏或者心理健康风险，并很大程度上影响生产甚至造成更严重的后果。

员工心理问题给企业造成的负面影响主要包括：缺勤率上升、离职率提高、事故率增加、人际冲突加剧；员工难以相互合作，工作积极性和创造力下降，工作效率和业绩下降；客户服务质量降低，人力资源管理成本上升等。企业生产效率降低，用人费用增加，发生损害企业形象的恶性事件。特殊行业员工的心理问题甚至还可能给社会和环境造成灾难，给企业带来严重的形象和经济损失，有的员工心理问题可能还会让企业承担法律责任。

组织中员工和领导层的心理健康问题绝对不容忽视。如果不加以重视或处理不当，将极大地削弱组织实现目标的能力。因此，可以通过科学有效的企业管理来解决员工心理问题。既帮助员工解决因个性、私生活和社会问题等非组织因素引发的心理问题，又通过企业环境的改善解决员工因组织因素引发的心理问题。

（四）心理风险因素评估测验

专业的心理风险因素评估测试主要考察与被测人的心理状态有关且易对个体工作产生重要影响的多维度因素。根据被测人行业与岗位要求，定制特定维度的组合方案，准确分析被测人的心理行为特征，了解和预测可能影响其人际功能和职业功能的潜在心理风险。

心理风险因素评估由心境和人格两个维度构成（如表 1.2 所示），涉及最容易导致工作偏差的 10 个心理风险因素：焦虑、抑郁、反传统、标新立异、敏感多疑、过度情绪化、过度自信、过度表现、苛刻强迫、孤僻冷漠。

表 1.2 人格差异表

心境	人格	
抑郁	反传统	标新立异
焦虑	敏感多疑	过度情绪化
	过度自信	刻意表现
	苛刻强迫	孤僻冷漠

不同类型的员工，其工作内容与工作环境截然不同，因此容易产生的心理风险类别也差异巨大。根据员工职业的不同，可以将其划分为作业岗和知识岗来进行测试。

作业岗指的就是一线员工，也就是直接从事生产或相关业务活动的人员所在的岗位。比如生产制造类生产车间的一线操作工人，以及销售部、业务部等部门的工作人员。他们的工作往往直接和商品、货物或者客户对接。

知识岗指的是知识型员工所在的岗位。这一概念最早由美国学者彼得·德鲁克[1]提出，具体指那些掌握和运用符号与概念，利用知识或信息工作的人。当时主要指某些经理或执行经理。但在今天，知识型员工的概念已经涵盖了大多数的白领。一般指从事生产、创造、扩展和应用知识的活动，为单位（或组织）带来知识资本增值，并以此为职业的人员。知识型员工区别于普通员工的本质特征是他们拥有知识这一生产资料，也就是说知识型员工是知识所有者。

[1] 彼得·德鲁克（Peter Drucker）是著名的奥地利裔美国管理学家、作家、咨询顾问与教授，被誉为“现代管理学之父”。他在 1959 年的著作《明日的里程碑》中首次提出知识工作者（Knowledge Worker）这个概念。

1. 焦虑

焦虑是过度担心亲人或自己的生命安全、前途命运等而产生的一种烦躁情绪，其中含有着急、挂念、忧愁、紧张、恐慌、不安等成分。它与危急情况和难以预测、难以应对事件的程度有关。

2. 抑郁

抑郁是描述情绪低落的心理状态，在精神科指抑郁发作。在这个状态下情绪极度低落、消沉、高兴不起来、愉悦感下降或丧失、兴趣下降甚至失去兴趣；这些是抑郁发作的核心症状，同时抑郁会出现各种各样的其他症状，像思考能力下降、头脑反应迟钝、自觉思维效率减退、注意力不集中、做事情很容易走神、记忆力下降、自信心不足、自卑或感到生活没有希望、对未来感到一片迷茫，这些都是心理层面的主观体验。

3. 反传统

反传统是指对传统文化的批判与否定。中国经历了长期的封建社会，封建传统根深蒂固，因此“五四”精英们将反传统与反封建直接等同。除了这个特定的含义，在历史与当前的实际运用中，反传统有两层意义：一是否定和抛弃传统文化中的消极成分，二是批判和改造传统文化的一种不可缺少的形式。

4. 标新立异

标新立异是为了彰显自身特质，故意显出自己的与众不同，或者用与往常不同的表达方式以吸引关注。

5. 敏感多疑

敏感多疑不仅是对外界事物，也是指对自身状态的猜疑和忧虑。有些人生性就敏感、不开朗、不豁达、遇事爱斤斤计较。

6. 过度自信

过度自信是典型而普遍存在的一种心理偏差，在决策过程中发挥重要的作用，决策者对他们的能力水平常常是过度自信的。其实，很多管理者都存在过度自信现象。当面对不确定性时，过度自信的人会认为自己具备足够的能力应对这种不确定性给自己带来的危机；此外，很多时候，人们把过度乐观等同于过度自信，即对所处的不确定性环境持乐观态度。

7. 孤僻冷漠

孤僻冷漠就是我们常说的不合群，是指不能与人保持正常关系，经常离群索居的心理状态。主要表现在不愿意和别人接触，待人冷漠。经常对周围的人感到厌烦、鄙视或警惕。有这样性格的人生性多疑，办事喜欢独来独往，且通常不会为孤单和空虚而感到困扰。

8. 苛刻强迫

苛刻强迫主要表现为做事苛刻，追求完美，强迫别人。不管做什么事都要做到完整或完美，而且严格要求别人跟自己一样按部就班。此外，最常见的行为是洁癖，有此倾向的人会通过反复清洗或避免与他人接触来保持自己的清洁，同时也会在头脑中回忆某些细节，反复思考纠结一些无意义的问题。

9. 过度表现

过度表现自己是一种病，要么是“虚荣心”在作怪；要么是自己没有“实力”，喜欢在领导面前刻意地去邀功，生怕自己的工作领导看不到。其实这些表现只会耽误自己的成长。真正有实力的人，都会运用批判性的思维，注重于个人的成长，虚心地接受外界的建议，才能使自己走得更远。

10. 过度情绪化

过度情绪化是指由于受到了某件事情或者某些人的影响，不加约束地让自己随着喜怒哀乐来做事。主要表现为容易激动，容易被激怒，做事总是不想后果，即过度冲动。过激的情绪是最具有破坏力的情绪，许多人都会因为一时情绪的激动，而做出令自己后悔终生的事情。

（五）心理调节的方法

在日常的管理工作中，当员工出现这些心理风险问题时，基层管理者应该如何来调节和预防呢?

实际上，这些心理风险都会从员工的日常表现展露出来。最直观的方式就是及时发现他们情绪的异常——比如情绪低沉、不愿与人交流，或者情绪亢奋、易怒、愤怒等，这些都是风险的前兆。过度的波动或者非正常的波动，都需要加强关注和观察，提早预防，提早化解。

心理调节的方法可以总结为一句口诀：内外兼修，内修认知，外修行为，心理与行动并行。心理风险预防与常规的管理问题不一样，它需要从两个方面来缓解。首先要从内部自我认知来调节；其次，通过外部行动辅助认知优化。这就好比一个人减肥，首先他要认为自己胖，或者认识到胖对身体带来的危害，这就是认知的塑造。外修的行为就是管住嘴，迈开腿。如果仅意识到自己的胖或者肥胖带来的危害，但缺乏实际行动，最终也无法达到减肥效果的。因此，心理与行动并行至关重要。

1. 内修认知

认知理论认为，人的情绪、生理和行为反应是由思想引发的，而思想包括对过往事件的解释、归因和评价，也包括对未来事件的推理和设想。

自我认知调节需先觉察自身认知的过程和内容，观察、记录自己的想法，看看自己是如何解释、归因和评价已经发生的事情，如何推理和设想未来的可能性，并且归纳这些想法的核心倾向和内在规律。主要包括对自我、他人和社会环境的观点或看法。随后，要从更广阔的视角审视自己的想法和观念，看看自己的想法和观念是否合理；如果不合理，需要探索什么样的思想和观念更为客观。

2. 外修行为

因为内在认知可能存在“行动偏向”，所以需要外在干预行为。举个例子，为了改变孤僻冷漠的性格，我们得主动与人交际，而不是说一下或者想一下，就能变得合群。一定还需要行动，否则思维模式将被重新拉回到与旧行为相符合的思维等级上。

例如，与他人交流这件事，采取行动本身和内部认知的改变有一样的效果，发现与人交际没有想象中那么困难，并获得良好反馈。没有什么是比成功本身对成功更好的催化剂，或者效果更好，进而形成良性循环。

（六）心理干预与辅导四技巧

针对当今社会普遍存在的心理风险问题，作为一个基层管理者，既要做好自我心理调节，也要关注员工心理状态，懂得使用合适的方法和技巧来进行干预和辅导。

心理的调节分为自我调节和外部调节：自我调节是通过向自我寻求支持的方式获得自我安慰、自我理解和自我慰藉；外部调节则是他人给我们一定的支持、安慰、鼓励和理解。我们可以主动寻求他人的安慰和理解，身边关心我们的人也会主动给我们安慰和鼓励。当然，对于个体的成长来说，强化自我调节能力才是最重要的。情绪有时候来得快、去得也快，哪怕是最亲密的朋友也没办法及时帮到你。我们应更多地寻求自我支持，才能在第一时间帮到自己。

当出现心理风险时，采取的干预对策，可以从时机上分为应急对策和长期对策两种。所谓应急对策，一般是针对突发性的情况，做出的临时性干预措施，长期对策通常可以理解为彻底的纠正措施。

如果心理风险干预的方法按照自我管理、外部管理、应急对策、长期对策四个不同维度来进行排列组合可以分成四个象限，这种划分有助于我们针对不同的情况选择有效的方法，对应四个不同的技巧，分别是：惊（外力警醒，自我控制）、淡（合理回避，淡化情绪）、释（自我释放，改变认知）、助（寻找助力，认知重塑）。

1. 外部管理的应急对策——惊

在外部管理的应急对策中，通过外力的提醒和警醒，来达到自我控制情绪的目的。在高速路上开车的时候，如果遇到前面有突发情况，我们的常规做法是先减速，然后再打方向。其实，情绪管理也是一样，在特别激动的情况下，我们需要先降低情绪等级，然后再采取相应的行动。通常来说，只要熬过那一两分钟情绪最激烈的时刻，后面你的情绪相对会好控制一些。

遇到员工情绪激动时，管理者或他人可以通过外部强制干预“及时喊停”，打断并转移其注意力：暂时让当事人远离引发负面情绪的人或事物，不去刻意想起这些不开心的事情；或者引导其全身心投入到另外的一件事情当中（比如，深呼吸、从一数到十，暂时缓解一下激动的心情）。

2. 自我管理的应急对策——淡

在自我管理的应急对策中，当情绪事件发生后，我们可以用回避的一些方法来淡化我们的情绪，使得我们的情绪不在峰值，避免一些不必要的冲突。

很多人在遇到心理困境的时候，首先想到的就是采取回避的方式。通过回避、躲开这些导致心理困境的刺激。当自己遇到心理问题的时候，人的大脑某个区域会明显地兴奋，使得大脑自动回避外部的刺激。如果能够将兴奋中心转移，也就等于转移了自己的心理困境。

3. 自我管理的长期对策——释

在自我管理的长期对策中，学会爱自己，直面自己的感受，不要过分压抑自己的情绪，找一些有利于发泄的渠道（比如，大声 K 歌、进行剧烈的体育运动等）。总之，不要让自己持续陷入情绪的黑洞，要定期释放心里的负能量。

察觉情绪的同时，努力让自己冷静下来，理性思考，分清哪些是客观事实，哪些是自己主观的解读。尝试着站在第三者的视角思考问题，从对方的角度换位思考，从让你带来负面情绪的反面去思考，你会有不一样的体悟。

我们可以自我释放，先把自己放出来。然后慢慢改变认知，当然这种方法并不是一蹴而就的，需要长时间的修炼。

4. 外部管理的长期对策——助

在外部管理的长期对策中，我们可以寻找助力。找一些长辈、师长来帮我们重塑认知。

在感到困惑、棘手或难过的时候，可以毫不掩饰地寻求长辈、朋友或者他人的帮助。当事情变得非常困难或陷入焦虑的时候，向外部吐露诉说，仅仅是倾诉本身，也能使人获得释放，有时甚至还会得到好的建议。

我们要善于把自己的烦恼倾诉给我们的朋友和家人，这样能够帮助我们将消极情绪释放出来，缓解我们过大的压力。还可以找一些和自己经历接近的朋友谈一谈你的苦恼，听取他们的一些建议。

（七）心理干预与辅导策略

根据不同象限采用的技巧不同，我们将这四个区域分别命名为：应对区、修复区、干预区和治疗区。我们针对每个区域也提供了多种方法供大家学习参考（如图 1.15 所示）。方法有很多，但并不局限于此，找到适合自己的，才是最有效的。

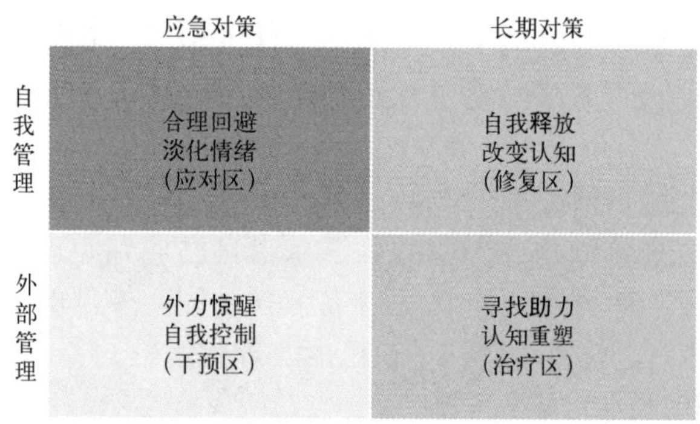

图 1.15　情绪应对策略

1. 应对区策略

应对区针对“自我管理的应急对策”，具体方法包括借物明志、皮筋疗法、深呼吸、数数法、正向回避、转移话题、幽默、发泄（哭诉喊）等。

（1）借物明志　借助某些物品来提醒自己，克制情绪，比如手镯、戒指、项链、皮带扣等具有纪念和提醒意义的物品。

（2）皮筋疗法　心理干预中一种典型的疗法：手上绑一根皮筋，当有负面情绪的时候，就弹一下自己，以此来提醒自己；也可以参考《不抱怨的世界》中介绍的“紫手环[1]”使用方法。

（3）深呼吸　深呼吸不是大喘气，不是深吸深呼，而是按照一定的节奏，以“2-8-4”的节拍（2 拍吸气、8 拍屏息、4 拍呼气），通过调整自己

[1] 紫手环是《不抱怨的世界》中提到的一个概念。书中倡导了一项名为“不抱怨”的运动。在这个运动中，参与者会戴上一个紫色的手环作为提醒，每当他们意识到自己在抱怨时，就会将手环换到另一只手上。这个动作旨在帮助人们意识到自己的抱怨行为，进而推动其逐步改变抱怨习惯。

的呼吸降低血液中红细胞的载氧量，缓解情绪的亢奋或者愤怒状态。

（4）发泄（哭诉喊）　痛哭、倾诉、大喊等都是情绪的发泄方式，将不良情绪发泄出来，也许就“翻篇”了。

2. 修复区策略

修复区针对“自我管理的长期对策”，具体方法包括冥想、萨提亚成长、看书、培养兴趣爱好（如钓鱼、下棋、咖啡品鉴）、适度宣泄（如K歌、运动、做家务）、听音乐（舒缓音乐）。

（1）冥想　冥想是心灵修养的一种方式，可以帮助我们的心灵和认知得到升华。

（2）萨提亚成长模式[1]　萨提亚成长模式是认知重塑的一种方式，也是心灵体验的过程。通常需要参加专业的学习班，可能只会针对特定的问题提供帮助。

（3）看书　通过自学书籍，我们可以获得阅读并重塑自己的认知。

（4）培养兴趣爱好　培养兴趣爱好可以让自己急躁的情绪稳定下来，从而再慢慢修悟自己的认知。

（5）适度宣泄　和“培养兴趣爱好”的“静”相反，宣泄是先让自己的情绪得到释放，再慢慢地修悟自己的认知。

（6）听音乐　听舒缓的音乐可以帮助我们稳定情绪、放缓思绪。

3. 干预区策略

干预区针对“外部管理的应急对策”，具体方法包括语言叫停、强行转移注意力、警告、场地转移、事务调整等。

（1）语言叫停　及时制止下属或同事间的不良情绪行为。

（2）强行转移注意力　强制安排另一个工作或者其他任务，分散他的注意力。

（3）警告　严正声明，禁止以当前的激动情绪继续做事，以免造成不良后果。

（4）场地转移　强行转移双方的场地，防止情绪事件升级，避免引起更大的冲突。

（5）事务调整　调整当事人的业务，调离其离开当前发生冲突的人和事。

4. 治疗区策略

治疗区针对“外部管理的长期对策”，具体方法包括与领导、长辈交流、

---

[1] 萨提亚成长模式是一种以人本主义为基础的心理治疗方法，由维吉尼亚·萨提亚创立。它关注个体内在心理与外界的互动，旨在提高个体的自我价值感、责任感，改善人际沟通，帮助个体实现身心整合和内外一致。通过深入了解个体的内在世界，包括行为、情感、信念等核心层面，萨提亚模式帮助人们认知自我、接纳自我，促进个人成长和潜能的发挥。

寻找有经验的同事、参加圆桌会议、参加专业成长、参加读书会、找专业人士咨询。

（1）找人交流 当我们通过自我管理努力面对问题、解决问题时，可能会比较辛苦，甚至走弯路也是很正常的。此时如果有人，尤其是“过来人”为你指点迷津，就是找到了捷径，找到了解决问题、缓解情绪最有效的方法。

这个人可以是老师、家人、领导、长辈、年长的同辈等，聪明人都懂得“借力”，借助别人的经验和力量帮助自己少走弯路，解决难题。

与上述人群分享自己的问题，尽量使自己不要沉浸在负面消极的状态中，积极寻求外部帮助。在大家的帮助下，相信很多问题都可以被顺利解决，也能让我们重塑认知。

（2）参加圆桌会议 圆桌会议是一种团体咨询的方式，可以为参加者提供一个良好的交流互动场所，创造一种相互信任、相互支持的温暖团体氛围，使成员可以以他人为镜，反省自己，深化自我认识，同时也能成为他人的社会支持力量。此外有助于加深自我了解，增强自信心，了解自我、接纳自我。

（3）参加读书会 参加读书会，可以让自己获得部分心灵成长。阅读是被动吸收，读书会是主动交流。同时读书会还可以让我们在与他人的交流过程中更好地认识和调整自己，克服自我的盲目性，形成客观而积极的自我评价。

（4）找专业人士咨询 如果问题解决不了，或者找不到可以信任的人，切勿讳疾忌医。应当寻求专业人士的帮助，找心理咨询师或催眠治疗师，他们的专业经验和职业道德将提供系统的思路和全面的建议。

第二章
基层管理者的团队管理

我国大多数制造业企业面临一些共同问题，例如：员工素质较低、管理秩序混乱、生产效率提升缓慢、班组过程控制不稳定等诸多问题，使企业在实际管理过程中倍感艰难。

企业管理的基础，依靠各个班组的管理来实现；而班组，则需要基层管理者来管理和领导。本章节主要介绍团队的概念、行为表现及成长的四个阶段，使学员对团队管理有一个整体的认识。

第一节 团队的定义

一、什么叫团队

团队是一群有着共同目标、以合作方式实现目标的人组成的集合体（如图 2.1 所示）。

图 2.1　团队的概念

团队是一个共同体，有共同的目标。团队成员愿意为了实现目标，共同承担责任，共享荣辱。在团队发展过程中，经过长期的学习、磨合、调整和创新，团队会形成主动协作、高效、合作且富有创意的特质，能够解决问题，达到共同的目标。

对于“团队”这一概念，不同学者有不同的定义。《美国传统词典》给团队的定义是“组织起来一起工作的一群人，或者是竞赛中同一方的成员”；而美国管理学者斯蒂芬·罗宾斯给工作团队的定义，则是“工作团队是个体为了实现一个目标相互依赖组合而成的正式群体”；我国的学者王青认为，“团队是由两个或两个以上的人组成，通过相互影响和相互作用，在行为上遵循共同规范的、介于组织与个人之间的组织形态”。

综合不同学者的定义，我们认为，团队是由少数人组成的一种特殊类型的群体。这些人为了达到共同目标，具有互补技能、整套工作指标及方法，并共同承担责任。团队是为了满足创造性、灵活性和高水平绩效的新型组织的需求而设计出来的。团队的内聚力和责任感更强，相较其他类型的群体，团队能使成员的才能发挥得更好。通过其成员的共同努力，团队能产生积极的协同作用，团队成员努力的结果能使团队的绩效水平远大于个体成员绩效的总和。

团队是群体的一种，但由于团队在构成的要求上更为严格，因此目标、相互依赖、承诺和责任就成为团队构成的关键性要素。

团队的成员必须拥有共同的目标，这也是他们聚到一起的理由，也是团队预期要获得的产出成果。团队通常都会建立起相互依赖的工作关系，这种关系在团队合作中会得到加强和稳固。每个团队成员都对集体目标做出承诺。

更重要的是，他们都坚信团队的目标对自己很重要，并且共同拥有团队成果的所有权。团队的成员必须具有共同的目标和基本原则，每个团队成员应该明白，他们必须依赖其他成员才能完成任务，并且各自都应该有明确的分工和职责。要是偷懒的话，毫无疑问会导致严重后果，且极大地降低团队的效率。

最后，任何团队，不管是企业小组、部门，还是分支机构，都必须争取足够的上级支持，并坚信团队是企业不可或缺的一部分。为了提高效率，任何团队都必须对上级管理层的需求保持及时响应。游离于企业之外的团队，或者那些没有明确目标，也不向上层汇报工作的团队，通常都是没有意义的。

举个例子：假设你来宜昌旅游，报了两坝一峡旅行团，导游让你第二天早上 8:00 在游客中心等待，第二天早上导游把你接上了大巴，你一问得知大巴上所有游客都是去同一地点旅游，请问这时车上所有乘客构成了团队吗？当大巴出现故障，司机要求所有旅客下去推车，经过所有乘客的推动，大巴终于成功启动了，这时他们又是否是一个团队？

第一个场景中，我们发现虽然有同一目标，但缺乏合作，没有为了统一目标采取行动，故不是团队；第二个场景不仅有共同目标，也通过合作方式达到了目标。其实团队是由基层和管理层人员组成的一个共同体，它合理利用每一个成员的知识和技能协同工作，解决问题，达到共同的目标。

二、工作群体和工作团队的区别

古人云："物以类聚，人以群分"，日常生活中，同一个电影院中的观众、同一架飞机上的乘客构成一个群体吗？群体是否就是一群具有共同目标且一致遵守共同规范的个体？

群体动力学家肖（Shaw）认为，群体由两个或更多相互作用和相互影响的个体所组成。并指出，所有的群体都有一个共同的特征，即群体成员间有着彼此的互动，而且群体的形成是有原因的。例如，为了满足某种需要，提供信息或者实现统一的目标等。可见，按照肖的定义，同一电影院的观众、同一架飞机的乘客仅能说是一个集合体，而不是一个真实的、互动的群体。

工作群体：两个或两个以上相互作用的和相互依赖的个体组合而成的集合体。成员间的相互作用主要是为了共享信息，进行决策，帮助每个成员更好地承担起自己的责任。工作群体并不一定要求成员完成共同努力的集体任务，他们也不一定有机会这样做。在工作群体中，不存在一种能够使群体的总体绩效大于个体绩效之和的积极的协同作用。

工作团队：它通过成员的共同努力能够产生积极的协同作用。团队绩效远远大于个体绩效之和。我们可以把工作团队想象成工作群体的一个子集，成员间的互动赋予团队存在的意义（共生）。

工作群体和工作团队经常容易被混为一谈，但它们之间有根本性的区别（如图 2.2 所示），主要体现在以下六点：

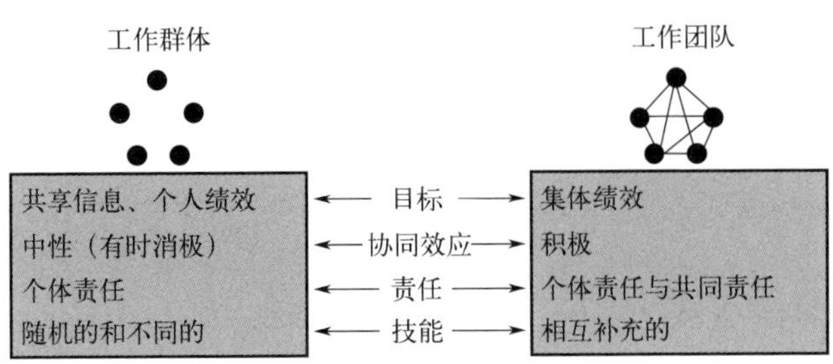

图 2.2 群体与团队的对比

（一）领导方面

群体有明确的领导人，团队则不一定，尤其当团队发展到成熟阶段时，成员共享决策权。

（二）目标方面

群体的目标必须跟组织保持一致，但团队中成员可以产生与组织目标一致的补充目标。

（三）协作方面

协作性是群体和团队最根本的差异，群体的整体协作性可能是中等程度的，有时成员会存在消极或对立的情绪；而团队则会营造一种齐心协力的协作气氛。

（四）责任方面

群体的领导者要负主要责任，而团队中除了领导者要负责之外，每一个团队的成员也要负责，甚至要一起相互协作、共同负责。

（五）技能方面

群体成员的技能可能是不同的，也可能是相同的；而团队成员的技能则是相互补充的。团队需要把不同知识、技能和经验的人综合在一起，形成角色互补，从而达到整个团队的有效组合。

（六）结果方面

群体的绩效通常是个体绩效的总和；团队的绩效则是由大家共同合作完成的产品或服务。

三、团队成长四阶段

无论是管理者还是团队成员，认识群体和团队的发展阶段对于群体与团队的建设和发展都是十分必要的。因为在不同的发展阶段，群体与团队内部成员间的关系会不断地发生变化，掌握这些变化并及时协调成员间的关系，是建设高效率工作团队的保证。

任何一个团队的成长过程，大致可分为四个阶段：形成阶段、风暴阶段、规范阶段、表现阶段。明确这四个阶段的核心特征，可以为团队的建设提供更具针对性的发展策略。团队四阶段的主要特征如图 2.3 所示。

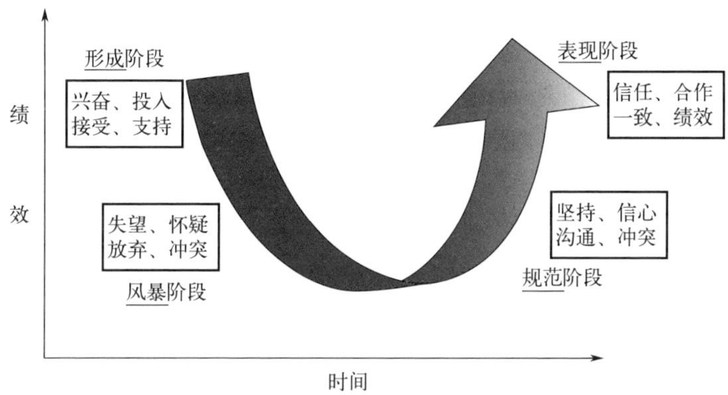

图 2.3　团队四阶段

（一）项目团队初建，领导树立权威形成凝聚力

团队形成阶段是项目团队刚开始的雏形阶段。项目从立项开始，基层管理者及上级领导根据项目所需的技能经验及条件，挑选适合该项目的人员，并在基层管理者的领导下，组成一个新的项目团队来完成项目的生产与管理工作。项目团队的形成阶段是项目团队刚刚建立，项目内部成员刚刚确定并对项目总体有初步认识。在这个阶段，成员之间认识不足，相互了解不够深入，这时的团队成员仍然是一个相对独立的个体，团队成员之间不会完全信任彼此，团队较为松散。

首先从人选情况来看，项目团队形成阶段，团队成员是由项目经理及上级领导共同挑选的。这就需要项目经理根据项目生产及发展规划，挑选适合自己项目的人员来组建项目团队。每个项目的发展都有其自身的发展特点和要求，例如项目进度、项目质量要求等；每个项目经理的选人标准和要求也是不一样的，同时还要考虑各个成员之间的“兼容性”，也就是人员技能、性格特点等方面能否充分互补。这就需要领导者结合项目发展实际情况“因地制宜”，综合各方面因素进行考虑。其次，项目团队组建初期，团队成员了解不够深入，难以做到坦诚沟通，每个人都想给团队留下深刻印象，竭尽全力表现自己，团队成员对领导者通常心存敬畏或者不满这两种极端态度，这时候需要团队领导者采取指挥或告知式的方法，来领导团队建立起相互信任的关系。同时还要充分掌握和运用好团队成员的心理状态，树立威信，成为成员心中的权威人物，以便于进行团队管理。这一阶段领导者要主导团队管理工作，尽量做到事必躬亲，领导团队落实好各项制度和管理规定，直接告诉成员要做什么、怎么做，初步建立起团队凝聚力，引导团队走向正轨。

（二）项目团队震荡，教练式策略处理团队矛盾

项目团队发展的第二个阶段是团队震荡阶段，也称风暴阶段。这个时候项目团队完成组建，开始步入到正式的工作中。但是随着实际工作的开展，团队暴露出来的问题会越来越多。团队成员在技能、性格等方面的差异开始显现，人际关系冲突加深，失望、放弃、怀疑、冲突的情绪逐渐暴露出来，成员甚至可能会对管理者的管理产生不满。这一阶段是项目团队发展的关键阶段，是一个转折点，如果这一阶段的问题得不到有效解决，团队将有可能一直停留在形成阶段或者震荡阶段，从而影响整个项目的发展。

处在震荡阶段的团队，存在的问题是多方面、多角度的。团队成员之间的相互冲突以及对于领导者的不满情绪，都是团队震荡的表现。这个时候是团队管理的战略阶段，要求团队领导者认真处理每一次冲突，采取教练式的处理策略。领导者需要从形成阶段的领导专制权威的方式，转化为逐步放松的管理方式，选出优秀的团队干部进行协同管理。领导者还需了解团队成员的生产生活情况，尽量配合团队干部照顾好每一个人的心理需求，解决他们的问题，让他们在这个阶段对团队产生信任、依赖的心理。同时，要抓住典型，利用强化理论予以正确引导，使好的行为得到强化，他们就会更多地产生这种行为。

因此，领导者要充分利用好奖惩办法，当团队成员有良好表现时要予以奖励，当出现不良行为时，要有选择地进行惩罚。同时，这个时候的领导者对于团队成员有了更深入的认识，如果说有的团队成员或干部真的不适合所在团队或岗位，领导者可以考虑进行适当的降级或调整，从而组建真正合适的团队。

（三）项目团队规范，参与式管理增强凝聚力

项目团队发展的第三个阶段为规范阶段。如果上一个震荡阶段所产生

的矛盾得到了解决和处理，项目团队就进入到了这一阶段。这个阶段是项目向好的方向发展的一个转变，团队的规则、价值、行为、方法、工具等都已经建立，项目团队的运行发展已经规范化，团队运转流畅，团队成员之间分工明确，协同合作，能相互团结起来解决团队所遇到的问题。对于团队成员之间存在的个别差异和矛盾，成员之间也会尽量想办法自行协调解决。团队成员对团队的认同感和归属感得到加强，主动去解决遇到的问题和困难，动机水平提升，进而推动团队实现和谐发展。

项目团队进入到这一阶段，领导者要考虑的是团队的长远发展，不能拘泥于眼前的细节问题。项目团队各项工作正常规范化运转，团队成员能团结起来解决问题。这个阶段的团队领导者要做到参与式管理，更多地放权给核心成员和普通员工，在把握整体大方向的前提下，以支持为主。团队领导者通过这种参与式管理方式，可以让团队成员有更多的自主权，成员之间自行解决各自遇到的问题，团队成员开始相互包容差异，调整个人行为，更好地去适应团队发展的需要。同时，领导者要多鼓励、多接触成员，让团队成员认同团队文化，增强其归属感与荣誉感，这样团队才能凝聚成一个整体，走得更远。

（四）项目团队成熟，委派式领导自管自治

这一阶段是团队发展的第四阶段，即成熟阶段。实际上，并不是每一个团队都会走到成熟阶段；许多团队在前面阶段的问题得不到解决，团队内部矛盾不断激化、团队分裂严重等问题，都会造成项目团队难以维系。项目团队进入成熟阶段时，主要表现为团队运行良好，团队运作已形成有机整体。团队成员能够自觉主动地处理所遇到的各种问题，团队成员将项目完成放在首位，而不是完全考虑个人利益。这个时候的项目团队运行流畅，工作效率高、速度快，团队成员之间冲突减少甚至消除。团队成员的工作熟练度提高，完全适应岗位对工作能力的要求，成员对于工作层面的任务及职责有了清晰深刻的了解，在没有外部监督的情况下，也能自觉完成各项工作。

项目团队进入到成熟阶段，说明项目经理对于团队的领导是成功的，项目经理这个时候是轻松且富有成就感的。该项目在团队成员的共同努力下有条不紊地进行。这个阶段内，团队成员工作熟练度提高，已经完全适应了本岗位对于工作能力、工作态度的要求，项目将以高速模式进行运转生产。团队成员之间相处融洽，能够互相理解、支持。这个阶段项目领导者需要转化管理思路，采取委任式领导，实现“无为而治”。

具体而言，团队领导需要完全放权，让项目团队自主执行必要的决策，领导要相信自己团队的成员，将管理和监督的权力都交给自己的团队，让他们成为这个团队的领导者和组织者，成为团队的主人。这个时候团队成员对自己的团队充满了荣誉感与归属感，将团队的发展与个人利益结合在一起，这样团队成员的决策会充分地考虑团队利益，实现团队与个人的共同发展。

第二节 团队组建

一、团队协作的五大障碍

一个团队由各式各样的人组成，在协作过程中必定会遇到种种阻碍，大多数企业中，真正的团队协作其实很难实现。企业之所以不能实现良好的团队协作，是因为它们不自觉地陷入了五个看似普通实则很危险的沼泽之中。

著名的《团队协作的五大障碍》一书指出，团队协作之所以会陷入困境，大多是由缺乏信任、惧怕冲突、欠缺投入、逃避责任和无视结果这五个障碍引发的，而且这五个障碍之间，逐层递进、互相影响且互相牵制。

1. 缺乏信任，谁都走不远

信任是一个团队协作的基础和高效协作的核心。在与人相处的过程中，经常会发现许多人希望别人对自己以诚相待，却对他人缺乏信任，不敢把自己的缺点或不足暴露在他人面前，害怕会因此受到攻击，对自己产生不利的影响。因此，人们相互戒备，保住自己的那一片天地。但是如果一个团队无法形成相互信任的文化，这就会让整个团队看起来像一盘散沙，不仅不能够提高效率，甚至还会拖后腿。

在职场中，之所以要和同事做朋友，就是要构建彼此的信任关系，从而为今后的通力协作打好基础。而作为团队的领导者，当发现自己的团队出现信任危机之时，一定要鼓励成员彼此敞开心扉，相互了解过往以及优缺点。因为只有大家真的对身边的人有所了解之后，才能够真诚地对待自己和他人，敢于发表自己的意见。

缺乏信任（相互戒备）的具体表现如下：

（1）相互隐藏自己的弱点和错误；

（2）不愿给他人提出建设性的反馈意见；

（3）不愿为他人提供自己职责之外的帮助；

（4）轻易对他人的用意和观点下结论；

（5）不愿承认他人的经验和成绩；

（6）浪费时间和精力去追求自己的特定目标；

（7）对他人或组织不满并心怀怨恨；

（8）讨厌开会，寻找借口逃避。

2. 惧怕冲突，让团队越来越平庸

很多管理者本能地害怕冲突，怕员工之间的矛盾冲突，也怕部门之间的冲突，总是觉得冲突的存在会给自己带来无穷的麻烦。

但事实上，没有冲突的团队反而是一潭死水；大家表面上看似一片和谐，实际上却对任何事情都丧失了兴致和积极性，没有任何想法，这样的团队离解散也就不远了。因为真正关心和在意一件事的时候，我们总是会忍不住去提出自己的建议，希望它能变得更好。因此，在好的团队内部，争吵和冲突一定是会存在的。

争吵和冲突的存在虽然会让团队更有活力和创造力，但当争吵和冲突升级为恶性矛盾的时候，团队就有割裂的风险。如何去把控这个度呢？其实还是第一个障碍——信任，任何争吵都要建立在彼此相互信任的基础上，只有当你了解你的合作者，信任你的同事，你才会大胆地跟他提出不同意见，从而不影响彼此之间的感情和后续合作。

惧怕冲突（一团和气）的具体表现如下：

（1）团队会议死气沉沉，大家不愿发言；

（2）在背后对他人进行人身攻击；

（3）避免讨论可能引起争论的问题，即使这些问题是组织成功的关键；

（4）对他人的不同意见和建议持保留意见；

（5）把时间和精力用在形式主义上。

3. 欠缺投入，每个人都敷衍了事

欠缺投入的原因无外乎两种。一是团队没有明确的目标，工作不知道从何下手，导致团队成员迷失方向，失去了热情与活力，精神颓废，一蹶不振。二是缺乏正确的工作认知，不了解工作的真正意义，把工作简单理解为维持生计，小富即安，得过且过。这种心态会导致工作不积极，不思进取，工作马马虎虎，不够认真，典型的“做一天和尚，敲一天钟”。

欠缺投入的主要原因是团队成员没有明确的目标，或者不了解工作的真正意义。他们可能只是把工作当作养家糊口的工具，而缺乏将团队的目标和荣誉上升到个人的荣誉这一层面上。

欠缺投入（模棱两可）的具体表现如下：

（1）目标和职责模糊不清；
（2）不必要的拖延；
（3）缺乏自信，惧怕失败；
（4）反复讨论，迟迟无法决策；
（5）对作出的决定反复质疑；
（6）对于团队的各类问题漠不关心。

4. 逃避责任，失误日益增多

人的本能是趋利避害，当问题出现的时候，第一反应往往是推脱和逃避责任。在团队合作中，一个问题的出现，通常会涉及两名及以上团队成员，这可能导致团队成员陷入无休止的扯皮和争吵之中。

这样的扯皮和争吵无疑会消耗团队成员之间的信任，让原本就危机四伏的团队，更是摇摇欲坠。逃避责任虽然是成员的主观行为，但反映的却是团队职权制度的不完善，团队领导工作的不到位，让成员有机可乘。

此外，逃避责任不单是指个人在遇到问题或者需要担责时推诿和推卸，更在于团队成员在看到同事的表现或行为有碍于集体利益的时候，不能够及时给予提醒。

逃避责任（低标准）的具体表现如下：
（1）甘于平庸；
（2）时间观念淡薄；
（3）低标准的自我要求；
（4）对团队高绩效者心怀抵触；
（5）对自己低水准的表现寻找借口；
（6）将责任压在团队领导一个人身上。

5. 无视结果，目标难以达成

任何一个团队，都在努力达成事先确定的目标，争取得到良好的效果。结果是衡量团队工作表现的标准，它的表现有很多种，如经济指标（利润、收入、股东权益等）。

何为无视结果？其实就是员工个人利益与团队利益的取舍问题。有的人会在团队中过于独立，只在乎自己的工作有没有完成，从不考虑其他人的工作进度；看似在认真工作，但并没有为公司和团队创造利益。

这些人的出发点无疑只聚焦到了个人利益上，他们没有意识到，不论团队中的个体有多么厉害，只要团队失败了，那他就失败了。个人利益和团队利益，从来不是此消彼长的，而是相辅相成的一种存在。

我们都希望成员为了团队的共同目标而作出贡献，在个人目标与团队目标发生冲突时，也要以团队目标和利益为先。但在实际工作中，很多成员是以完成自己的小目标为先的，至于团队目标，那是他人的事情。

无视结果（地位和自我）的具体表现如下：

（1）成员对组织目标不理解或模糊不清；

（2）认为自己的工作毫无意义；

（3）强调自我表现；

（4）不知道未来会怎样；

（5）对于失败缺乏必要的反省和行之有效的改进措施。

以上所讲到的团队协作的五大障碍，其实是环环相扣的。它们互相影响，导致形成了一支低效率的团队，或者也许根本称不上团队，只是在同一栋楼里上班的一群人而已。

二、如何组建优秀团队

（一）优秀团队的五大基因

在专业化分工越来越细的今天，每个人都会有自己的专长，也存在自己的局限和盲区，这更要求集合团队的智慧和力量。单枪匹马打天下的个人英雄主义时代一去不复返了，一个人的战争，终将是无法取胜的。

有效的工作团队如同一支成功的足球队，全体队员要各就其位，各司其职，同时更要密切配合，才能发挥出整体效能。

具体来说，优秀的团队应该表现出什么样的特质？锐哲顾问在兰德、麦肯锡等公司优秀研究成果的基础上，总结出优秀团队所具备的五个基本要素：

1. 共同的目标

团队成员有共同的目标，即团队成员有一致的目标，认同组织的目标，并且建立强烈的使命感，同时能将长远的目标转化为短期的业绩目标。

团队要想拥有共同的目标，就必须具备下列条件：

（1）只有具有共同且清晰、有意义的目标，才能确定团队共同奋斗的方向；

（2）具体的业绩目标是整体目标的一部分；

（3）结合前面两条，对团队贡献的业绩非常重要。

具体特点如下所述：

（1）这个目标是否比近期的目标要大，是否更加广泛和深刻；

（2）这个目标是否独立于更大的组织目标；

（3）团队的每个成员，是否按照相同方式了解团队的目标；

（4）团队所有成员是否经常提到目标，并对目标的含义进行开拓；

（5）这个目标是否涵盖了有意义且令人激动的主题；

（6）即使目标不是很激励人心，团队成员是否也认为此目标非常重要。

2. 有效地领导

团队要想取得高绩效，需要拥有果敢有效的领导者。团队成员能接受领导者指示，并依照领导者的指令行动，这时称为有效领导；当被领导者不愿意配合时，便是领导失效。有效领导必须包含两个核心：一是成员依照领导者指令行动，二是团队达成最终目标。以下是有效领导如此重要的几个关键原因：

（1）有效的领导能够激励员工，提高士气。当一个共同的目标已经设定，并且需要每个人的投入来实现时，这一点尤为重要。

（2）有效的领导很重要，没有它，团队就没有明确的愿景或目标。优秀的领导者分享他们的愿景，并提供要实现的明确目标。因此，有效的领导有助于建立推动团队前进的战略结构。

（3）有效的领导者会确保每个人都对团队负责，包括他们自己，确保每个团队成员对团队的成功或失败都有责任感。

（4）有效的领导者采取果断的步骤，为他们的业务、组织或团队提供战略方向。他们通常能看到大局，所以他们往往能做出成功的战略决策。

3. 互补的工作技能

团队成员之间要有互补的技能，即团队成员中的每一种技能都是完成团队目标所必需的，并且能够余缺互补。团队技能可分为三类：技术性或职能性的专家意见；解决问题与决策技能；人际关系的技能。这几类技能的特点如下：

（1）这三种类型的技能，无论是实际的还是潜在的，都能够反映团队成员的资质；

（2）团队中的所有成员能否提高这三类技能的水平至团队未来目标所要求的水平；

（3）有无漏掉或者低估对团队业绩非常重要的技能；

（4）从个人或者从集体的角度考虑，团队成员能否愿意花费时间帮助团队其他成员学习及发展技能；

（5）在团队有需要的时候，是否能培养新技能。

4. 共同的工作方法

团队要有共同的工作方法。其核心是如何在具体工作中把个人技能与提高团队业绩联系起来，将力量拧成一股绳，推动解决工作问题。包括通过相互合作达成彼此的理解和包容，建立统一的工作原则、流程和制度等。具体特点如下：

（1）团队成员使用的工作方法是否明确且具体，我们是否理解并接受这种工作方法以及方法是否能够实现我们的目标；

（2）这种工作方法能否提升团队所有成员的技能；

（3）这种工作方法能否要求团队中每个成员，在实际工作中做出相同的贡献；

（4）这种工作方法能否就事论事地解决问题；

（5）团队每个成员是否都能用同样的方式解释这种工作方法；

（6）这种工作方法能否随时根据需要进行一定的修正与改进。

5. 责任与信任

团队成员要能相互承担责任。所谓的相互承担责任就是团队成员对自己和他人作出的严肃承诺，包括责任和信任。具体特点如下：

（1）相互承担责任，可用以检验团队的目标以及方法是否合适；

（2）团队每个成员是否都愿意为团队的目标和方法等承担责任；

（3）团队每个成员能否根据具体的目标衡量自己所取得的进步；

（4）团队每个成员是否都会感到对衡量指标负有相应的责任；

（5）团队每个成员是否都明确哪些是个人责任，哪些是共同责任；

（6）是否存在“团队最终会失败”这种感觉。

（二）提升团队绩效的七大要素

所谓的团队绩效，就是指团队成员共同努力取得的业绩贡献。衡量团队业绩贡献的指标主要有：团队目标的达成率、时效性、团队工作质量、任务的难易程度和任务对组织的影响程度等。关于如何提高团队绩效，可以从如下七个方面来着手。

1. 尊重

通过尊重员工使员工置身于一个相互尊重的工作环境。人是管理中最基本的要素，人是能动且具有变化性的，这种变化与环境构成了一种互动的关系。如果从关心员工、尊重员工着手，努力调节和培养员工的心理意识，创造一种和谐的氛围，那么员工就能够被系统优化，并大大激发他们的工作主动性、积极性和创造性。

2. 示范

在沟通及团队合作方面给员工做示范和辅导。人们常说“吼破嗓子，不如做出样子”。榜样的力量是无穷的，如果你在提出指导意见后，作出相应的示范，员工的印象就会很深刻。要想员工学得快，最直接的做法就是亲自示范给员工看，这样效果最好。其实企业的行为方式也是这样慢慢形成的，老板通过言行把自己的理念不断地灌输给核心层，核心层再如法炮制，传给中层管理者，管理层再传递给员工，就形成了企业文化最重要的一部分。

3. 倾听

倾听员工的想法，鼓励员工自己做出决定。倾听在基层管理者与员工的沟通中，是一项非常重要的技能。如果你是一位善于倾听的人，你的员工会更加信赖你，你们的和谐关系也会进一步加深。当然，当你听到员工表达自己的看法或者观点时，可以充分鼓励员工自己做出决定。

4. 干预

对员工可能影响其他同事的过激行为进行干预。对待员工的过激行为要先将其带离现场并及时进行情绪安抚，再晓之以理动之以情。避免因单个员工的过激行为给其他同事以及公司造成负面影响，甚至是造成更进一步的损失。

5. 鼓励

鼓励业绩勉强达标的员工努力工作。不论是业绩好还是坏的员工，都会有低谷的时候，帮助员工分析如何提升业绩，并且鼓励对方如果努力，下次一定能做出更好的成绩。

6. 分享

经常分享团队和员工所完成的工作成果。任何一个公司都不可能由一个人去完成所有的事。员工与员工之间必须紧密配合，团结一致，这样才能取得成功。分享团队的工作成果，可以增进交流，有助于增强团队的凝聚力和战斗力。员工在团队工作中，取得的工作成果，会让他们更有归属感和成就感。

7. 激发

优化企业的奖励机制以激发员工的工作热情。员工到一个企业求职，必然是受企业某些条件的吸引。对一个企业来说，能够吸引到应聘者固然重要，更重要的是如何通过健全有力的激励机制，调动员工的积极性为企业发展做贡献。

上述各要素组合起来能使团队的工作绩效明显高于单个个体的工作绩效。与传统的以个体为中心的工作设计相比，工作团队方式可以减少浪费、减轻官僚主义作风，团队成员能积极提供工作改进建议并提高工作效率。

第三节
团队沟通

一、沟通的定义

沟通是发送者借助一定的渠道，将信息发送给特定的接收者，并寻求反馈以达到相互理解目的的行为过程。沟通是为了达到一定目的，将信息、情感或观点在个体或群体之间进行传递与交流的过程（如图 2.4 所示）。

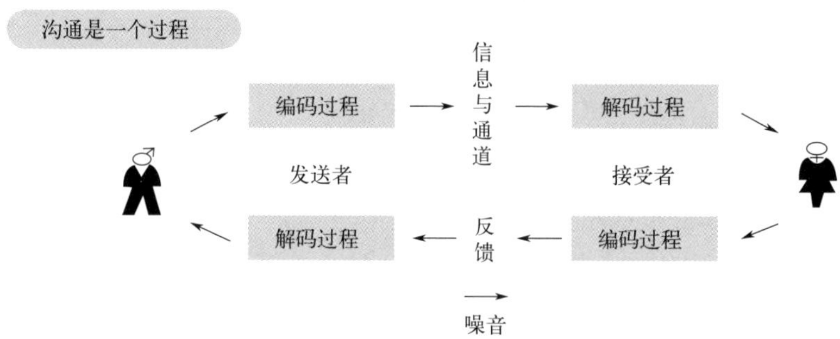

沟通是发送者借助一定的 渠道 ，将 信息 发送给特定的听众，并寻求 反馈 以达到 相互理解 的目的的行为过程。

图 2.4　沟通的定义

沟通是通过有效交流确保信息对称的过程。有效的沟通不仅实现了信息对称，还创造了积极的人际互动和行为。班组长的角色性质与特点，决定了有效沟通对于其成功至关重要。然而，无效沟通是班组长履职过程中的普遍现象，这极大地影响了履职行为的有效性。

遗憾的是，很多班组长既没有意识到自己在沟通方面存在着障碍，也没有意识到有效沟通的重要性与必要性，更是缺乏提升沟通能力的强烈愿望。

对班组长来讲，沟通得好，现场工作人员的心情就舒畅，生产就顺利；若沟通不畅，往往会引起误解，甚至产生矛盾。现代企业不仅要求班组长能干，还要求他们掌握沟通的艺术。

（一）沟通的方向

沟通的最大价值在于与他人达成共识，尤其是在职场中，良好的沟通可以极大地提升效率。因此，通常情况下，我们在沟通时需要做到：既要清晰地阐述事情本身，明确表达自身观点，更要与对方建立共识并争取理解。我们根据沟通对象的不同，将沟通归纳为三个主要方向：向上沟通、横向沟通和向下沟通。

1. 对上沟通

指组织中的成员、群体通过一定的渠道与决策层进行信息交流，如下级向上级定期或不定期汇报工作、反映情况、提出问题或征求意见等。

（1）对上沟通的优点　通过对上沟通，下级和组织成员可以将自己的看法、意见向上级和领导反映，能够获得一定的满足感，增强参与感；上级和领导则可以通过这种上下沟通，了解下级和组织成员的实际情况和存在的问题，从而做出符合实际情况的决策。

（2）对上沟通的缺点　在上行沟通的过程中，由于地位和职务的不同，下级可能会存在心理距离与沟通障碍；如果管理层次过多，下级的意见可能无法及时反映到高层。

（3）对上沟通的问题点及策略

问题点：对上沟通缺乏勇气，就是不敢向上级说出自己的建议，更别说纠正上级的错误。

策略：对上沟通，要保持职业性和专业性，了解上级的需求，做事尽量超出上级的预期，并要衷心感谢上级的指点和教导。

2. 平行沟通

平行沟通又称横向沟通，是指在组织系统中处于相同层次的人、群体、职能部门之间进行的信息传递和交流。同阶层的横向联系，如公司内部同级部门、同级别同事之间的沟通，均属于平行沟通。其目的在于促进相互了解、加强合作，避免产生隔阂，影响团队团结。平行沟通旨在通过交换意见，实现共同合作。

（1）平行沟通的优点　平行沟通的优点是办事程序和手续简便，可以节省工序和时间，提高办事效率；可以加强各职能部门之间的相互了解和协调，减少相互之间的冲突、扯皮，增进团结；可以增进组织之间和组织成员之间的合作和协助，培养集体主义精神，克服本位主义和个人主义的弊病。

（2）平行沟通的缺点　从目前大多数企业来看，企业内部组织中存在条块分割、职能交叉、部门众多、本位主义、相互扯皮、相互掣肘等现象，这些正是由于缺乏横向沟通和联系所导致的，这也是我们应当特别关注的一个重点。

（3）平行沟通的问题点及策略

问题点：平行沟通的问题是缺乏坦诚沟通，一团和气，惧怕冲突，不能解决实际问题。

策略：平级之间的沟通，重在合作共赢。平时也要注重建立情感联系，在对方需要帮助时主动支援，在对方取得成绩时真心感到高兴。

3. 对下沟通

指自上而下的信息传递和沟通，对下级传达上级的意见、发号指令、布置任务等。

（1）对下沟通的优点　具体对下沟通的优点有：领导把组织的路线、方针、政策及意图传递给下属，从而给下属指明工作的目标，明确其职责和权限；领导可以把工作中存在的问题与要求传达给下属，与下属协商解决方案，可以增强下属的归属感；下行沟通可以协调组织中各层次的活动，增进各层次、各职能部门之间的联系和了解。

（2）对下沟通的缺点　对下沟通也会存在一些缺点。由于信息是逐级传递的，所以在传递过程中会发生信息的搁置、误解或歪曲，从而影响沟通的效果；长期使用下行沟通，易形成一种“权力气氛”，影响士气；还会导致下级依赖上级，一切听从上级裁决，从而使下级缺乏工作的积极性和创造性。

（3）对下沟通的问题点及策略

问题点：对下沟通当前普遍存在的问题是缺乏同理心，即不关心下级，用官威压迫下级，将下级视为完成任务的工具。

策略：在与下属沟通时，要坚持持续跟进，做到既严格又有人情味。对待事务要公事公办，而在管理团队时则要体现人文关怀。理想的状态是：工作中严肃认真地立规矩，私下里可以称兄道弟。

（二）沟通的功能

人的社交属性决定了人们需要领导和被领导，沟通是领导中至关重要的一环。高效的沟通有助于构建强大的领导力，这是所有领导人都在追求的目标。那么，沟通对于企业和个人的重要性究竟体现在哪些方面呢？在生活和工作中，沟通发挥着三大关键功能：传递信息、促成共识、交流情感。

1. 传递信息

沟通对确保工作准确、及时开展至关重要。沟通是信息传递的重要方式，通过沟通，信息在部门、员工之间得以传播。组织工作的开展很大程度上依赖于从上至下的逐级沟通。部门与部门之间通过有效沟通，能及时消除隔阂，理顺工作流程，提高公司整体工作效率。

2. 促成共识

达成和保持共识，提高执行力。很多企业的整体策略、方法和措施仅存在于领导者的大脑中，通常都是通过领导者与员工之间的沟通来推动执行的。这就存在一种状况，经常沟通的员工容易理解领导者的意图；不常沟通的员工只能依靠自己的理解来行事，其后果自然会造成很大的偏差。因为每个人对如何达成策略目标的理解是不同的，采取的执行手段也会因人而异，所以通过有效的沟通，使团队员工达成共识，才能更好地提升团队执行力。

3. 交流情感

有效的沟通能够消除人际的冲突，促进人与人之间的交流。它使员工在情感上相互依赖，在价值观上达成高度一致，从而激励士气，增强团队的向心力和凝聚力。通过预防措施，为团队建设打下坚实的人际基础。

（三）沟通的效果

沟通中，有一言止战，也有一言不合。作为管理者，能够在恰当的时候用恰当的语言恰当地解决问题，这一点非常重要。恰当的语言是表象，恰当的情绪输出是背后的根本逻辑。理想的沟通效果是能够让沟通的双方（或多方）“达成共识，能够落地”。然而现实却是很多管理者工作中，70%以上的工作障碍源于沟通问题。

有效地沟通，关键在于怎样在对方面前恰当地表达自己。有人可能觉得这很容易：“不就是把自己想要说的话说清楚吗？”要知道这只是沟通的一部分，沟通是双向的，你不仅要把自己想说的话表达清楚，还要时刻关注对方的情绪和反应，并能及时接收到对方反应中所发出的有效信息，进而做出更加恰当、有效的反馈。

我们要知道，沟通的效果取决于接收者所接收的信息，而不仅仅是表达者的表述。有效沟通的实现，受多种因素影响：包括接收者对表达者的态度、双方的文化水平是否相近，以及他们的理念乃至信仰是否一致等。

既然有效的沟通如此关键，那么如何衡量沟通的效果呢？从功能性角度分析，沟通可以分为三个层次，每个层次对应不同的成效（如图 2.5 所示）。这三个层次分别是：信息层、反应层和行为层。

1. 信息层

对于管理沟通而言，最基础的层面是信息的传递。要选择合适的时机要求接收者“复述”，即让倾听者对沟通行为产生反馈。

沟通的最大障碍在于员工对管理者的意图理解得不准确或产生误解，即对沟通的内容不理解甚至产生误解。在工作过程中，我们经常会遇到这样一种现象：管理者在向下级布置任务时，常常讲得头头是道、口若悬河，

沟通要达到的效果			
	理想	有问题	糟糕
信息层	了解理解	不了解 不理解	误解
反应层	心服口服	心服口不服 口服心不服	就是不服
行为层	言行一致	阳奉阴违 拒不采纳	对抗行为

图 2.5　沟通的效果

但最终的结果却往往不尽如人意——下级在执行过程中常出现偏差，或其做法与上级的预期不一致。这说明上级与下级之间存在着沟通问题，上级未能清晰传达意图，下级对上级的理解也存在偏差。事实上，这种沟通问题通过有效的方法是完全可以避免的。如果管理者在与下属沟通问题时，在沟通结束后，特意加上一句话："你明白我的意思吗？"要求下级对上级布置的任务进行复述，在下属复述的过程中，上级要及时指出下级理解错误的地方以及真正要表达的意思。通过这样的双向交流，可以加强下级对上级意思的正确理解，纠正认识上的偏差。当然，其他人员之间的沟通也适用此法，沟通者要善于观察倾听者的身体动作及眼睛动态，试探性测试其理解程度，最终达到有效信息充分共享的效果。

2. 反应层

反应层就是观点和方案的传达，通常糟糕的沟通结果就是员工不服。临下班时，忽然来了个着急的活儿，领导要安排一个员工加班，然而多数员工内心并不愿意加班。大部分领导会这么认为，如果员工同意加班，就是沟通成功、有效；相反，如果员工不同意，就是无效沟通或沟通失败。

我们常以沟通结果来判断沟通的效果，而对于沟通的氛围、过程和其他衍生状态都不重视，只关注表面的"口服"，却忽视了对方是否"心服"。如果员工带着心里不服气的状态去加班，很可能会在工作中造成不该有的内耗，或者对工作应付了事，不愿意认真完成。

当两个人进行沟通的时候，调整到同一个频道上，并不是一件容易的事情。仅仅让对方接受我们的要求是远远不够的，我们需要让对方接受我们的要求，心悦诚服，即达到一种有效沟通的状态。所以反应层上理想的沟通效果就是与对方达成共识，让员工心甘情愿地去做。

3. 行为层

行为层就是说服和赢得支持，能够共同行动，言行一致。通常糟糕的沟通结果是阳奉阴违，拒不采纳，甚至是产生对抗行为，不干。

在沟通过程中，重要的当然不是占用对方的时间；重要的是，让他们接受我们的建议，并提供支持。事实上，上司的支持，同事的配合，下属的服从是我们工作的重要保障。从对方的接收习惯、需求及视角出发，这样的沟通最容易被“感知”。而从自己出发，即使情怀无限，也是容易引起误解的。

最后，要达到理想的沟通效果，需注意减少沟通的层级。因为信息传递者参与的越多，信息失真性就越大。因此，沟通双方优先选择直接面谈。这样才能使信息及时、有效地在双方传递，达到沟通的目的。

（四）沟通的四大技巧

1. 表达技巧

表达技巧要注意三个要点：适量、准确、逻辑。适量：一次不能说得太多，信息过量，对方记不住。我们经常见到在沟通中一方说个没完的情形，而另一方越听越糊涂。准确：就是尽量避免使用“也许、可能、大概、差不多、三五天”这样的模糊化语言。说，就要说准，不要让对方猜测，以免造成不必要的误解。准确表达，就会给人留下果断、干练、靠谱的印象。逻辑：常人的理解就是顺序，顺序有三种：时间顺序、空间顺序、程度顺序。有序展开，对方更容易接受。此外，要尽量保持客观。太主观的判断，可信度就会下降。

2. 发问技巧

发问的要点：多提开放式问题，少提封闭式问题；多提简单问题，少提复杂问题。封闭式问题只能用“是或不是”“行或不行”“对或错”来回答。通常，封闭式问题是用来结束谈话或下结论的；而开放式问题是让对方敞开谈谈自己的想法或建议，这种发问方式会了解到很多信息。为什么要多问简单问题呢？因为复杂问题需要深入思考，有时候，对方很难马上作出回应。另外，避免提及敏感问题，对方很可能拒绝你，容易冷场。

提问的关键在于引导对方并提出结构化的问题。结构化的问题通常是事先精心设计的，它们往往按照由易到难、由浅入深的顺序排列，循序渐进地展开，这种方式有助于提问者掌握沟通的节奏。

3. 倾听技巧

倾听的要点：不打断、不预判、听完整、再回应。

所谓倾听就是要给沟通对象充分阐述自己的意见和想法的机会，并设身处地依照沟通对象表达的思路来思考；找出对方说话的合理性，以充分了解沟通对象；收集自己所不知道的信息，并把沟通对象引导到所要沟通讨论的议题上来，使沟通对象感到自身的价值和所受到的尊重。

大多数人都有一种表达欲望，希望有机会阐述自己的意见、观点和情感。所以，如果你给他一个机会，让他尽情地说出自己想说的话，他们会立即觉得你和蔼可亲、值得依赖。很多人在交往中不能给人留下一个良好的印象，不是因为口才不好，表达不够；而是由于不会倾听，没有耐心地听别人讲话。他人讲话时，他们四处张望、心不在焉，或者强行插话，打断对方的讲话，让对方感到忍无可忍。

在沟通中，听的一方总是习惯地打断说话的人。其实，他们还没有听明白对方的意思，就急于表达自己的看法。尤其是下级汇报工作的时候，上级总是打断下级，过早地下判断。每个人都应该养成一个好习惯：听完整、再回应。听是为“懂对方”，而不是辩论赛中那样“驳对方”。

倾听的关键是换位。换位之所以困难，是因为很多时候，站在各自的立场都是对的。但无论如何，能站在对方的角度想一想，很多冲突就能避免。

倾听技巧由 4 个个体技巧所组成，分别是鼓励、询问、反应与复述。

（1）鼓励　激发对方表达的意愿；

（2）询问　采取探索的方式获得更多对方的信息资料；

（3）反应　告诉对方你在听，同时确定完全了解对方的意思；

（4）复述　用于讨论结束时，确定没有误解对方的意思。

4. 反馈技巧

对于一个完整有效的沟通来说，仅有表达、提问和倾听还不够，还需要第四个环节——反馈。信息的接收者在接收到信息后，要及时地回应沟通对象，告诉对方自己的理解和看法、态度，这样可以帮助澄清在表达和倾听时可能出现的误解和失真。积极进行管理沟通反馈时，可以注意以下几点：

（1）避免在对方情绪激动时反馈个人意见，尤其当反馈内容与对方所寻求的意见不一致时。

（2）避免全盘否定式评价，或向沟通对象泼冷水。即使要批评下属，也必须先赞扬下属工作中积极的一面，再针对需要改进的地方提出建设性的建议，以让下属能发自内心地接受。

（3）使用描述性而不是评价性的语言进行反馈，尤其强调要对事不对人，避免把对事的分析处理变成对人的褒贬；既要使沟通对象明白自己的意见和态度，又要帮助对方改进行为。

（4）向沟通对象明确表示你打算如何采取行动，让对方感觉到这种沟通有立竿见影的效果，以增加沟通对象对你的信任。

（5）站在沟通对象的立场上，针对沟通对象所需要的信息进行反馈。

（6）反馈要表达明确、具体，若有不同意见，要提供实例说明，避免发生正面冲突。

（7）针对沟通对象可以改变的行为进行反馈。

（8）把反馈的重点放在最重要的问题上，确保沟通对象能接受和理解。

二、沟通的重要性

生活中的每一天，我们都在与他人交流。沟通无时无刻不伴随着我们，它就像是我们工作与生活的润滑油。沟通能消除彼此的隔阂，帮助我们构建共同的愿景，携手朝着共同的目标前进。它还是一个学习和分享的过程，在交流中我们可以相互学习对方的优点和技巧，提升个人素养，不断自我完善。由此可见，沟通，无处不在，对我们的工作、生活都有着巨大的影响。

良好的沟通是人际交往的基础和前提。人际关系是个体在社会活动中以情感为纽带形成的相互关系。社会心理学认为，人际关系体现为人与人之间的心理距离。沟通有助于缩短这种距离，是人际关系中极为重要的组成部分。通过沟通，人们可以传递情感、态度、事实、信念和想法。

沟通是维持团队良好运作状态，保证团队正常运行的关键过程与行为。当团队的运作或管理出现了问题，部门之间，同事之间，必须通过高效顺畅的沟通才能找准症结；通过分析讨论、制定方案，才能及时将问题解决。

（一）收集到有益的建议和智慧

通过沟通，我们能从他人那里获取信息，理解不同角度和层次的想法与建议，这些都能为自己考虑问题和作出决策提供参考和依据。同时，良好的沟通还能为各级主管制定制度、措施和方法的科学性提供支持。有时候，员工的一个简单建议，可能显著降低运营成本或提升经营效益。

（二）发现和解决公司内部问题，改进和提升企业绩效

通过沟通，我们可以更全面地排查公司内部存在的问题以及解决问题的方案。只有不断地发现并解决问题，公司的管理水平才能持续提升，公司或部门的绩效也会随之不断提高。

（三）提升和改进公司内各部门的合作

通过沟通，可以增进各部门之间、上级与下级之间、员工之间的相互理解。只有充分沟通，才能实现相互理解，进而实现有效的协作。沟通在各级主管工作中的重要作用体现在以下五个方面：

1. 赢得他人或下属的支持和信赖

沟通的过程是一个征集意见和建议的过程，它也是员工参与公司管理的一种方式。通过沟通，可以使自己的决策和主张赢得员工的广泛支持与信任，进而提高执行的效率和成功的概率。

2. 提高个人在公司或部门内外的影响力

沟通就是相互影响的过程，通过沟通，使自己的思想和主张得到他人的广泛认同，自己的影响力必将得到提升。

3. 获得良好的工作氛围和健康的人际关系

通过沟通，可以化解矛盾、消除隔阂，增进相互的了解和理解，构建良好的工作氛围与和谐的人际关系。

4. 使自己成为受欢迎的管理者

通过倾听员工的心声，可以了解员工的感受，制定出既符合员工期望又切合实际的制度和措施。这样可以使管理者和被管理者之间的协作达到最佳效果，当然也能增加管理者成为受欢迎的领导者的可能性。

5. 充分激励下属的积极性

沟通的一个重要方面就是倾听员工的心声，了解员工的看法和感受。这不仅体现了对员工的尊重，还能充分显示出管理者对员工的建议、态度和看法的重视。如果在决策过程中能采纳或考虑员工的建议，这对员工来说更是一种极大的肯定和激励。

总之，沟通成本往往是企业运营中最高的隐性成本。没有高效的沟通，就不可能有高效的运营；没有高质量的沟通，也就难以保障运营的质量。缺乏良好的沟通，企业将失去凝聚力与战斗力。因此，提升全体员工（尤其是管理者的沟通能力），是提升企业管理水平的关键路径。如果忽视沟通，企业就如同一潭死水，缺乏活力与协同。由此可见，实现高效、有序的沟通至关重要。

三、基于工作场景的沟通

日常工作中，人与人之间的沟通是不可避免的。若无法顺利高效沟通，不仅会降低工作效率，造成人与人之间的矛盾，还会影响工作心情，甚至会给公司的工作氛围带来巨大影响。

对个人而言，树立良好的管理沟通意识，逐步形成在各种场合下都能有意识地应用管理沟通理论和技巧进行有效沟通的习惯，以达到事半功倍的效果，显然是非常重要的。那么在日常工作场景中，我们该如何应对呢？让我们一起来探讨吧。

【案例】

小李的“无用功”

小李负责的A生产线最近设备异常较多，晨会上张主管要求小李在今天下班前将A生产线最近3个月的设备异常数据统计好交给张主管。散会后，小李召集所有组员对大家说：“大家有空的时候，把最近3个月的设备异常数据统计好交给我。”快到下班的时候，小李到班组来检查设备异常数据统计的完成情况，只有三个员工完成了统计工作，其他员工表示自己还没有开始统计。因为不知道今天就得完成统计，再加上中午品质出现异常，导致今天的产量压力很大，没时间统计。

小李听员工这样说便赶紧跟张主管汇报：“张主管，今天生产线出现了品质异常，大家的产量压力大，很多人还没有完成设备统计数据。”

张主管：“品质异常是什么原因造成的？解决没有？”

小李：“应该解决了，什么原因我还没问。”

张主管：“今天产量可以按时完成不？”

小李：“如果中午出现过异常，耽搁了一些时间，估计今天要安排加班。”

张主管：“你去了解一下今天品质的异常状况，关于设备的数据我只需要瓶颈工位的那两台设备即可。”

小李：“有三个员工完成了统计，不过不是瓶颈工位的设备，我以为您要所有设备的数据呢。我这就去统计瓶颈工位的那两组设备异常数据。”

张主管：“你先了解今天品质异常，保证今天的产量。数据统计明天给我也行。”

点评：小李在接收任务时没有按照确认信息的步骤严格执行，导致自己布置工作任务时，很多信息不能做到明确具体，同时他在汇报工作方面也存在偏、散、漏等常见问题。正确的方案，请参照下文中关于布置任务、接收指令、工作汇报的相关方法。

（一）布置任务

布置任务时要遵循以下三个原则：确认任务交代清楚，除明确工作内容外，还需核实员工的了解程度，并根据了解程度提供相应支持。如果员工对任务很熟悉，只需确保任务交代清楚，并激发他们的执行意愿。如果员工对任务不太了解，除了交代清楚外，还需要了解他们在工作中可能遇到的困难，并帮助他们预想如何解决（如图 2.6 所示）。

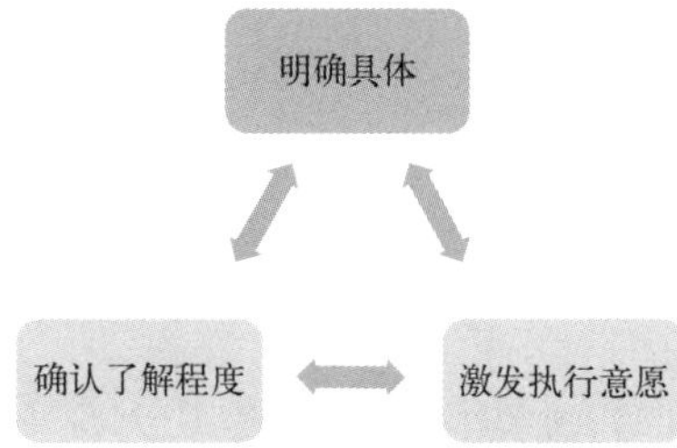

图 2.6　布置任务的三原则

1. 明确具体

第二次世界大战期间，美国陆军军械部的军械维修所经常面临衡量军械维修可行性的问题。如果评估不准确，可能会导致大量经费的浪费。在这种情况下，维修人员逐渐发展出一套严密的体系，该体系由七个问题构成，这些问题可以帮助维修人员检查思考过程中的疏漏。这七个问题分别用英文中的 What、When、Who、Why、Where、How、How much 来表示。发明者通过五个以 W 开头、两个以 H 开头的英语单词提问，以发现解决问题的线索，寻找创新思路，进行设计构思，进而开发出新的发明项目，这种方法被称为 5W2H 分析法（如图 2.7 所示）。5W2H 分析法也被称为七问分析法，它简单、方便，易于理解和使用，具有启发性，广泛应用于企业管理和技术活动中。该方法对于决策和执行性活动措施也非常有帮助，有助于补充考虑问题的不足。

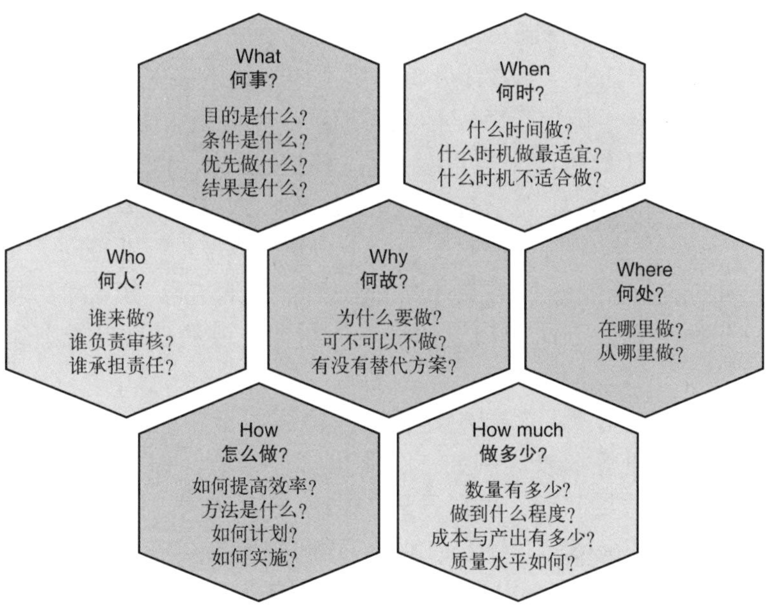

图 2.7　5W2H 分析法

无论我们是制定策略还是处理具体事务，5W2H 原则都能帮助我们梳理出非常清晰的思路，使我们能在最短时间内，尽可能周到、细致地制定计划和方案，减少遗漏。此外，5W2H 还能培养严谨全面的思维模式，适用于生活中许多问题的处理，让分析过程更全面、更有条理，避免混乱和遗漏，是培养思考能力的好方法。知识是静态的，人是动态的。掌握好的方法，通过实际应用，再将其内化为自己的灵活能力，我们才能不感到困惑。

5W2H 是一种高效的调查研究和思考问题的方法，它提供了系统的提问技巧，帮助我们发掘问题的真正根源，有助于形成清晰、有条理地解决问题的思路和关键决策。5W2H 包含 7 个问题方向的引导，每个问题可以根据实际情况细化出多个相关问题，例如：

Why（何故）：为什么要做？可不可以不做？有没有替代方案？

What（何事）：目的是什么？条件是什么？优先做什么？结果是什么？

When（何时）：什么时间做？什么时机做最适合？什么时机不适合做？

Where（何处）：在哪里做？从哪里做？

Who（何人）：谁来做？谁负责审核？谁承担责任？

How（怎么做）：如何提高效率？方法是什么？如何计划？如何实施？

How much（做多少）：数量有多少？做到什么程度？成本与产出多少？质量水平如何？

5W2H 分析法是企业管理和技术活动中决策常用的方法之一，适用于组织及个人工作的多个方面。它可用于任务安排的全面性检查、产品功能设计的完整性，以及问题诊断、如何改进、问题解决等多种场景。

（1）安排工作任务　5W2H 分析法是上级在给下级安排工作或布置任务时的一个有效工具，确保任务安排全面细致。相应地，下级在接收任务时，也可以依据 5W2H 分析法来与上级进行核对和确认，保证所接收的信息是完整的，并能够依照既定要求有效地完成工作，减少不必要的周折。

（2）产品开发与创新　企业在进行产品开发或增加新业务时，也可按照 5W2H 分析法进行分析。针对要开发的新产品或新功能，按七个方面考虑产品的设计思路，每个方面的构思都将成为新产品或新功能开发方案中的重要内容。

（3）管理诊断分析　5W2H 分析法同样适用于各类管理体系中的问题诊断、分析和改进等场景。例如，在质量管理领域，如果工厂车间生产的某个产品出现了质量问题，可以通过 5W2H 分析法来追踪问题发生的时间（When）、地点（Where）、责任人（Who）、问题现象（What）、原因（Why）、问题产生的过程（How），以及由此造成的损失（How much）。通过快速分析和逐层深入地质疑，可以识别出质量问题的根本原因，并找到相应的解决方法。

（4）工作汇报 5W2H 作为系统思考的一种方法，也可用于进行工作汇报。向上级进行阶段性汇报、年度总结时，可按照 5W2H 的思路对主要工作内容进行梳理，如：

Why 何故：为什么汇报这几个事项，这些工作分别是为达到什么目的。

What 何事：汇报哪些事项，分别是 ABC……

Who 何人：这些事项分别由谁参与，如何分工。

Where 何地：工作事项在哪些地点开展。

When 何时：工作事项分别是何时开展、何时结束，或处于什么进程。

How：这些工作事项分别是如何安排、计划和实施的。

How much：这些工作事项计划产出是什么，目前取得哪些成果 / 效益，预算是多少，工作的要求标准是什么。

示例：领导，关于本班组预计举办的中秋赏月会活动，我想给您汇报一下。（Why）因为马上就是中秋佳节，为了增强团队凝聚力，打造良好的班组文化，（What）本班组打算举办一个中秋赏月会。（Who）参加人员为本班全体成员，另外我们也想邀请您一同参加。（Where）地点就定在 ××。（When）时间是下周四的晚上 6:30，您看时间方便吗？（How）为了营造一个温馨热闹的气氛，我们打算购买一些水果、零食等；同时还会有班组员工表演歌舞等节目，具体是这样安排的……（How much）本次活动的经费可以从班组活动经费中支出，预计为 ×× 元。

运用 5W2H 方法来给下属布置任务，也是非常全面而明确的。它能够明确任务要求，使指令变得非常清楚和清晰，同时也有助于提升管理效率。图 2.8 展示了给下属布置任务时的具体应用。

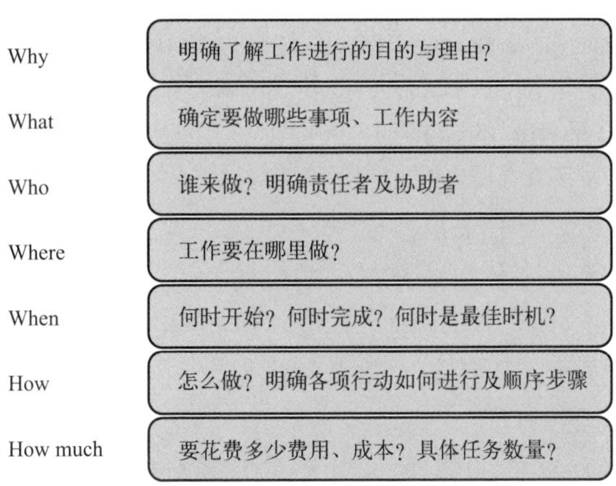

图 2.8　5W2H 法

Why：为什么要做？可不可以不做？有没有替代方案？

What：是什么？目的是什么？做什么工作？

Who：谁？由谁来做？

When：何时？什么时间做？什么时机最适宜？

Where：何处？在哪里做？

How：怎么做？如何提高效率？如何实施？方法是什么？

How much：多少？做到什么程度？数量如何？质量水平如何？费用如何？

示例：当车间生产出了一批不良品，现在要对不良品进行返修。作为一名上级，你该如何向下属布置呢？

Why：确保质量达标

What：对问题成品进行返修

Who：张三

Where：整机装配现场

When：16:00—16:30

How：首先通知物流把返修件送到现场，再由返修人员对返修件进行返修，最后由质保人员全程跟踪，确认返修结果。

How much：转向机 10 台

一般情况下，班组长布置任务多为口头形式，必要时也可采用书面形式。

2. 确认了解程度

确认员工了解程度的过程包括询问、要求、分享、指导、强调，这是既定的方法，但无需每次都逐一执行，需结合实际情况灵活调整，比如员工已经在做笔记，你就没有必要再提要求了。指导也是同样的情况，如下属员工能力和经验都足够，就没有必要做详细的指导。或者你了解到团队成员的经验已经很丰富了，就没必要再分享自己的经验了，所以说“适时分享”。其他几点也是相同的道理。

（1）询问：问员工过往的类似工作经验；

（2）要求：必要时要求员工做笔记；

（3）分享：适时分享和补充自己的经验；

（4）指导：针对能力不足的员工要详细指导；

（5）强调：强调完成任务的重点和难点。

3. 激发执行意愿

有没有发现有这样的情况？当公司有新任务时，部分员工会直接抱怨、发牢骚：“又有新任务呀，这是不是我们部门的事，为什么其他部门不去做”。

如果这样，员工可能会带着情绪去工作，导致敷衍了事，工作就没办法做到位。还有一些员工就是“三分钟热度”，在执行过程中一遇到问题，就开始怀疑领导政策的正确性，认为这个事情做了也没用，还不如不做，就任其发展。领导问起，都回答做了，但实际并没有保质保量地完成工作任务。所以在布置任务的时候，一定要激发员工的执行意愿。

（1）肯定：肯定员工是完成该任务的最合适人选；

（2）引导：热情地鼓励员工积极思考并发表自己的看法；

（3）认可：对员工的建议及时给予肯定与认可。

举例说明：派小李去隔壁车间加班返修产品。任务已经明确且具体地说明完毕，并且已经了解了他的理解程度。那么，如何激发他的执行意愿呢？

肯定：你是我们车间业务能力最强的，而且对产品结构最了解，目前只有你能胜任，所以才安排你做。

引导：这次的返修时间特别紧，今天晚上要用 3 个小时把 10 台机器返修完成，如果把机器完全分解的话，根本完不成，你看看有没有什么方法，能否在不完全拆解机器的情况下返修？

认可（可行时）：你的这个观点很好，如果可行的话能节约一半的时间，那么就能在 3 小时内完成返工了。

认可（不确定是否可行时）：你能去想方设法地解决时长的问题，真的很好！这个方法没有实践之前不知道是否可行，我们还需要找技术部门的人一起确认一下，到时候你一起参加吧。

（二）接收指令

作为职场人，几乎每天都在接受来自上级的任务安排。你是否有过这样的经历：自认为已努力按照领导的要求完成了工作，却未得到认可。这很有可能是因为你在接收任务时就出现了错误。

我们在布置任务时可以按 5W2H 来做，但是团队领导布置任务时我们不能要求领导按我们的要求来做。然而我们在接受指令时可以做到以下两点：确认信息、达成共识，确保我们真正清楚明确地了解了任务，并且能够无差错地执行。接受指令的基本原则：确认信息、达成共识。

1. 确认信息

在接收到上级安排的任务时，有些人不敢问太多，怕问多了会让领导觉得自己的理解力差，工作能力弱。其实会有这种顾虑的人，往往是因为不懂得如何正确地提问。当我们接收到任务的时候，问对问题才能知道上级领导的真正需求，知道了真正需求，我们才能更加高效地完成任务。

（1）问背景　当我们接收到任务时，首先要了解清楚这项任务的背景，上级安排这件事背后的真正目的是什么，领导为什么让这样做，重要性怎么样。

例：领导，这次我们的产品特殊处理是基于怎样的背景？

例：领导，我们出于怎样的考量把 OEE 作为当前的重要指标呢？

（2）问方法　领导在下达任务时，不一定清楚你是否有经验能够去做这件工作。如果你经验不足，不确定自己的方法是否合适，那么关于如何完成这项任务的具体方法一定要在第一时间询问清楚，这样才能更好完成后续工作。

例：领导，我之前没有这方面的经验，您觉得我该如何着手呢？

例：领导，我对这个任务没有太大把握，你会建议我如何开始呢？

（3）问优先等级　当我们接收到任务时，不能凭自己的感觉去判断任务的优先等级。而是应该在第一时间和对方确认这项任务需要完成的时间。如果自己手头上已经有紧急任务了，那么就要和对方说明情况。

我们需要清楚自己手头上的所有工作，然后列出一份任务清单。在任务清单中，至少要包含两栏，一栏为重要性和紧急程度，另一栏为预计花费时长。

当我们遇到几项重要紧急程度相当，无法确定优先顺序的任务时，需将这些任务汇总后向领导请示，与领导协商确定合理的完成时间，避免耽误大家的工作进度，同时也能避免自身陷入不必要的麻烦和误会。总之，任务在领导眼中的重要紧急程度，直接决定了工作的优先级。

例：领导，我了解工艺部的实验很重要，可是目前的 OEE 控制也很重要，您会建议我如何侧重呢？

2. 达成共识

（1）复述任务要点　如果领导下达的任务中包含时间、地点、人名或其他关键词，记得通过反问的方式再次与领导确认。向领导复述任务的要点，并确认自己对任务的理解是否准确。同时，要与领导明确任务的最终成果和标准，确保我们交付的工作是领导所期望的，避免跑偏。

我们用自己的语言复述领导要求，确保双方理解一致。执行这一步时，部分上级可能会不耐烦，我们需耐心说明复述的必要性，争取上级理解。

例：领导，我复诵一下这个任务的关键点，确认我是否理解正确。

（2）预告执行方式　对于任务中的关键环节和核心内容，我们切勿擅自决策。事先与领导沟通我们计划采取的方法和措施，让领导能够及时提供指导意见。如果方案可行，就按照我们的计划执行；如果方案不可行，领导也会在第一时间给出指导建议。这样可以避免执行后才发现方案不当或结果未达预期，导致损失无法挽回，从而有效规避风险。

例：领导，以下是我会采用的执行方式……

（3）征询上级建议　领导的信息来源一般比我们更广，对任务的信息掌握更全面，对任务相关的要求也更清晰。在执行领导任务时，有必要向领导征询建议。

同时，若执行过程中存在需要，可以向领导申请必要的资源和支持。需明确自身在执行任务中遇到的困难，所需的具体帮助，以及希望获得的授权范围。

例：如果我们这么做，您觉得会有什么问题吗？

（4）确认汇报时间　当任务相关的所有内容都确认完毕后，需根据任务的紧迫程度，与任务下达者明确汇报安排——包括阶段性汇报时间及最终完成后的汇报时间。这样可以让领导及时掌握我们的工作思路和遇到的问题，以便及时给出有效的指导。最后，我们需根据确定的汇报时间，合理规划任务的推进节点与完成时间。

例：我会每天下班前跟您报告进度，这样可以吗？

例：您希望我多久给您汇报一次呢？

第三章
班组日常管理

班组日常管理指的是完成班组生产任务所必需的管理活动。这包括充分发挥班组人员的主观能动性和生产积极性，合理地组织人力和物力资源，充分利用各种信息，确保班组生产均衡且高效地运作。其目的是确保按照质量、数量、时间和安全的要求，完成企业下达的各项生产计划指标。

班组长是企业管理中最基层的管理者，是企业生产管理的直接指挥者和组织者，属于兵头将尾，在企业发挥着至关重要的作用。因此，班组长管理能力的高低，将直接影响企业的生产管理水平。班组长不合格，影响的不仅是基层管理工作的成效，更是整个生产现场的有序运行。

班组长应合理规划自身的日常工作，不能眉毛胡子一把抓，应确定每天的工作重点，有计划、有目的地开展各项生产管理工作。为了保障任务的顺利推进，班组长必须从以下几个方面着手做好日常管理工作：规划落实交接班、有序组织班前会、严格执行现场巡检，让安全生产的理念贯穿整个班组日常工作的始终。

这些日常管理工作是班组管理的重要组成部分，也是衡量班组安全管理水平的重要指标。将安全工作纳入交接班、班前会、现场巡检的重点内容，是确保班组安全生产的重要组织措施，对提升班组安全生产效率具有重要作用。交接班重点关注安全、产品状态、数量、质量状况等信息的传递，确保交接班信息传递正确、沟通顺畅，有利于信息流转、问题发现和协调配合，了解上一班的工作情况对保障本班的安全生产至关重要。班前会向班组员工开展安全意识教育，讲解安全技术要点，分析作业现场的危险源及预防措施，引导员工严格遵守安全制度和操作规程，提前掌握危险点及应对措施，实现预防为主、防患于未然。现场巡检需重点检查操作是否规范、质量是否达标、设备是否完好、人员状态是否正常、工作进度是否正常，其目的是在巡检过程中及时发现问题、快速制定整改对策，确保问题得到及时解决，保障生产安全、有序运行，同时保障产品质量。

第一节
班组日常管理内涵

一、班组日常管理的特点

班组日常管理具有基础性、系统性、群众性、规范性和动态性五个特点。为了进一步理解班组日常管理的含义，同时也为优化现场管理提供理论依据，让我们一起来详细了解一下现场管理的这五个特点吧。

（一）基础性

企业管理一般可分为三个层次：最高领导层的决策性管理，中间管理层的执行性管理和作业层的现场管理。现场管理属于基层管理，是企业管理的基础。基础扎实，现场管理水平高，就能增强企业对外部环境的承受能力和应变能力；使企业的生产经营目标及各项计划、指令和各项专业管理要求，在基层顺利地得到贯彻与落实。

优化现场管理必须以管理的基础工作为依据，这包括标准、定额、计量、信息、原始记录、规章制度和基础教育等方面。基础工作的完善程度直接影响现场管理的水平。同时，通过加强现场管理，也能进一步巩固和完善这些基础工作。因此，加强现场管理与管理基础工作的强化是相辅相成的，而非相互对立。

（二）系统性

现场管理是企业管理大系统中的一个重要子系统。然而，过去在现场管理实践中，并未将生产现场视为一个完整的系统来进行综合治理和整体优化。往往只关注某一环节的改进，而忽视了各项工作的协同推进；虽然重视了各项专业管理，但却忽略了它们在生产现场中的协调与整合，因此整体成效并不显著。现场管理作为一个系统，具有系统性、相关性、目的性和环境适应性等特点。这个系统所处的外部环境是整个企业，企业生产经营的目标、方针、政策和措施都会直接影响生产现场的管理。

系统输入包括人、机、料、法、环、资、能和信息等生产要素。经生产现场的有机转换，向外部环境输出合格的产品或优质的服务。同时，系统会收集并反馈转换过程中的各种信息，以促进工作各方面的持续改善。生产现场管理系统具有综合性、开放性、有序性、动态性和可控性的特点。

系统性特点要求生产现场必须实行统一指挥，不允许各部门、各环节、各工序违背统一指挥而自行其是。各项专业管理虽自成体系，但在生产现场也必须协调配合，服从现场整体优化的要求。

（三）群众性

现场管理的核心是人。

人与人、人与物的组合是现场生产要素的核心组合，不能只关注物品而忽视人的因素。现场的所有生产活动和管理工作都需要现场人员去掌握、去操作、去完成。优化现场管理不能仅靠少数企业管理人员，必须依靠现场所有人员的积极性和创造性，发动广大员工群众参与管理。

生产人员在岗位工作过程中，应按照统一标准和规定要求实行自主管理，开展员工民主管理活动，需引导员工改变旧有观念，培养员工良好的生产习惯和参与管理的能力，不断提升员工素质。员工素质中，责任心尤为重要，具备责任心，工作就会主动，不会的东西可以学会。如果没有责任心，再好的管理制度和管理方法也无法发挥作用。提高员工素质不能顺其自然，也不能急于求成，需要从多方面细致地开展工作。

（四）开放性

现场管理是一个开放系统，在系统内部与外部环境间持续进行物质和信息的交换以及信息反馈，以保证生产有序地连续进行。各类信息的收集、传递和分析利用，要做到及时、准确、齐全，尽量让现场人员直观可见、清晰可感，确保人人心中有数。

例如，需要大家共同完成的任务包括产量产值、质量控制、班组核算等。可以将计划指标和指标完成情况制成图表，并定期公布，让现场人员都清楚自己应该做什么以及做得如何。与现场生产密切相关的规章制度，例如安全守则、操作规程和岗位责任制等，应当公布在显眼的地方，以便现场人员共同遵守和执行。现场区域的划分、物品的摆放位置以及危险区域等，都应设置明显的标识。各生产环节之间、各道工序之间的联系，可以根据现场工作的实际需要，建立必要的信息传递机制。

（五）动态性

现场各种生产要素的组合，是在投入与产出转换过程中实现的。优化现场管理是一个由低级到高级、持续发展和提升的动态过程。在特定条件下，现场生产要素的优化组合具有相对的稳定性。稳定的生产技术条件，有助于提高生产现场的质量和经济效益。

但受市场环境的变化、企业产品结构的调整，以及新产品、新工艺、新技术应用的影响，原有的生产要素组合和生产技术条件可能不再适应，需要进行相应的变革。现场管理需根据实际变化，对生产要素进行必要的调整和合理配置，增强生产现场对环境变化的适应性，进而提升企业的竞争力。因此，稳定性是相对的、有条件的，而变化是绝对的。“求稳怕变”或“只变不定”的行为，均不符合现场动态管理的要求。

二、班组日常管理的五大观念

对工厂而言，现场是产品制造的基本场所。虽然班组现场作业的内容因各家工厂的生产类型与设备状况的不同，可能存在重视个人作业或重视团队作业的差异，但核心作业逻辑基本保持一致。换句话说，就一项作业而言，一定会涉及何时（日程）、何物（质量问题）、何人（成本管理问题）这三个要素，这三个要素看似简单，实则是日常管理的核心。

因此，要成为一个最优秀的生产班组长，首先需要对品质、日程、成本这三个要素有充分的了解。而要充分理解这三个要素，基本前提是要求每位现场员工严格遵守工厂规定的原则，牢记为客户服务的核心精神。图3.1 展示了班组日常管理的五大观念。

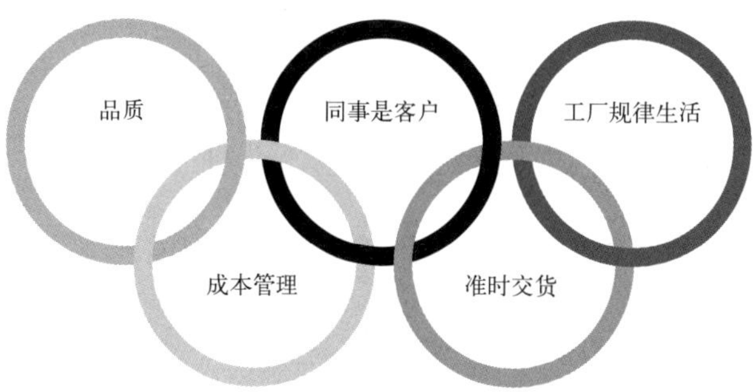

图 3.1　班组日常管理的五大观念

（一）品质的观念

随着经济的发展和社会的进步，质量的定义持续演变。消费者购买产品时，会从多方面权衡（货比三家），看看哪些厂家的产品更能满足自己的需求。因此，从消费者的角度来看，我们可以将质量简单地定义为产品（服务）满足顾客期望的能力。所以，那些真正符合消费者要求的产品，我们认为是好的产品，也就是高质量！

为了吸引和满足顾客，“信用第一”和“维护企业名誉”的经营法则，是自古以来商人必守的信念。只要工厂想持续发展，这个经营法则就是不可或缺的信条。质量管理要以人为本，人是最关键的因素。只有不断提高人的素养，才能不断提高工作质量、产品质量、服务质量，这就是以人为本的质量管理理念。同样，环境质量与生活质量的提升，也与人有极大的关系。

作为班组长，需全力以赴地关注本厂的产品。在品质保证工作上，必须严格把控；在品质提高工作上，集中精力，寻求改善。提高产品品质的工作，需通过具体的行动来落实——严格依照设计图纸、作业标准组织生产。这看似非常简单且很基本的道理，却是非常重要的。一般的工厂作业人员，虽知晓这一道理，却又经常疏忽它。实际上，如果产品的品质无法保证，生产出来的产品必然存在诸多不良品，这些不良品对工厂的影响，轻则增加生产成本，重则干扰生产作业过程甚至导致停产整顿。

（二）成本管理的观念

成本控制是工厂核心竞争优势。在制造优良产品的同时，也要考虑生产价格低廉、能为顾客接受的产品，这是工厂对顾客（消费者）提供的最基本服务，也是企业对社会所做出的贡献。

制造低成本产品，第一步是严格遵守生产时间。如果生产时间不能遵守，不但不能如期交货，更会因为违约而被要求赔偿。赔偿金也是成本的一部分，如果再加上因生产时间延长所带来的薪资增加（如加班费等），都会使生产成本大幅提高。这也就是经营者、管理者为何对生产时间的控制要求那么严格的原因。

当然，影响生产成本的，不只限于生产工期，材料费、加工费及各类经营费用等，都包含在生产成本中。而生产价格亲民且优质产品的关键，是完全达成预设计划目标。达成预设计划目标，意味着生产成本处于有效控制状态。另外一点，除了要能按计划进行之外，更要积极地在各生产过程中考虑如何才能降低生产成本。这种积极主动的态度，是做好成本管理的重要条件之一。

综上所述，真正费钱的正是不符合要求的事，而如果第一次就把事情做对，那些浪费在补救工作上的时间、金钱和精力就可以避免。所以最重要的就是：第一次就把事情做对!

（三）准时交货的观念

货品逾期交付将导致商品价值大幅缩水。

任何一件商品，即使品质再好、价格再低廉，如果无法如期交货，商店或工厂的信誉将大受影响。同样，严格遵守生产日程、确保准时交货，对工厂与商品而言均至关重要。

当然，生产的工程内容，将因产品种类而有所不同，大致可分为长期的工程及短期的工程两类。一般的长期工程，由于时间较长，中间如发生什么问题，也较容易调整。但需特别注意：生产工程临近完工阶段出现的迟延或重大失误，往往也是无法补救的。因此，各个部门在接手工作之时，一定要把各阶段的工作日程确实掌握好。也只有在各个部门、各个作业人员都能将自己的工作日程完全控制好之后，才能使最终的交货期限得以确保，如此也不会对其他部门造成困惑。

原本生产日程的维持，并非只是负责生产部门的问题，材料、零件、图纸等部门也有着很大的关联，因此班组长也需对其他部门的作业管制多加留意。

（四）工厂规律生活的观念

规律的核心是杜绝浪费、规避不合理现象与失衡问题。

一家工厂，从经营理念、“厂训”开始，有着纪律规定、作业规定、任务执行要点、安全卫生规则等各式各样的规定。而这些规定，就是要使员工有基本规则可循，进而有序、有规律地进行工厂生活。这也是工厂为了能圆满完成任务，而要求每一个员工必须相互理解、相互调整彼此的工作步调。

每项工作都有着多种处理方式，而最重要的方式，就是要研究如何以最安全、最高效的方式作业。这个最安全、最有效率的工作方式也就是“作业基准”。若无法依照作业基准进行工作时，作业就难以圆满完成。相应地，员工受伤、材料或零件的浪费、机器及工具的损坏，也会相继发生；甚至产品品质不佳、制造时间拖延、员工精神疲惫等不良后果，都会因此发生，最终大幅增加了产品的生产成本。

（五）同事是客户的观念

我们通常说“客户”是指商务交易活动中，支付报酬购买产品或接受服务的一方。实际上，在生产现场的各项活动中，后工序通常被定义为“内部客户”。

企业的发展不仅仅看它拥有多少客户，还要看内部员工是否能积极地配合，齐心协力地工作。如果大家不能把同事视为客户，不能很好地为后工序服务，不能齐心协力地为企业的发展而努力，那么势必会削弱企业的力量，给企业的发展带来很大阻碍。

三、班组日常管理的内容

工厂现场一般是指企业的作业场所，在我国工业企业中，习惯于将现场称为车间、工场或生产第一线。生产现场是指从事产品生产、制造或提供服务的场所，即劳动者运用劳动手段，作用于劳动对象，完成一定生产任务的场所。现场是企业创造附加值的核心区域，也是企业经营活动中最活跃的环节。

企业生产管理水平的高低，主要看其现场管理是否为完成企业总目标而设定了各项阶段性和细化的具体目标，以及是否能有效引导广大员工有组织、有计划地开展工作。鉴于现场管理在生产管理过程中的重要地位，班组长必须掌握有关现场管理的基本内容。

（一）建立良好的工作环境

为现场作业人员创造一个良好的作业环境是班组长的首要任务，也是生产作业过程中不可或缺的前提条件。创建良好的工作环境意味着将生产中的人、机、料等要素协调至最佳状态，这是提升班组日常管理水平的关键。

（二）解决现场问题

在实际工作中，现场难免出现各类问题。要解决这些问题，就需要对他们进行优先级排序并探索解决方案。在这些问题中，如生产设备故障、上下级之间沟通出现障碍、新员工缺乏培养等，种类繁多，层出不穷。

问题分析与解决的十步法（详见第五章第三节），为现场问题解决提供了工具和方法，大家可以直接运用到日常工作中。

（三）消除不利因素

生产活动难以一帆风顺，现场如发现异常情况，必须立即查明发生异常的真正原因，从根源上采取防范措施，并由此制定新的规范和标准。现场各个工作流程的目的就是为了完成预定的工作目标。对这些流程进行控制，实际上就是要消除各种各样的不利因素。其中找出妨碍正常工作流程的异常原因并采取对策是日常管理的重要任务之一。

现场日常的活动如果按预定的计划顺利进行，产品的品质、成本和供货期等方面都能按计划完成，这是生产的最佳状态，但通常现实中是无法达到的。因为日常工作经常会发生各种变化，班组长及员工多数时候需应对现场各类异常情况，比如员工旷工、设备突然发生故障、出现不良品等。

当出现以上异常时，作为现场管理人员应该及时查明异常的真正原因，并制定应急措施，再研究制定长效对策（如必要时更新作业指导书）。

（四）建立合理的组织机构

【案例】

天鹅、兔子、梭鱼拉车的故事

有一次，天鹅、兔子和梭鱼三个商量好把一辆大车拖着跑。它们都给自己上了套，拼命地拉呀拉呀，大车却是未动分毫，仍在原处。车子并不算重，那究竟为什么呢？原来，天鹅觉得应该往空中飞，便使劲伸着脖子往云里钻；兔子认为目标就在前方，所以拼尽全力往前跑；梭鱼觉得自己所选的方向也没有错，拼了命地往池塘里拽。

它们三个拉着同一辆车，虽然都很用力，但方向不一、目标分歧，把力量都抵消了，怎么能使车子向前走呢？俗话说：“人心齐，泰山移。”团结就是力量，即使现场的每个人都十分优秀，但如果不将他们有机地组合起来，充分发挥集体的力量，是不可能很好地完成任务的。

点评：作业的现场是由许多不同工种的人员集结在一起进行协同作业的，大家彼此关联、协同作业，凭借各自职能共同达成组织目标。这里提到的组织结构不是普遍意义上的机构建设，而是指一种无形的组织形式。

在现场，即便是每一个人都十分优秀，但如果不将他们有机结合起来，充分发挥各自能力，仅凭某一个人单兵作战是不利于完成任务的。对员工来讲，如果觉得企业对他没有吸引力，他工作就会没有干劲，甚至想‘跳槽’。一家工厂如果经常发生人事变动，将严重影响工厂发展。

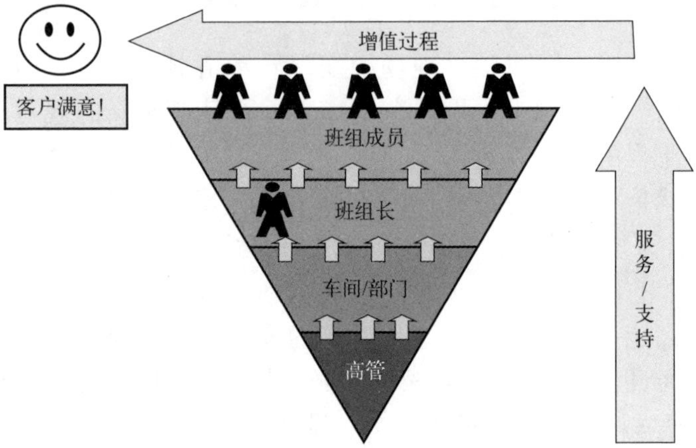

图 3.2　建立合理的组织机构

班组长应掌握每一位员工的特点，并了解他们在现场组织中的工作情况和作用。现场管理的目标是完成当前和未来的生产任务，因此，必须建立起合理有效的现场管理组织机构，发挥现场所有员工的智慧和力量，朝着共同的奋斗目标而努力。图 3.2 说明了合理的组织结构的构成与目标。

第二节
班组日常管理目标与方法

一、班组管理的六大目标

何为“管理”？美国的泰勒（Taylor）[1] 于 1911 年提出：管理就是准确地了解你希望员工做什么，然后设法使他们用最好、最经济的方法去完成它。所谓现场日常管理，就是运用企业的各种资源，结合部属及众人的智慧和努力，达成企业（或部门）的目标。对于企业的现场管理而言，明确目标、

[1] 美国工程师弗雷德里克·温斯洛·泰勒（Frederick Winslow Taylor）是科学管理理论的创始人，他的研究与实践对现代管理学产生了深远的影响。泰勒在 20 世纪初创立了一系列旨在提高工作效率的管理原则和方法，这些原则和方法后来被统称为“泰勒制”或“科学管理”。

精准施策，一切问题便能迎刃而解。不妨从现代顾客的需求出发，分析现场管理的核心目标。

对于制造业客户来说，目前的需要主要体现在以下四个方面（QCDS）：一是品质 Q，二是价格 C，三是交期 D，四是服务 S。管理必须有目标，为了满足客户的需求，企业的生产部门应设置（PQCDSM）品质、成本、交期、效率、安全和士气这六大管理目标，又称“结果要素”。其中品质、成本、交期，我们在前面班组日常管理的五大观念中已提及。现场管理的六大目标如图 3.3 所示。

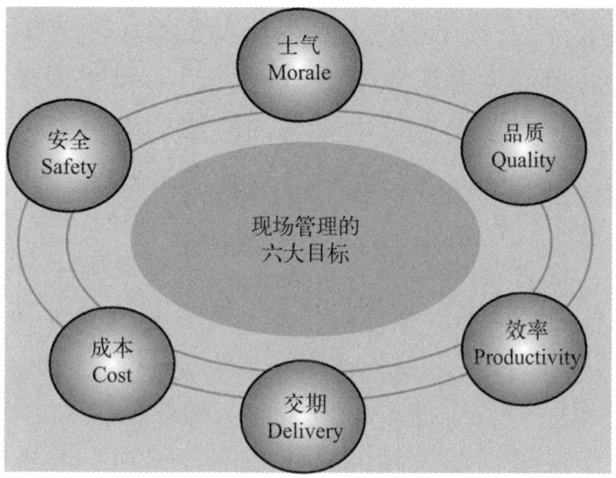

图 3.3　现场管理的六大目标

（一）效率（Productivity）

生产量、生产率以及最近的生产量是否有所下降？是否还能够提高生产量？生产效率如何？

通俗地说，效率指的是在给定资源下实现产出最大化，它是企业实现长远发展的关键途径之一。在一个企业中，效率是衡量部门绩效的尺度，也是企业生存和发展的根本，同时还是工作改进的基准。提高效率的直接结果就是降低单位产品的生产时间成本，从而使企业能够获得更高的利润。因此，为了提升客户服务体验，提高效率自然是现场管理的重要目标之一。

要做好效率管理，在物料损耗的控制、人员技能的加强、线体平衡的优化、人力协调管理、物料跟进、异常的及时反馈等方面，都需要细心地处理。为了更好地将这种观念传递给每一位员工，需要严格要求各干部主动汇报每天的生产效率，并要求各干部在当班产能不达标时，必须主动召集当线所有员工，检讨产出不足的原因及商讨改善对策。

工作效率在一定程度上可以反映出一个团队的执行力和运作情况，所以对于部属的工作效率是绝对需要密切关注的。因此，要制定有效对策：完善关键岗位的管理机制，针对关键岗位实行定人定岗；制定员工培训计划，提升员工技能水平，严格按人均课时每月不少于 4 小时执行；对新进员工进行识别管理，推动品质、工程、生产管理人员重点监控；优化产线排程，完善工艺文件及岗位设置的合理性。

（二）品质（Quality）

产品质量如何？不合格率如何？产品不良主要在哪里发生？能否改善？

班组的质量管理是指通过激发班组成员的主观能动性，达成经营管理所要求的质量目标。它要求每位班组成员所生产的产品、所负责的业务都朝着零缺陷的目标努力。品质作为顾客的主要需求之一，在激烈的市场竞争中扮演着至关重要的角色，是企业竞争的核心领域。对于一个企业来说，如果没有了品质，也就意味着没有了未来。品质目标主要体现在以下几个方面：制程良品率、制程不良率、抽样不良率、批次合格率、报废率、品质达成率，以及品质成本、顾客抱怨次数、顾客退货次数和金额等。

“第一次就把事情做好”体现了班组成员敬业的精神，“第一次就把事情做对”体现了班组成员精益求精的工作态度。但在一些班组中，尽管班组成员都能根据工作计划按时完成任务，但最终的结果却不尽如人意。仔细分析一下，没有别的原因，就是班组成员细节执行不到位，不够精益求精，只求“差不多”，所以总是离期望的要求“差一截子”。

【案例】

班组长的品质意识

一次，由于客户催货较紧，为了按时交货，国内某企业 A 班班组长要求班组成员加班生产。产品生产出来后，在最后的检验环节，质检员发现该班组生产的产品在某道工序上不合格，因此要求此工序的班组成员返工。可是没想到这位班组长阴沉着脸，指着质检员恶狠狠地恐吓道：“你小子晚上给我小心点。”

而在另外的 B 班组，有一次质检员同样也是发现某个成员在某一生产工序中出现了质量问题，他并没有说什么，只是从口袋里掏出一张黄色卡片，然后将在哪道工序发现了什么问题、如何修补等都详细记录下来，再将黄色卡片递给了当班班长。这位班组长看了卡片之后，对着质检员深深地鞠了一躬，并说道：“谢谢你给我指出了我们产品质量上的问题，我一定按照你的意见，加强对产品质量的管理。”

点评：面对同一问题，两位班组长截然相反的做法反映的正是两个班组在产品质量意识上的差距。

在当今市场竞争日益激烈的形势下，我们的班组尤其需要强化产品质量零缺陷的意识，并严格质量管理手段。我们要让每位班组成员深刻理解：质量是班组和企业的生命线，是在市场上立足的基石，也是赢得顾客的法宝。

（三）成本（Cost）

产品成本如何？人工成本是否升高？单位成本是否升高？原料用量如何？是否超过标准？

价格是成本的直接表现形式。低廉的成本既能为企业赢得更多的利润，也是企业开拓市场时的一把利剑。

进行成本管理应该实行指标分解，将各项成本指标层层落实，分段地进行管理和考核，使成本降低的任务能从组织上得以保证，并与管理者的绩效考核结合起来。在企业的制造现场，这主要表现为：

（1）人力成本：人员加班的严格管控，精简人力，人员流失率的降低等；

（2）质量成本：提升产品直通率，降低返工率，降低产品报废率等；

（3）能源成本：配合公司长远的节能减排计划，对水、电的使用严格控制；

（4）材料成本：降低物料的损耗率，保障物料的零缺陷等。

（四）交期（Delivery）

我们的交期如何？生产周期是否还可以缩短？准时交货率怎么样？

满足客户需求，按时提供所需产品是保持老顾客的关键因素之一。一个企业即使拥有先进技术，能够确保产品质量，且具备较低的生产成本和合理的产品价格，但如果缺乏良好的交货期管理体系，无法按照客户指定的时间交货，就可能直接影响客户的商业运作，最终导致客户放弃选择该企业的产品。交期目标主要体现在交期达成率、延迟交货天数、月度营业目标达成率和快运费用等方面。

因此，在生产过程中必须严格做好质量控制，坚持不合格品不传递、不接受的原则，确保成品检测合格后才能出货，这才能真正保证交货期。如果生产过程中无法保证质量，仅依赖成品检测来确保质量，那么交货期自然也无法得到保证。

（五）安全（Safety）

生产安全状况如何？环境的安全性如何？作业的安全性怎么样？各种保护措施是否到位？

企业内部管理中S通常指安全（Safety），外部通常指服务（Services）。企业的竞争因素很多，但究其根本，可以说是人才的竞争。因此人也就成了管理的核心。工作是为了生活，安全是为了活到老，安全、舒适的工作环境是企业善待员工的基本前提。

安全生产管理目标包括：生产安全事故控制指标、安全生产隐患治理目标。安全生产管理的目标是，减少和控制危害，减少和控制事故，尽量避免生产过程中由于事故造成的人身伤害、财产损失、环境污染以及其他损失。

安全生产管理包括安全生产法制管理、行政管理、监督检查、工艺技术管理、设备设施管理、作业环境和条件管理等。安全生产管理的基本对象是全体员工，涉及全体人员、设备设施、物料、环境、信息等各个方面。

（六）士气（Morale）

员工的士气是高涨还是低落？员工间的关系如何？员工配置是否合理？

员工士气主要表现在三个方面：离职率、出勤率、工作满意度。员工士气不仅影响着企业的氛围与企业文化，而且与员工的归属感、凝聚力等方面都密切相关。做好士气管理需要坚持激励的总原则，并切实有效地分析和利用员工的需求与动机。

在工作中要建设公平、公正的晋升机制，用心引导员工部署职业规划与能力提升。同时可以通过制定班会口号，建立员工申诉沟通渠道，倾听员工心声，客观处理员工事务。设置切实可行、具体且丰富的工作行为目标，创造并增强员工在组织中成长和发展的机会，使其个人能力和潜能得到利用和发挥。

比如当班组有新员工入职时，我们可以持续关注并关心新员工的学习状况。在下班后，我们可以一对一地与新员工进行单独面谈，这样的交流连续开展三到五天。这样做的目的是营造企业的归属感，提高员工主动学习的积极性，解决新员工的疑惑，引导员工正确地调整就职心态，并降低人员流失率。

坚强有力的团队和高昂的士气是企业活力的表现，是取之不尽、用之不竭的宝贵资源。只有不断提高员工士气，才能充分发挥人的积极性和创造性，让员工发挥最大的潜能，为公司的发展做出尽可能大的贡献，推动公司快速发展。

二、班组的 4M1E 管理方法

那么，究竟如何才能达成这六大目标呢？在现代企业中形成一种称之为“4M1E”的管理方式：人员（Man）、设备（Machine）、材料（Material）、方法（Method）、环境（Environment），我们也称之为五大过程要素（如图 3.4 所示）。只要从这五大要素着手，就可以达成比较理想的生产目标。

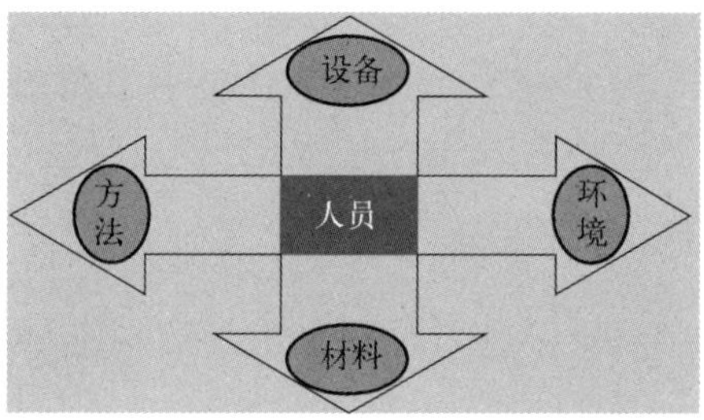

图 3.4　现场管理的五大过程要素

（一）人员

员工是企业的最大财富，也是最重要的资源。

在这五大要素中，人是处于中心位置和主导地位的。就像行驶的汽车一样，其四只轮子是“机”“料”“法”“环”四个要素，驾驶员这个“人”的要素才是主要的。没有驾驶员，这辆车也只能原地不动，成为废物。一个工厂即便机器、物料、加工产品的方法再好，周围环境再适合生产，如果这个工厂没有员工的话，它还是没法进行生产。

“质量管理，以人为本，只有不断提高人的质量，才能不断提高活动或过程的质量、产品质量、组织质量、体系质量及其组合的实体质量”——这就是人本原理。如何选人、用人、育人、留人，无疑是企业管理的核心。具体到日常管理，就应该了解员工的特长，合理安排，采取适当的沟通技巧，运用一些激励手段，营造出具有高昂士气的员工团队。只有让那些素质良好、专业技能过硬的员工去操作机器，按合理的比例配置原材料，按规定的程序去生产，并在生产过程中减少对环境的影响，公司才能良性发展，保证产品质量，提高生产效率。

（二）设备

是指生产中所使用的设备、工具等辅助生产用具，它们都是生产现场的“利刃”，充分利用这些机器设备是管理者的职责之一。

生产中，设备是否正常运作，工具的好坏，都是影响生产进度和产品质量的又一要素。企业要发展，除了提升人的素质，优化企业外部形象，还需更新公司内部的设备。为什么呢？好的设备能提高生产效率，提高产品质量。例如，将过去的手锯改为现在的机器锯，效率提升了几十倍。原来速度慢，对人的体力是一个很大的考验；现在人轻松了，效率也提高了。所以说，工业化生产中，设备是提升生产效率的另一有力途径。

（三）材料

材料是企业生产的重要资源，大多数企业中，材料成本是产品的主要成本，因此，材料应作为管理的重要因素，包括物料、半成品、配件、原料等产品用料。

现在的工业产品生产，分工细化，一般都有几种到几十种配件或部件，是几个部门同时运作的结果。当某一部件未完成时，整个产品便不能组装，造成装配工序停工待料。不论在哪一个部门，你的工作结果都会影响到其他部门的生产运作。当然，你不能只顾自己部门的生产而忽略其后工序或其他相关工序的运作；因为企业运作得是否良好，是整体能否平衡运作的结果。

所以在生产管理中，必须密切注意前工序送来的半成品、仓库的配件，自己生产的工序、半成品或成品的进度情况。一个好的管理者，是一个能通观全局、能够为大家着想的人。

（四）方法

企业的技术手段，工艺水准至关重要。

工艺是产品生产方法的指南，是计划、调度、质量管理、质量检验、原材料供应、工艺装备和设备等工作的技术依据，是优质、高效、人员低耗和安全生产的重要保证手段。企业文化、形式原则、标准规范、制度流程等与技术手段一起归入“方法”这一资源中，成为企业在同行竞争中取胜的法宝。作为一名工艺员，应该了解员工人数、作业能力、人员配备、设备性能、工艺流程的设定、不良品原因的分析手法（4M1E）、改善措施的提出与追踪等内容。必须通过制程能力指数的计算，来衡量工艺是否需要改进。

（五）环境

班组作业环境的管理是要确保有一个良好的、安全的作业环境，保证班组作业人员在作业环境中既能按时保质、保量地完成任务，又能在连续的工作中无疲劳感，并且在长期工作中，作业环境须对人体健康无任何不良影响。

某些产品（如电脑、高科技产品、化学品）对环境的要求很高，因此环境也会影响产品的质量。例如：音响调试时，周围环境要求应当很静，易爆物品应储存在库内温度低于 30℃的条件下等。

生产现场的环境若存在安全隐患，员工在这类环境中工作，自然无法安心工作。良好的工作环境、整洁的作业现场、融洽的团队氛围，有助于提升员工的工作热情和产品质量，从而提高达成目标的几率。所以，环境是日常管理中不可忽略的一环。

实践证明,“4M1E” 是一套全面的管理方法，应用于班组日常管理工作，可极大地提高安全生产管理水平。

第三节
班组日常管理具体事项

一、交接班

（一）交接班的意义

交接班制度是班组日常管理中的核心基本制度（如图 3.5 所示）。在企业生产中，交接班是一个非常普遍的工作环节，但也是事故高发的工作环节。在交接班时，工作人员往往容易放松警惕性，忽视安全生产，最终导致事故发生，给员工身心和企业带来巨大损失，因此，班组长必须加强员工交接班时的安全意识，努力抓好班组的交接班工作，保障安全生产的顺利进行。

图 3.5　现场交接班

【案例】

不交班险酿大祸

2017 年夏天的一个大夜班。后纺车间水洗装置水洗牵伸机接班的操作工张某与下班的操作工王某平日里私交很不错，交接班时张某只是拿起操作记录表匆匆地扫了两眼。简单地问了一声，就完事了。也没对设备及周围的卫生状况进行巡检。等张某开启水洗机，看到停车频繁再去查找设备原因时，才发现是牵伸机后面丝束上油系统管线堵塞，油剂储槽内油满溢出，早已流了一地。张某心里一边埋怨王某没给他交代清楚，一边极不情愿地抓起扫帚和拖布去清理。地面上的油剂滑腻黏脚，清理起来比较麻烦。张某又烦躁地拖起水管开始放水冲刷油剂，水压开得太大了些，油剂又飞溅到了裤管上，张某想转身去拧小水管阀门，不慎脚底下一滑，身子“呲溜”一歪，脑袋“砰”的一声撞在管线上的一个大阀门上。幸好张某戴了安全帽，要不然麻烦可就大了。事后，张某很后悔，没好好履行交接班制度。王某也感到很后怕，假如张某出了事，他会一生不安宁，自责一辈子。

点评：案例中的事故源于交接班工作失职造成的。交接工作作为设备装置使用维护的重要环节，直接关系到后续接班者使用和维护的质量，甚至影响设备能否安全运行，来不得半点马虎。

岗位操作工交接班时段，常常容易成为安全事故的高发风险点。交接班时间是安全管理中的一小段真空时段，有的员工认为快下班了，忙碌了一天，眼看着下班时间一点点靠近，此刻归心似箭，就心存侥幸，认为一整个班都安然无事，交接班时应付了事。同时，特别是上晚班的员工，在经过一晚的劳动后，精力和体力已达到疲劳极限，安全意识也下降到最低水平，这时他们往往只想着快些下班回家睡觉，很少考虑班组安全因素的变化。而接班员工的注意力未能及时集中，不能充分预判事故隐患的存在，也无法做好准备。疲倦的身体加上松懈的安全意识，便为安全生产埋下了隐患。

只有明确交接班的核心要点并重视交接班的重要性，才能将一天的工作圆满收尾，才能让我们“高高兴兴上班，平平安安回家”。

因此，企业班组必须严格规范组织班组交接工作，严格落实各项交接内容，包括操作规程、工具数量、质量情况、设备装置独有的性能特征、事故隐患规律、维护经验和技术等。尤其是安全风险较高的化工行业，只有做到认真交接、清楚交接、全面交接，才能有效防范安全事故的发生。

【案例】

交班不严格导致的爆炸

1993 年 5 月 8 日，某省八一石化厂电石车间，同样由于交接班不严格，致使 1800kVA 电石炉爆炸，造成三人死亡，三人重伤，一人轻伤的重大事故。这个厂的电石炉因处于生产末期，炉底上涨严重，不能正常出炉。5 月 7 日的夜班，5 月 8 日的早班均停电处理炉眼，在连续 19 小时未出炉（一般情况 80 分钟出一炉）的情况下，又发生具有很大危险性的导电卡子漏水，按照规定，应立即停电停水，由维修工检查，在排除故障后方可送电开炉。但这个厂交接班制度极度不严格，连续三个班均未按规程操作，且未如实交接隐患的严重情况，5 月 8 日中班操作时，积水进入炉内，与液化电石接触发生爆炸。

点评：无数经验证明，班组上下班交接和交接班记录的传递能起到沟通信息、发现问题、协调配合的作用。然而，现在不少企业班组不够重视交接班工作，交接班时往往仅仅交接一下工具或者轻描淡写地走一下形式，这是交接班工作不到位的普遍现象。但是过去的经验告诉我们：设备装置使用维护中的交接工作是一个重要环节，绝不能小视。特别是化工行业，生产工具的使用情况直接关系着每个员工的生命安全，容不得一丝懈怠。

（二）交接班的内容

1. 交接班的流程

交接班的核心工作可以通过以下环节开展，并且可以制定相关的交接班的表单，以便于双方确认。

不同工种、不同岗位交接班的具体内容也各有不同，一般来讲在实际交接班过程中，我们需要注意以下几点（如图 3.6 所示）：

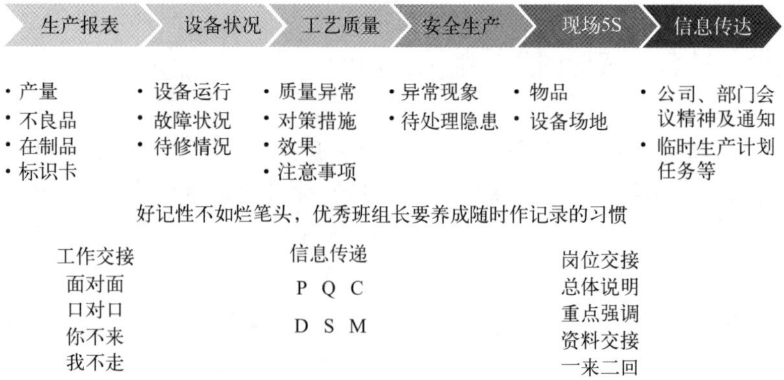

图 3.6　交接班内容要点

（1）接班人员必须在规定时间到岗，保证有足够的时间进行岗前检查；

（2）交接班班组长分别检查本班组人员出勤情况：交班班组长完成当班员工的考勤记录，接班班组长做好当班员工的出缺勤登记（缺勤情况及时向领导报告）；

（3）接班班组长检查并督促班员按规定穿戴好劳保用品，做好上岗准备；

（4）交班班组长向接班人员介绍当班生产情况、设备安全运行状态及其他情况；

（5）交班和接班班员“对口”交接班（即同岗位或同工种班员一对一交接）；

（6）接班班员应认真检查本岗位的设备状况、安全措施落实情况、工具配备情况、卫生状况和有关记录是否符合规范要求，并如实向班组长汇报检查情况；

（7）接班班员检查无异议后，交班班组长与接班班组长分别在“班组交接班工作台账”上签字确认，以示负责；

（8）交班班组长可根据生产工作实际需要，决定是否召开班后会；接班班组长需召开班前会，布置当班工作及其他相关事宜。

2. 交接班要做到“五交清”

（1）交工艺　当班人员应介绍当班的生产工艺以及生产工作任务完成情况，对管理范围内的工艺现状负责。交班时应保持正确的工艺流程，并向接班人员告知清楚。

（2）交设备　当班人员应严格按工艺操作规程和设备操作规程认真操作，对管辖范围内的设备状况负责。交班时应将生产工具、备品备件所处状态、数量以及设备运行、使用情况和注意事项向接班人员交代清楚。

（3）交卫生　当班人员应做好设备、管线、仪表、机泵仓（房）休息室等管辖区内卫生，交班时保持班组环境整洁清楚。

（4）交工具　工具应摆放整齐，无损坏、无遗失，与接班人员清点清楚。

（5）交安全　班中发生事故或存在的隐患，应向接班人员交代清楚发生事故或存在隐患的原因及处理情况，采取了哪些解决措施。

3. 交接班要做到“五不接”

为了有利于班组交接班工作相互制约和监督，班组接班时，若存在以下五个问题之一，可以不予接班（但交接班班员均不得离开班组现场，待其符合“五交清”要求时交接）：

（1）记录不清不接；

（2）工具不全不接；

（3）卫生不好不接；

（4）设备运行状况不好，未告知有关领导或部门的不接；

（5）安全故障或隐患，未按规定程序处理或报告的不接。

如出现“五不接”问题时，交班的班员应立即整改完善。出现争议时，交班班组长应及时向有关领导报告，并服从领导裁决。如有异议，只能事后再行协调，不得以任何理由拒绝“补课”，因此影响了生产工作及造成经济损失的，由交班班员负责。

在最后，交接班手续完成后，由双方班长和各岗位的操作工分别填写交接班记录，并将交接情况详细记录在案，双方签字确认，以备查考。接班和交班的班长还应各自召集本班人员，开班前或班后会，提出安全生产要求或进行班后总结。交接班操作流程如图 3.7 所示。

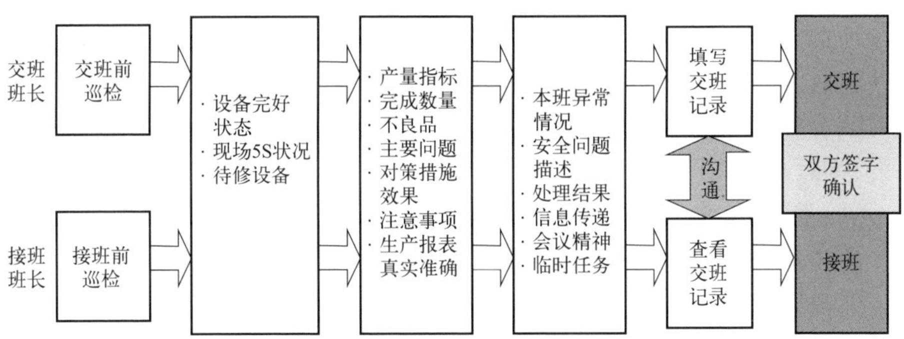

图 3.7　交接班操作流程

二、班前会

班前会顾名思义，它是班组（科室、部门）每天工作前开的会，要对每天的工作做具体安排，强调工作中要注意的安全事项，班前会的内容是丰富多彩的。除了由班长（科长、部长）作工作安排外，还可以让组员在会上就本职工作各抒己见，分享看法，把工作中的有关难题说出来，让组员讨论分析，找出解决的办法，以此来调动组员的积极性，做到人人参与。

【案例】

烦人的班前会

小张是一家化工企业从事生产一线管理的基层管理人员，最近这几天小张向车间主任反映每天的班前会让自己很烦恼。公司规定班前会每天都得开，一年三百六十五天每天如此，但是开下来感觉没有什么成效，反而变成了一种负担和煎熬。时间太短说不清楚，开来开去重复老三样，管理看板就能直接代替，与其浪费时间不如生产更有价值……面对员工的诸多抱怨，小张自己也感觉很迷茫。

点评：班前会到底要不要开？如果要开怎么开？开什么内容才有效果？相信是很多一线管理者所关心的问题。首先这个问题的答案是肯定的，对一线管理者而言，班前会是其日常工作的开始，也是日常工作很重要的一部分。而且班前会是其日常管理的重要工具，但是班前会怎么开才能开出效果，而不只是流于形式呢？下面我们就来一起看看这些问题的答案？

（一）为什么要开班前会

1. 开班前会的误解

许多班组长认为，班前会不太重要，可开可不开。他们觉得班组安全管理的精力应该主要放在生产现场。有些班组长对班前会存在以下误解：认为时间太短说不清楚、觉得老三样不需要重复、认为不如生产更有价值、以为管理看板可以代替班会。

（1）时间太短说不清楚　消除误解：结构化开会效率更高。

时间太短是因为内容过于散乱，只要通过结构化发言的方式，理清条理，逻辑清晰就能解决这个问题。结构化的思维方式，在后续的金字塔原理中有详细讲解。

（2）老三样不需要重复　消除误解：旧瓶装新酒

一般老三样指的就是现场的质量、产量、安全等，确实每天关注的大项都是这几项内容。但是这些事项下面的具体内容不同，比如可能每天都要强调安全，但是实际上安全涉及生产安全、人员安全等各方面，新的内容有新的要求，细节不同、注意事项不同，所以需要每天都强调。

（3）不如生产更有价值 消除误解：前事不忘后事之师

生产固然很重要，但是如果上一个班次在设备、品质或者安全等方面出现了问题（比如，某台设备的操作方式、运行参数发生了变化），不开班前会直接盲目生产，极易引发更严重的安全或生产问题，这样就得不偿失了。

（4）管理看板代替班会 消除误解：察言观色很重要

首先，管理看板不一定每一个人都会去看，员工是否能看懂，看了之后理解得是否正确，都无法得知。因为会有新老员工，且每个人的能力、经验不同，所以理解能力也不同。

其次，有时候临时接到通知，管理看板更新不如口头班会便捷；如果通知不及时，可能导致信息滞后。

最后，管理看板是冷冰冰的物体，不会有情感的交流。面对面开班会可以看到员工的精神状态，可以判断员工今天的工作状态如何，便于及时关注和调整。只通过管理看板是无法观察到这些的。

2. 开班前会的意义

班前会作为班组的常态化管理平台，是现场安全管理的重要支撑和保障。在现场工作开始前，召开高效率的班前会，对员工培养和现场管理具有重要的意义。具体表现如下：

（1）改变班长一言堂的方式，让更多员工发言、分享和表达，提升信息传递效果，提高会议质量和效率。

（2）改变班长一人负责的管理模式，让轮值班长、轮值班委承担相应职责，让员工能力得到锻炼、获得管理角色体验。班组管理从班组长一人管理，走向全员参与管理，并最终实现全员自主管理。

（3）班前会可以让员工分享业务技能、操作诀窍、风险防范、安全防护等知识，实现员工之间的互帮互学、共同进步。

（4）通过班前会中的点名提问、一问一答，能够让员工述说当班作业的正确步骤、安全隐患、潜在风险、注意事项等，这些内容是员工开展岗位风险预控、确保现场作业安全的重要基础，也是员工相互学习业务知识技能、开展安全联保互保的重要方式。

（5）让员工在班前会开口说话，含义是非常深刻的，员工将养成“做事之前先思考”的习惯，在日常工作中不会想当然、不做思考直接做，这样可以提升安全意识，减少和避免习惯型、马虎大意型违规作业。

（6）班前会的评议功能：在班前会中，通过回顾昨日班组生产现场的好人好事，反思总结昨日的危险隐患，实现对班组每日工作的闭环管理、有效评议，从而将“日做而不思”转变为“日省日进”的持续改善。

（7）班前会的提醒和预警功能：在班前会中，通过安全嘱咐、点名提问、一问一答等方式，由轮值班委讲或让员工谈今日工作的注意事项、潜在隐患，能够对当班作业进行安全提示，提醒员工搞好风险预控。

（8）员工在班前会分享、反映的风险隐患、事故苗头等案例，可作为问题案例纳入安全周例会深入分析和探讨；由案例发布者介绍经过，员工轮流发言、共同讨论，发掘问题核心根源，最终群策群力制定改善措施或解决方案，实现对现场安全风险隐患的防范、改善或根治。

综上所述，开好班前会能够转变班组管理模式、提升班组会议效果、搭建日常学习平台、锤炼员工安全素养和能力。通过反馈反思昨日工作，提醒和预警当日安全风险，从而有效改善和加强现场安全管理。因此，开好班前会与做好现场管理工作，是密不可分、息息相关的，班前会必须开！

（二）怎么开班前会

1. 班前会的要求

（1）召开时间　班前会一般在正式生产前的 15 至 20 分钟召开。如果时间冲突，则应另行安排班前会的开始时间和时长。

时间不宜过长或者过短，时间过短重点内容来不及说完，时间过长太啰唆会耽误接下来的生产，而且会让员工产生厌倦、烦躁的情绪。

（2）召开地点　班前会召开的地点并不是一成不变的，我们可以根据实际情况灵活选择。

固定地点：各车间值班室、活动室，车间内会议室等（优先选择在生产现场召开，这样更能快速进入工作状态，会后可以及时上岗作业）。若现场噪声过大、温度过高等不太适合开会，可以选择其他更合适的场地。

活动地点：发生问题部位，如生产车间某台设备旁（具体由当班长确定地点和课题）。如：昨天现场正好有某台设备因操作失误出现了问题，而今天的班会主题就与此事有关，那么可以选择直接在设备旁边开班会，现场给大家讲解更直观便于理解且能加深印象。

（3）参加人员　当日当班全体人员必须参加班前会，班组长负责召开本班组班前会，并注意做好“班前会会议记录”，以便企业或部门随时进行检查。此外，班前会的主持不一定要由班组长担任，也可以轮流让班组成员来负责召开，这样不仅能够培养下属的能力，还能为组员带来新的体验和感受。

2. 班前会的注意要点

（1）会前准备　组织组员集合有序列队是基础前提，队伍可呈“一”字形或“U”字形。要特别强调的是，站队方式要有利于组员能够清晰听见讲话者的声音。班组长要清楚了解组员的出勤、情绪与劳动保护用品穿戴等方面情况。其中，组员情绪与劳保用品穿戴情况，可以采取组员间互检的方式，提高班组会议效率，确保短时间内完成班前会的召开。或者由班组长（或其他讲话人）目视观察（确认）员工人数、表情（情绪）和劳动保护用品的穿戴情况。若存在着装不符合规定的情况：对于人数较多的班组，班组长可以让员工相互检查并规范着装；对于人数较少的班组（如 3 人以下），班组长可以亲自为员工整理着装。

为了开好班前会，班组长随时都要细心观察、敏锐感触、深入思考、认真总结。每天工作结束后，在填写报表、总结工作的同时，班组长要确定第二天的工作重点，理清第二天班前会要讲的内容和要点，必要的时候用笔记本或便条记录好，以便第二天召开班前会时可以拿来参考，这样就能避免遗漏，久而久之，就能改变开工后才作安排，生产时才发现人少的被动局面，从而逐步提高班前会的质量。

另外，班组长还应该提前制好每个月的班前会轮值表，确定每天的轮值员工，让员工认识到主持班前会也是他工作的一部分，并提示、引导和帮助员工总结经验，必要时指导员工养成书面整理的习惯。

（2）会中控制　包括节奏控制、时间控制、情感控制、内容控制、效果控制、氛围控制。会前准备是会中控制的前提，只有做好充分准备，才能在会中游刃有余。前面有提到班前会的时间不宜太长或者太短，所以时间控制是很重要的一点。例如：很多班会开得死气沉沉，没有一点激情，让原本刚上班的员工更加提不起精神。我们可以通过四个“小”技巧来改善。

① 小知识：班前会可以让一些员工前来分享，每次可以是一个小知识，比如 6S 中的第一个 S 讲的是什么，有什么要点等。

② 小建议：可以让员工针对工作中的实际情况来给出一些改善建议，并进行短暂的沟通和交流。

③ 小故事：通过小故事的形式加强员工对工作的认识，比如对安全重要性的认知，或者提升员工的责任意识及正向的职业心态。

④ 小笑话：当班组的成熟度相对较低，新员工较多时，可以适当地加一些小笑话，班组成熟度提升后即可停止。

（3）会后跟踪　包括做好会议记录、检查现场落实、督导重点工作。它是会议追溯、考核、分析和提高的重要环节。通过跟踪、改进，进一步提高班前会的质量。例如：通过现场巡查，检查员工是否严格执行本作业岗分配的任务要求，以及是否有注意执行会上强调的重点内容等。

（三）班前会开什么内容

为了让班组建设更加规范，班前会的召开流程可以用标准化的形式展开，同时也为了方便大家记忆和熟练掌握，我们为大家总结了班前会的召开流程，并编成了朗朗上口的口诀：“一问二顾三布置，注意政策做激励。”如图 3.8 所示。

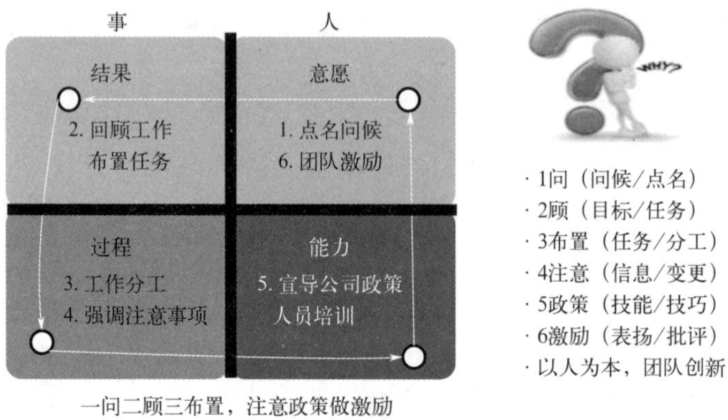

图 3.8　班前会口诀

1. 问（点名、问候）

为了确认班组人员到会以及出勤情况，班前会上班组长进行点名确认十分必要。人数少时，采用全员呼应式点名；人数多时，应该由组长等骨干先自行确认本组人员的到会情况，再由主管向组长呼应式确认，并大声通报出勤结果。

除了确认出勤情况，点名问候还能进一步确认员工的精神状态，观察员工是否存在身体不适、未休息好、班前饮酒、情绪波动等不利于工作的状态，确保员工精神饱满，心情舒畅。例如，在班前会点名问候时，如果某位班员声音低沉情绪低落，可以在班前会结束后单独留下他，询问是否有身体不适，是生病还是昨晚休息不好，或者说是家里发生了什么事情。这样细致的关怀，不仅能增进与员工的感情，还能及时发现问题。对于精神状态不佳者，班组长需高度重视，及时调整其工作安排（例如，若员工当日不适合从事登高、动火等高风险作业时）。

此外，为了让班组成员尽快进入工作状态，可以适当营造一定的工作紧张感。由班组长或值日员工先整理队伍，再开始召开班前会。例如，在早上召开班前会时，班组长应中气十足地向大家问候一句：“早上好！”全体组员则应整齐有力地回应：“早上好！”在这样一声问候一声回应中，班组工作气氛以及团队的力量就会在瞬间得到充分的爆发，也有助于让大家的注意力在瞬间就集中于聆听主持人的表达中。

会中要进行问候、回应以及互动。班前会的问候应该形成一种规范和习惯，问候语应该设计成大家容易回应的方式。而且，这样时间一长，员工就会在不知不觉中形成互相打招呼的好习惯。班前会的互动性也很重要，不应该是班组长或值日员工的“独角戏”，所有组员都应该参与进来。因为这是员工之间沟通工作经验和互相学习的好机会。

2. 回顾（目标、任务）

班前会需要回顾上个班次的工作情况，针对上个班次存在的问题，可在本班次制定调整和完善措施。回顾交接信息，主要体现在班与班（倒班）信息的交接上，一是班组之间信息的交接，二是组员工位信息之间的交接。

无论是否涉及班与班（倒班）交接，班组成员需知晓的核心信息（如安全、质量、设备、成本、效率等），必须在班前会上简要告知。尤其是本班组管理中的短板要素与重点要素，要让每位组员都清楚，避免出现信息的盲点或断点。这既是对班组长管理能力的要求，也是对组员的信任，更是团队文化建设的重要内容。

回顾前一日的工作，可以从 PQCDSM 这六大结果要素着手：例如，对昨日生产的品质情况进行通报，指出未达成目标的原因及改进措施；同时，对昨日发生的品质异常进行通报，指出异常发生的原因及改进措施，要求全体人员落实改进与控制；同步说明现场存在哪些变化点，以及针对上述情形的反省和具体要求等。

3. 布置（任务、分工）

当天的工作任务、目标、人员调配等是班前会的核心内容。通过清晰、具体的工作指示，可以协调全员的工作意识和行动，保证当天的工作有序进行。布置任务时，可以采用 5W2H 分析方法。需要布置的任务大致包括以下几种。

（1）交任务　做到工作任务目标明确，让员工清楚知晓应该干什么、如何干、达到何种质量标准。明确本班组要完成的工作指标，并分工到个人。

根据实际情况分解作业，将任务落实到个人，进而将有关责任分解到位，并明确各项工作的完成时限，最终保证问题的有效解决，真正把班前会开成能解决问题、卓有成效的班前会。

（2）交安全　介绍当天的工作内容和作业部位，分析潜在的安全隐患，逐项制定并交代防范措施，落实责任到人。

（3）交技术　交代当天作业的工艺及技术要求，逐条讲清、讲透，确保员工掌握工作要点。

班前会时间短、内容多，班组长布置工作需清晰准确、确保全员理解到位，尽量采用要点化的表达：把自己表达的内容归纳成几个方面或几个要点，每个要点尽量控制在10个字以内，再用一定的篇幅展开讲解，说完这几个要点，要讲的内容基本就说完了。这种方式既便于表达者完整阐述，也利于听众快速接收。例如：

“今天的班前会，我重点和大家讲讲安全方面的三个问题：第一是劳保用品穿戴；第二是持证上岗；第三是工作配合时的呼应。首先讲劳保用品穿戴，昨天14:10，我在A产线一号岗……”

要点讲完之后，可以做一个回顾总结。例如：“刚才，我就正确穿戴劳保用品、持证上岗和工作配合时要大声呼应三个问题，说明了最近安全作业的要求，希望大家在岗位上严格遵守！从今天开始，我每天都会就上述三个问题对班组全员严格检查，第二天班前会上公布结果。”

4. 注意（错、难、险）

这个步骤的主要内容，是针对本班次工作中员工需要注意的工作难点、易错点和危险点进行重点强调。要对安全要点进行讲解，根据当班的生产任务和工作现场的实际情况，针对本班作业的关键安全事项进行强调。要让员工明白工作中存在的隐患和相应的处理方法，以及自身岗位应注意的安全事项，从而增强当班职工的安全生产意识。

例如：“请大家注意，若需启动备用设备时，需到现场认真查看（冷却水、润滑油、阀门开启高度等），具备开启条件后再启动；若需开启电炉，需要到电炉现场检查确认后方可合闸。白班压滤岗位人员需要注意以下事项：上、下压滤机要注意防滑跌，谨防提液槽漫液；压滤渣堆场及浓密机周边现场卫生清扫；两辆班车下班后需上锁。白班放酸岗位人员需要注意以下事项：区域内是否存在泄漏，酸库高位槽浮标是否灵活、准确，成品酸泵运行情况，责任区现场卫生清扫，上下酸槽车注意防滑跌，谨防酸槽车漫液等。”

5. 政策（技能、技巧）

根据不同阶段的实际情况，必要时班组长应向员工传达企业的相关信息，使员工了解生产大局，更好地理解和接受工作要求。企业的相关信息包括市场和行业动态、客户要求、企业的经营情况和发展方向、正在和即将开展的管理活动等。此外，为了避免部分员工未能及时关注公司政策，可以利用班前会的时间进行宣贯，如公司规定、近期的人事变动、行政部门的通知、放假安排、员工福利待遇等。

基层员工工作时间长、工作负荷大，参与培训的时间较少；基层员工的文化素质普遍不高，对课堂式讲课的接受程度较低；每位员工都有自己的优势和特长，但员工之间的知识、经验和技能共享程度较低。基于上述客观存在的问题，目前基层员工的许多培训，在时间和资源上经常得不到充分的保障。

经验分享、诀窍妙招、改善方法、单点知识……这些都可在班前会上留一点时间开展 OPL 进行分享。OPL 又称为单点课，是一种在工作过程中的培训教育方式，针对班组中某一疑问事项（包括技术问题或难点故障等），由能够较好地解决问题、处理故障的人员编写简易教材（1—2 页），召集相关人员集中讲解，从而实现信息资源的共享、经验的积累、教育效率的提升。不论何人、何地、何时，都能通过此方法将知识、经验、技能简单明了地表达出来，使其他人员一看即懂，达到高效沟通、共享经验的目的。

6. 激励（表扬、批评）

在实际工作中，班组长若善于运用“表扬”和“批评”激励员工，对激发班组一线职工的积极性，将起到事半功倍的效果。

“扬善于公庭，规过于私室。”这句话出自曾国藩的家训，意思是在公开场合要多表扬一个人的优点；至于缺点过失，要私下里纠正规劝。表扬应在班前会上直接点名提出，给予对方足够的荣誉感；批评需要坚持对事不对人，建议不要直接点名道姓，否则易让对方产生被针对的感受，甚至引发逆反情绪。

例如：“我最近注意到有些员工这个月迟到了四五次，分别是5月10日、5 月 12 日、5 月 15 日……迟到会给班组造成不好的影响，既会让他人觉得我们班组缺乏纪律性，也会影响当日生产进度。因此，希望从下月开始，大家能够每天准时到岗，避免出现迟到的情况。”

不论是表扬还是批评，核心原则是聚焦于行为和事实。这就需要观察而不是简单地评判。对于口诀中的“激励”，不能单一地理解为传统意义上的激励。例如，在班前会邀请某位资深员工讲解操作技巧，既是对其他员工的技能指导，也是对该员工的一种激励。因此，这部分的激励可以与指导相结合。

班前会结束前，需询问：“请问大家还有其他需补充的事项吗？”如果有，就请有补充的员工出来补充说明，这样可以避免遗漏未通知或未提醒事项；如果没有，就可以宣布班前会结束。

三、现场巡检

（一）现场巡检的内涵

1. 现场巡检的定义

所谓现场巡检，是指按照一定的检查标准对现场进行定期或不定期的例行检查，是各级负责人实施的走动式管理。对发现的问题要进行及时反馈与解决。

巡检的核心在于细致入微。巡检不仅在巡，更在检。巡检不是单纯地绕个圈、点个检、挂个牌就交差，其关键在于检查隐患、排除风险。装置规模大、工艺复杂，管线星罗棋布，设备高速运转，跑冒滴漏时有发生，各类安全隐患易滋生。无论是日常检查的重点，还是不常接触的管线，巡检中都要面面俱到，不能有半点马虎。仔细检查、前后对比、动态监测，及时将隐患消除。

2. 现场巡检的意义

现场巡检的核心目的是及时发现设备及生产现场的异常情况，避免系统停车和事故的发生。实际工作中，因行业和工艺的差别而有所不同，但总的要求应该是：能发现生产现场的异常情况，并具备简单处理能力，及时纠偏，确保目标达成。这就包括设备、管道、仪表、控制点等。

现场巡检过程中主动发现生产过程中潜在的问题，并采取相应的防范措施，防微杜渐，有效地预防问题或事故的发生。边查边改，及时总结，把事故扼杀在萌芽状态，最终找到更好的工作方式，实现持续改善。

现场巡检是保证过程稳定、达成目标，发现改善契机的重要管理手段之一。

3. 现场巡检的要求

要熟悉生产工艺，了解生产设备。定期深入现场，观察设备的使用和运行情况。熟悉操作规程，针对具体设备采取具体方法。巡检时要仔细，多动手、勤动脑，积累经验。在装置现场，首先要保护好自己，正确佩戴劳保用品；与室内保持通讯畅通，有问题及时汇报，尤其是在发现重大泄漏点或有毒有害物质泄漏等情况时。

化工厂设备巡检的重点在于：及时发现并处理危及安全的苗头和隐患，并及时报告。这里的“安全”包括三个方面：人身安全、设备安全和产品安全。现场巡检时，需要注意以下几点要求：

（1）巡检要及时　现场巡视要按时进行，在问题出现之前就发现并解决它。生产管理不能等待，也不能依赖。现场巡视时发现问题应立即处理，否则小问题就有可能演变成大问题，增加材料浪费，影响生产进度。

（2）关注重点　进行任何工作时，都要有一个重点，这样才能有序进行。如果在现场巡视时不分主次，甚至在小事上纠缠不清，就可能忽视关键问题。因此，要把握重点，深入探究关键问题，其他不重要的问题可以暂时搁置或安排其他人员处理。现场巡视应重点关注生产进度是否滞后，是否存在重大质量问题隐患，订单是否按时完成，物料供应是否及时等关键问题；而不是过多关注员工是否穿着拖鞋、厂牌是否戴正、椅子是否坐正等细节问题，这些应由基层管理人员或车间纪律巡查员来处理。

（3）巡检要有目的　在现场巡视之前，一定要带着问题去巡视。例如，如果发现产品不合格率上升，可以带着这个问题去生产现场，向基层管理人员了解情况，检查各生产环节，听取品质部门人员的汇报；还可以向物料部门查询，了解是否是采购的材料不合格，或者通过观察员工的现场操作，以确定是不是因操作不当而导致的问题。

（4）做好现场巡视记录　进行现场巡视时，最好随身携带笔记本，记录巡视过程中发现的问题。如果同一问题在笔记本上多次出现，说明该环节存在严重缺陷，需要及时解决。对于落实不力的人员，应进行严厉批评，并限时整改。对出现问题较多的员工或车间应立即进行整顿，对从未出现问题或问题较少的员工或车间应给予表扬，甚至可以将其作为学习榜样，组织其他车间参观借鉴。

（二）现场巡检四步法

【案例】

如此巡检

刘主管：李班长，这一周现场情况怎么样，有什么问题吗？

小李：刘主管，您放心，我每天按要求进行现场巡线，现场良品率天天都达标，没什么大的问题！

刘主管：你们每天现场巡检都说没问题，为什么客户来审核却问题那么多，你们平时是怎么现场巡检的？为什么还有那么多问题没被发现？你们平时除了看质量其他都不看的吗？

小李：刘主管，我……

点评：案例中李班长的现场过程巡检需包含两个核心环节：验证和确认。验证的是过程，检查是否符合标准。对于基层管理者来说，核心巡检内容是过程控制，也就是4M1E，只有过程控制好了，才能有好的结果。作为基层管理者，平时工作中接触最多的也是过程部分。确认的是结果，检查结果是否达成目标或应用的要求，也就是PQCDSM（效率、质量、成本、交期、安全、士气）。这个部分对应更高阶层的领导会关注较多，不过作为基层管理者，也需要时刻关注过程控制后带来的结果如何。

任何设备事故的发生，都有个从量变到质变的过程，都要经历设备正常、出现隐患、事故发生这三个阶段。从设备正常到出现事故隐患的渐变过程，是一个量变的积聚过程；在这个过程中，设备的量变都由具体特征表现出来。

例如高压管道爆裂，必定有个泄漏、变形的过程。表现是漏气、外形改变、振动，同时发出异常声响，气慢慢地越漏越大，响声越来越响，管壁变薄、鼓包，这就是个量变的过程。此时如果巡检人员视而不见，不以为然，或发现了但处理不及时，管道就会爆破，事故就可能发生。

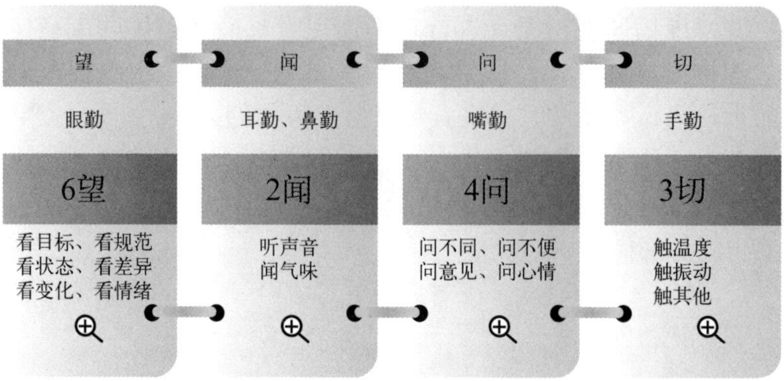

图 3.9　望闻问切 6243 法

用“望、闻、问、切”办法来进行巡检，就可以及时发现量变过程中必然出现的情况反映出来的特征，在设备事故发生质变前进行处理，积极预防防止事故的发生。望闻问切 6243 法如图 3.9 所示。

1. 望：眼勤

望即善于观察，巡检时要从人机料法环测几个方面去观察。

在巡检设备时，巡检人员要眼观八路，充分利用自己的眼睛，从设备的外观发现跑、冒、滴、漏；通过设备甚至零部件的位置、颜色的变化，判断设备是否处在正常状态。避免遗漏事故苗头。

（1）看目标　产量、质量、安全、成本、交期；

（2）看规范　是否缺失、是否受控、是否为最新版本、标准维护情况、是否开展对应培训；

（3）看状态　设备状态（参数）、物料状态、标准执行状态、环境状态正常；

（4）看差异　环境符合性；

（5）看变化　人员变化、设备变更、物料变化、工作变化、环境状态变化；

（6）看情绪　员工作业、休息的情绪状态。

2. 闻：耳勤、鼻勤

巡检人员要耳听四方，充分利用自己的鼻子和耳朵，发现设备的气味变化，声音是否异常，从而找出异常状态下的设备，进行针对性地处理。

听声音　设备、产品的异常声音；

闻气味　设备、产品、材料、环境中的异常气味（有毒有害气体除外）。

3. 问：嘴勤

巡检人员要多问，其一是多问自己几个为什么，问也是个用脑的过程，不用脑就会视而不见。其二是在交接班过程中，对前班工作和未能完成的工作，要问清楚，要详细了解，做到心中有数：交班的人员要交代清楚每个细节，防止事故出现在交接班的间隔中。问有四个方面的内容：

（1）问不同　人员、设备、材料、方法、环境的变化；

（2）问不便　作业方法、加工流程、环境设施、关联部门；

（3）问意见　客户、领导、其他部门、员工；

（4）问心情　员工工作、生活。

4. 切：手勤

巡检人员对设备只要能用手或通过专门的巡检工具接触的，就应通过手或专用工具来感受设备运行中的温度变化、振动情况；在操作设备前，要空手模拟操作动作与程序。但切忌乱摸乱碰，引起误操作。手勤触摸以下几种：

触温度：设备、产品……（确保安全前提下）；

触振动：设备、产品……（确保安全前提下）；

触其他：油污、水渍、碎屑……（确保安全前提下）。

“望、闻、问、切”巡检四法，是通过巡检人员的眼、鼻、耳、嘴、手的功能，对运行设备的形状、位置、颜色、气味、声音、温度、振动各个方面进行全方位监控。从上述各方面的变化，发现异常现象，做出正确判断。望、闻、问、切法，是一个系统判断的方法，不应相互隔断，时常是综合使用。巡检人员只要充分调动人的感官功能，合理利用望、闻、问、切的巡检四法，就可以发现事故前的设备量变，及时处理，保证设备的安全运行。

（三）现场巡检的误区

化工生产具有连续性，装置长时间处于运行状态。加强巡检，及时发现隐患，消除事故于萌芽状态是保证长周期稳定运行的关键，这就要求我们必须保证巡检质量。而在巡检过程中我们常常有许多误区。

1. 重视动设备，忽视静设备

重视动设备、重要设备的巡检，忽视静设备、辅助设备的巡检。平常巡检中，我们常常只关心运转设备的工况；而忽视静设备，特别是高处和偏远地方的静设备。这是因为我们主观上认为只要动设备运行正常，重要设备不出故障，装置就无大碍。这样，就会使静设备、高处设备和辅助设备的小隐患不能被及时发现与处理，导致这些隐患的危险性扩大。

2. 忽视隐患问题

对已存在的、无法在线处理的漏点和隐患产生麻痹心理，视而不见。在装置运行中，有许多漏点和隐患无法在线处理；而这些对装置运行又不存在太大威胁，这些隐患在我们的控制范围之内。但是，如果时间一久，我们就会对这些长期存在的隐患产生麻痹心理，减少了对其重视的程度。

3. 重视形式，忽视质量

重视巡检形式，忽视巡检质量。要做到有效巡检，必须用心，要做到眼到、耳到、手到、鼻到、心到，也就是要看、听、摸、闻、想。一次细心全面的巡检，胜过八次走马观花的巡检。巡检时我们必须了解装置当时的工况，才能有所对照及时发现差异，才能发现问题。想到就是要我们带着思考去巡检，这样就能提高巡检的质量。

4. 忽视巡检过程中的安全

装置中存在着各种各样的隐患，在危险区域巡检时我们必须要有自我保护的意识和能力。这就要求我们巡检时要和班长联系，危险区域需两人结伴巡检，按规定正确佩戴防护用品，遇到突发事故时才能从容应对，保障人身安全。

巡检是一个老生常谈的问题。许多企业采用了各种各样的方法来加强巡检质量，这些方法有利有弊，值得总结借鉴。总之，人才是工作中的主体，加强领导与员工之间的沟通，充分调动员工的积极性和主观能动性才能保证工作质量，提高工作效率。

四、总结报告

（一）总结报告的逻辑结构

1. 什么是金字塔原理

身处职场，必须跟人打交道：领导汇报、例会发言、同事交流、客户拜访等，这时候沟通水平就显得极为重要，与工作开展和个人晋升有直接的关系。

如果以办公 OA、邮件等非面对面的形式沟通，能先组织好语句，在打字中核查是否可以这样说，很多人还可以应付。一旦当面交流，就会开始紧张，大脑空白，支支吾吾。图 3.10 展示了总结报告的金字塔结构。

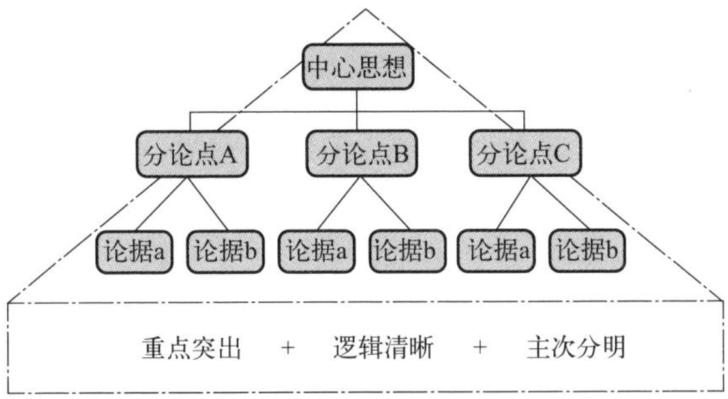

图 3.10　金字塔结构图

【案例】

30 秒电梯原理

麦肯锡公司是世界领先的管理咨询公司，创始人麦肯锡先生有过一次深刻教训。有一次，麦肯锡的项目负责人在完成了一家大客户的咨询工作后，恰巧在电梯里与该客户的董事长相遇了。董事长随口问起项目的结果，可这位负责人却完全没有准备，在那短短 30 秒的电梯运行时间里，无法条理清晰地阐述核心内容，最终麦肯锡因此失去了这个重要客户。

这次事件让麦肯锡意识到了高效沟通和简洁表达的至关重要性。于是，他们要求员工在任何时候都要能够在最短时间内将事情的核心要点表达出来，直接奔向主题和关键结果。因为在实际情况中，人们的注意力和记忆力是有限的，往往只能记住最关键的几条信息。

点评：麦肯锡有个观点非常明确，他们认为如果 30 秒的时间说不清楚一件事情，那么 30 分钟也未必能说清楚。当然，30 秒在这里只是一个概数，意思就是用最短的时间把问题说清楚。所以，能用最短的时间把问题说清楚，必须有一个前提：需要把思维的结构理得非常清晰。

在麦肯锡，结构化思维是特别重要的一种思维方式和工具，他们的核心理念叫做“以事实为基础，以假设为前提，严格遵循结构化”。所以，结构化思考是麦肯锡这家公司的一个核心价值。

结构化思考的概念最早是由麦肯锡提出来的，而最系统全面提出这个概念的人是芭芭拉·明托，她写了《金字塔原理》这本书。她在 1961 年成为哈佛商学院第一批女学员；1963 年，又成为麦肯锡公司第一位女性咨询顾问。

这个理念一经提出，便成为这家公司员工入职培训的必修课，就是员工但凡进公司，必须学结构化。它不是多么深奥的一件事情，但当一个人具备结构化思考的能力后，整个思考和表达效率会得到特别大的提升，当一个组织更多人具备以后，整个组织的管理沟通效率也会得到特别大的提升。

结构化思考可以用一张树状图来表示，树状图包含了两种子结构：一种叫横向结构，另一种叫纵向结构。每个人习惯的思考方式不一样，比如有的人开会讨论问题，往往直奔细节，拉都拉不上来。会都开完了，B 跟 C 还没有出现。在一个分支当中无限延伸，这叫纵向结构过度延伸。

结构化思考是什么样？首先横向上能看清、看全问题，纵向上还可以挑重点，分层次来探讨，所以它是一种强调先总后分的立体化思维。当一个人习惯了这种思考方式以后，看问题很容易把控全局，还能抓重点、分层次去探讨。随着一个人职务的提高，对这种思考能力的要求会越来越高。

2. 金字塔原理的运用

在基层管理工作中，金字塔原理有着较为广泛的应用。在思考问题时，我们常常无法判断哪种方案是最优解，犹豫不决、思路混乱，导致最终的决策可能并不理想；在口头表达时，逻辑混乱、思维跳跃，内容冗余，难以清晰传达自己的想法。即使领导听了很久，也依然不清楚你真正想表达的内容，或是你需要怎样的支持与帮助。

【案例】

买东西的丈夫

假设你是一名丈夫，决定出去买一份报纸。

你对妻子说："我想去买份报纸，你有什么要我带的东西吗？"

妻子在你走向衣架拿外衣时说："看到电视上那么多葡萄的广告，我现在想吃葡萄，你再买袋牛奶。"

你从衣架上拿下外衣，妻子则走进了厨房。

"我看看咱们家的土豆够不够。还有我想起来咱们已经没有鸡蛋了。我看看，对，是该买一些土豆了。"

你穿上外衣向门口走去。

"再买些胡萝卜，也可以买些橘子。"

你打开房门。

"还有咸鸭蛋。"

"苹果。"

你走进电梯。

"再买点儿酸奶。"

如果不重新读一遍上面的文字，现在你还能记住妻子让你买的9样东西吗？大多数男人回家时可能只买了报纸和葡萄，甚至可能一样都没买回来。

点评：在上面的例子中，大脑很可能会将需要购买的物品按超市的不同区域归类。请看以下采购清单：按归类逻辑逐一梳理，这样就很可能记住全部的9种食品：葡萄、橘子、苹果；牛奶、咸鸭蛋、鸡蛋、酸奶；土豆、胡萝卜。如果你试想一下这个过程，就会发现你已经建立了几个在各项目之间有逻辑关系的金字塔结构（如图3.11所示）。

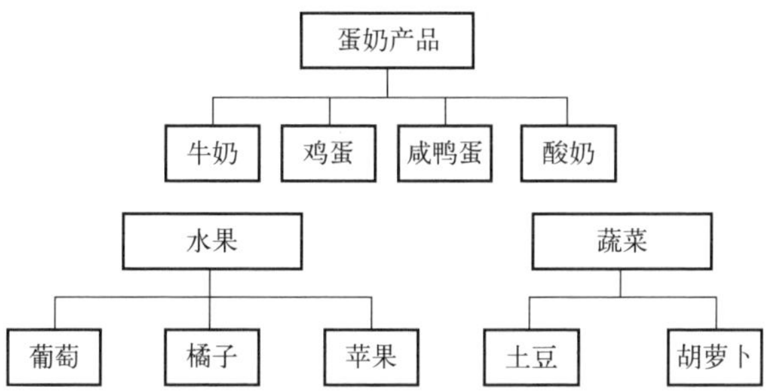

图3.11　金字塔结构图示

总之，不论是在工作中解决问题还是在生活中日常思考，金字塔原理的运用场景非常广泛。

3. 金字塔原理的内涵

结构是万物之本，物质有结构，思考也同样有结构。人们看待事物的角度、思考的出发点、问题见解都是思考结构的反映。由于人们的学识、经验、思维方式不同，对同一事物的看待角度与得出的结论自然也有所不同。

结构思考力是一项层次性、结构化思考的沟通技术，金字塔原理中的结构思考力分为三个层次模型：理解、重构、呈现（如图3.12所示）。通过这三种方法的循环运用，我们可以从结构的视角更全面、清晰地看待和认知事物，有效提升思考质量。

图3.12　结构思考力三个层次模型

（1）理解——隐性思维显性化

第一步是理解，即觉察自己和他人思考结构的存在，然后评估这样的思考结构是否适应现在的客观环境，就是将日常生活中不曾留意的思考结构显性化，也就是做到隐性思维显性化。

将隐性思维显性化分三个步骤：

第一步，识别。先找出事实和描述性的语言，再找出所有观点性语言，识别哪些是事实，哪些是个人观点或判断（包括理由和结论）。

第二步，判断。事实支撑着不同的观点，判断事实与观点的对应关系，建立逻辑关系，画出结构图。

第三步，概括。用一句话概括所有内容。

运用这三个步骤就可以很好地找出他人传递给我们的信息结构、思考结构，将隐形的思维显性化。

（2）重构——显性思维结构化

第二步是重构，当现有的思考结构不符合客观环境时，我们需要针对眼前的问题或决策重构一个合适的思考结构。虽然这个临时的思考结构没有像固有的思考结构那样深刻，但同样有助于我们解决问题和作出决策，即实现显性思维的结构化。

重构的目的是让显性的思维结构化，进而通过结构帮助我们透过现象看到本质，站在全局看局部，站在未来看现在。重构必须遵循四个核心原则：结论先行、以上统下、归类分组和逻辑递进。

① 结论先行　所谓结论先行，即先将具体的结论置于金字塔顶端，以此统领整个中心思想与表达。一段表达仅有一个中心思想。当我们从一开始就明晰表达的目的，并把目的和结论性内容提取出来放置在段落或文章前端时，后面的表达通常就是为了证明自身观点的正确性、结论的合理性以及需求的必要性，如此能助力我们聚焦核心，快速掌握文章或段落的主要内容与关键要点。

举个例子：美国有一个节目，主持人采访一些小朋友，主持人问一个小朋友你的梦想是什么，小朋友说飞行员，主持人接着问“那如果你正在驾驶的飞机没有汽油了你会怎么办？”小朋友说“我会让乘客都绑好安全带不要动，然后我用降落伞跳下去。”大家哄堂大笑打断了小朋友的话，大家普遍会凭自己的固有认知认为“这就是人性的恶、自私”，但故事的结论是小孩希望跳下去之后去寻找汽油回来救这些乘客。

因此，在沟通表达时要结论先行。因为一开始给出过多杂乱的信息，会使听者难以理解我们要表达的意思，反而听者会在大脑中不断组合，因为人总是会按照自己已有的认知去理解，导致听者理解的未必是我们想表达的。

② 以上统下　在金字塔的纵向结构中，上一层是下一层的核心观点和结论，上一层的核心观点和结论统领下一层的内容，且需要下一层的信息进行论证和说明。实现“以上统下”，最关键的是要提炼关键词，画出上下分层结构，判断下层能否支撑上层，并且做到主语一致。如果主语不同，上下层关系就会混乱，不能实现“以上统下”。下一层的展开范围取决于上一层的中心思想，上层观点要统领下层的内容。

举个例子：在阅读一些书时，是否发现页码翻过去了，在我们脑里却没有存留什么。除了在阅读时精力不够集中之外，我们更多可能是陷入到段落的各种“论据”论证中。这时，如果我们有意识地去看看标题、目录、首句，就会发现主题浮现在脑海里了。

因此，要学会自上而下地表达。结论先行让我们把结论放在最上面了，接下来需要阐述这个结论，一层一层地往下剖析，上一层的思想应该是对下一层思想的总结。

③ 归类分组　归类分组是依据信息的共同属性进行分组，将具有相同性质、功能、方向、层次、对象、时间等属性的事物归入同一组。这种分组方式符合大脑的自然倾向，大脑在接收信息后会自动将其与过往事物关联，关联的结果就是形成分组，然后存储到相应的“抽屉”中。因此，根据时间、地点、对象等因素进行归类分组，确保各要素在类别上相互独立，没有重叠；在维度上科学划分，避免重合，在分类上全面覆盖，避免交叉，要素类别清晰，避免重叠；信息罗列全面有效，没有遗漏。

举个例子：如果看到手机、充电器、手表这三个词语，我们很可能会将手机和充电器联系在一起。因为人的大脑会自动将事务以某种秩序组织起来，有序的表达可以帮助听者更容易记忆。

乔治·A·米勒[1]提出了著名的“7 ± 2”规则，指出大脑的短期记忆一次无法容纳超过 7 个记忆项目。有的人可能一次能记住 9 个，而有的人则只能记住 5 个。大脑更容易记住的是 3 个项目，当然最容易记住的是 1 个项目。

这意味着，当大脑发现需要处理的项目超过 4 个或 5 个时，就会开始将其归类到不同的逻辑范畴中，以便于记忆。因此，在表达时要做到归类分组，且归类的组数和每组的点数不宜超过 7 个，最好控制在 5 个以内。

④ 逻辑递进　逻辑递进就是按照一定的顺序进行排序，这个顺序需要遵循逻辑性的原则。逻辑清晰可以帮助人们更快地接收和理解信息，抓住

[1] 乔治·A·米勒（George A. Miller）是美国心理学家，他的主要著作有《语言与认知》等。其核心贡献除了提出“神奇的数字 7 ± 2”（明确人类短期记忆的有限容量）之外，还在语言和认知研究领域取得了开创性成果。

重点，并形成结构框架。

上述丈夫买东西的案例中，妻子零零散散说了一堆东西，丈夫很有可能无法完全记住。那么我们可以先将所有东西分类，葡萄、橘子、苹果，牛奶、咸鸭蛋、鸡蛋、酸奶，土豆、胡萝卜。但即使如此，仍然需要记忆 9 项，这依然不易。

分组后再通过逻辑递进进一步整合，我们可把葡萄、橘子、苹果归类分组并逻辑递进为水果，而牛奶、咸鸭蛋、鸡蛋、酸奶为蛋奶，土豆、胡萝卜分类为蔬菜，这样我们就只需要记忆 3 项而不是 9 项了。因此，我们要学会逻辑递进，即每一组的思想必须按照逻辑顺序排列。但仅仅归类分组还是不够的，需要将其提升到一个更高的思想层次；否则归类分组可能只是形式上的，而没有实际帮助记忆和理解。

常见的逻辑递进包括：时间顺序、空间顺序、重要性顺序和演绎顺序。

时间顺序又叫步骤顺序，是按照一个事物发展的经过、流程或步骤进行排序，这种排序方式适用于介绍事物流程或者故事的发展和推进。

空间顺序又叫结构顺序，是按照一个事物的结构进行排序。结构如果没有先后之分，可以按照构成事物本身的结构进行排序，如按照从左到右、从右到左、从内到外、从外到内等顺序进行排序。

重要性顺序，就是按照重要程度进行排序，可以从最重要的到最不重要的进行排序，也可以从最不重要的到最重要的进行排序，只要针对某方面的重要程度依次排序就符合逻辑。

演绎顺序，就是按照演绎推理的顺序进行排序。演绎推理主要有两种形式：三段式和常见式。三段式的结构是大前提、小前提、结论。常见模式是提出问题、找到原因、解决方案。演绎顺序就是按照这个顺序进行排序。

在常见式演绎法中，可以按要素进行排序，也可以按项目进行排序。只要符合常见式推理顺序就可以。

（3）呈现——结构思维形象化

第三步是呈现，即展现重构后的结构面貌，以便让结构化信息更直观地传递给对方。为了让理性干预后的思考结构更好地应用于思考、表达和解决问题，我们通常需要将已经结构化的内容，用更形象化的方式进行呈现。也就是我们常说的图示化表达，以便更加直观和生动地体现信息内容。

（二）工作汇报的内涵

1. 什么是工作汇报

工作汇报是单位或个人通过一定形式，将某一特定阶段的工作开展情况向上级进行反映和表述，以便让上级指导或帮助解决问题的一种方法。工作汇报也是对工作的高度概括和总结，是争取上级支持和帮助的有效手段。

汇报是“汇”和“报”的总称。“汇”指的是汇总，“报”指的是下级对上级、个人对组织的汇报，既不是平级之间的沟通事务，也不是上级对下级的指令传达。汇报的形式可以多样化，根据不同的场景可以自行选择合适的方式。

（1）口头汇报　下级需要经常向上级汇报各种情况，出色的口头汇报不仅能让领导在短时间内了解下级工作的进度、主要成绩、存在的问题及其建议和意见，而且还能通过汇报展现自己的基本素质和表达能力，为自己的职业发展创造机遇。进行口头汇报时，重点是直接切入主题、思路清晰、条理分明、语速适中、音量恰当，并且需合理控制汇报时长。

（2）书面汇报　书面汇报就是以书面的形式将工作开展情况向领导进行反映和表述的一种形式。

理清思路。要明确汇报的顺序，并列出汇报提纲。提纲应由大到小，包括一级标题、二级标题，以及可能的三级标题等。在制定不同级别的提纲时，要注意它们之间的逻辑关系。

谋篇布局。要合理安排层次段落、开头结尾、过渡呼应等。汇报的顺序可以按照事情发展的顺序进行。在介绍空间对象时，可以根据实际情况，选择由外向内或由内向外，或者由上至下的顺序来进行。

重点突出。汇报材料要做到“清、重、实”三点，这是书面汇报的关键。

（3）多媒体汇报　随着科技的发展，工作汇报的形式也发生了很大的变化。人们不仅停留在书面汇报和口头汇报上，也开始使用多媒体进行汇报。多媒体可以使汇报方式更加生动、直观。要进行好的多媒体（PPT）汇报，应注意以下几个环节：整体风格的把握、模板的选取和制作、构图的安排、文字的运用、图片和剪贴画的选择以及整体的调整。

2. 为什么要进行工作汇报

在很多人的职业观念里，汇报工作常被认为是表面文章，其实这是一种偏见。汇报工作本身就是工作的核心组成部分，它并非形式化流程，而是具有实际价值的工作内容。

心理学研究表明，人们对越熟悉的事物往往越容易产生好感。因此，若想在职场中获得良好发展，赢得上司的认可，就需要提升自己的“职场能见度”。提到“职场能见度”，不少人会误以为是增加在同事间的表面活跃度，例如频繁参与闲聊和玩笑。然而，真正有效的方式是在与工作相关的重要场合中提升自己的可见度。其中，最基础且有效的做法，就是主动、及时地向上级汇报工作进展。汇报工作的重要性体现在以下几个方面：

（1）汇报工作是一个沟通的过程　许多员工不喜欢过于事无巨细的管理者，觉得他们干预过多、限制太大。这种管理方式容易让员工束手束脚，丧失工作自主性；一旦领导不在场，很多工作便难以推进。然而，如果领导完全放手，又容易担心失去掌控，尤其当自己对工作进展一无所知时，整个项目也可能随之失控。因此，管理者往往只能在亲力亲为与严密管控之间做出选择。

要缓解这一矛盾，最有效的方式是建立良好的工作进度汇报机制。如果汇报规范到位，就能实现这样的理想状态：领导无需事必躬亲，却能全面掌握工作动态。换句话说，想要获得更多的自主权，前提是让领导对核心关键信息都心中有数。其实，汇报工作除了让领导了解你的进度外，还有一个重要方面就是获得领导的支持和指导。这第一层作用是锻炼我们的胆量，第二层作用是提升我们的逻辑思维能力。有时你向领导汇报事情的先后顺序不同，也会产生不同的效果。

（2）精准把握领导的要求　其实，你的领导也永远有他的上级。有时，在项目初期，大家的想法可能都是不成熟的。随着工作项目的逐步推进，会有很多想法的更新和深化。正是如此，我们更应该及时向领导汇报工作，推进工作的进度，确保每个时间节点的工作都能按计划落地。

（3）让领导了解你、指导你　其实这个作用还是非常明显的。即使你的领导不擅长指导人，我们也可以在与他沟通的过程中，了解他的倾向，明白他的要求。因此，领导不一定直接明确地说出他有什么特殊要求，这要求我们在工作中要主动掌握工作，主动摸索适合自己与领导相处的方式。

我们必须主动，通过规范的工作汇报将主动权掌握在自己手中，这样才能真正按照自己的工作目标和计划推进工作，实现真正的成长。在此基础上，才能逐步建立起自信。其实在工作中，有时目的并不仅仅是为了升职，而是为了这种自我肯定，这也是给自己注入正能量的一个有效方式。

3. 工作汇报中常见的三大问题

【案例】

如此汇报

领导，明天兄弟公司的人会过来我们这边参观学习。质量部王主管表示不介意晚一点开会，把会放在明天开也可以，但这两天 10:30 以前均无时间。可是维修的老林说，张主管周四 10:00 才能从北京赶回来。会议室明天已经有人预订了，但星期四还没有人预订。会议时间定在星期四 11 点似乎比较合适。您看行吗？（今天是周二）

请结合阅读材料思考：我们在向领导汇报中还有哪些其他的问题呢？

当向上汇报工作时，汇报的结果最重要。如一味追求汇报过程，可能会使你说起来没完没了，而且令领导抓不住重点。该案例中，汇报核心可高度概括为：领导，会议时间安排在星期四 11 点，您看行吗?

点评：本案例中，这位下属的汇报显然比较失败。我们在工作中的汇报也会存在偏、散、漏这样一些问题，那具体怎么解决呢？我们一起来看看。

（1）主题偏　偏离主题是一个常见的问题。汇报时搞不清目的，答非所问，南辕北辙，这是不可取的。汇报不是聊天，不能随意发挥，不能想到什么就说什么，必须紧紧围绕主题展开。观点的确立、材料的使用，都要服从于汇报的目的。

因此，我们要抓住焦点，不偏离主题。这个焦点，也就是工作中普遍问题中的某个核心点。当前工作中的焦点问题主要是平衡公司和员工利益的相关问题。汇报工作时要做到合情合理，不偏离主题，这样才能让领导看到你真正的能力。

（2）内容散　常见的问题包括逻辑思维混乱，汇报内容缺乏条理，主题不明确，事无巨细地汇报。汇报材料应该服务于汇报的目的，应当根据内容的多少来决定汇报的长短，无话则不说。有时候，一两句话就能说清楚的事情，却绕弯子说上一大篇；本来是作为铺垫的几句话，却被当作主题来汇报。从思想方法上看，这主要是因为某些人好大喜功，认为汇报得越多，越能显示工作量和成绩。其实，即使是简短的汇报，只要能抓住问题的本质并进行提炼概括，反而能突出特点，引起人们的重视。

汇报应该主题突出、主线鲜明、脉络清晰、层次分明、简洁明了，使用结构化的表达方式，以免让人阅读和听取时感到费劲，越听越糊涂。在向领导汇报工作时，要特别注意重点，做好充分的准备。这样，在汇报时就可以有的放矢。这种汇报技巧，实际上就是向领导汇报他们所关注的工作，这不仅可以提高工作汇报的质量，同时也能加深领导对你的印象。

（3）信息漏　有时我们会因为自身准备不充分，信息收集不全面，业务能力不足等原因导致对上级工作汇报内容不全面，容易遗漏重点信息。

【案例】

不会汇报的小李

一天，老板将购置商场用广告显示屏的任务安排给小李。由于公司的商场楼层较多，商户也有数千户，所以购置显示屏的数目至少需要七十至八十个。当时，小李刚好完成了公司的户外 LED 幕墙屏安装工作，手上有不少相关的商家资料，所以很快小李便与商家取得联系，整理了三家性能较好、价格合适的商家报价表交给老板。

可是，老板对价格不是很满意，要求小李再去找更多资料。于是小李又找了几家公司，更新报价表后递交给老板，可是老板仍然不太满意。事后，小李才发现自己汇报的内容不够周全，因为商场需要的是能播放广告的彩色显示器，但不仅限于某一特定材质，而且液晶电视的价格的确要比专业的LED便宜。最终，经过与液晶电视厂家积极协商，双方达成合作共识，公司以一个比原来报价节省了50%的价格购置了所需要的显示屏。

点评：工作中有时因为思考不够周全，汇报给领导遗漏了一些重要信息，会导致错过最佳方案。案例中的小李，因为汇报信息有遗漏，差点给公司带来不必要的经济损失。面对这种情况，建议可以采用5W2H法进行工作汇报。

4. 工作汇报的道势术

（1）道——态度　也许很多人都懂得汇报的重要性，认识到工作汇报可以接近领导。于是，有人把汇报工作当作与领导套近乎的机会，在汇报中极力表现出逢迎和讨好。不知不觉间，可能会把自己置于溜须拍马的境地，结果费力不讨好。

事实上，明智的领导都不希望看到下属过分吹捧或拍马屁。自尊自爱的下属也明白，在向领导汇报时应该持有怎样的态度：尊重而不吹捧，请示而不依赖，主动而不越权。

下面，我们来谈谈向领导汇报工作时应坚持的三个原则。

① 尊重而不吹捧　作为下属，我们一定要充分尊重领导，在各方面维护领导的权威，支持领导的工作，这也是下属的职责。首先，在工作上要给予支持、尊重和配合；其次，在生活上要表示关心；再次，在遇到难题时提供帮助，有时领导处于矛盾的焦点上，下属要主动出面，勇于面对矛盾，承担责任，排忧解难。

② 请示而不依赖　一般说来，作为下属在自己职权范围内大胆负责、创造性地工作，是值得倡导的，也是受到领导欢迎的。下属不应该事事请示，遇事没有自己的主见，对大小事都不做决策。这样，领导可能会认为你办事不力，承担不了责任。该请示汇报的时候必须请示汇报，但决不应过分依赖或等待。

③ 主动而不越权　对工作要积极主动，敢于直言，善于提出自己的见解。不能唯唯诺诺，过于谨慎保守。在处理与领导的关系上要避免两种错误认识：一是领导说什么就是什么，指示怎么做就怎么做，好坏都不认为自己有责任；二是自认为高明，不认真研究领导的工作思路，不认真执行，甚至背着领导另搞一套，表面上顺从而实际上违背。当然，下属的积极主动和大胆负责是有条件的，需要有利于维护领导的权威，维护团队内部的团

结，在处理工作上不能擅自超越自己的职权范围。

（2）势——时机 汇报工作确实是职场中不可忽视的重要环节，汇报的好坏直接影响到你的职场发展。在汇报工作时，除了注意说话艺术和掌握汇报技巧之外，很多人忽略了另一个重要因素：时机。

时机选择不当，可能会导致努力白费。在正确的时间做正确的事情，才能事半功倍。汇报工作也是如此，选择正确的时间点汇报，可以让领导感到放心和满意。在职场中，无论工作完成得如何，以下六个时间点一定要向领导汇报工作。

① 做好工作计划时 很多人对汇报工作的理解都是等到工作进行到一定程度时再去汇报，其实这是一个错误的想法。哪怕在工作真正开始之前，当我们制定好工作计划时，就应该立刻向领导汇报。这样做有三个好处：

首先，可以让领导帮助把关，以防止出现一些低级错误或者忽略某些细节；其次，这表现出对领导的尊重和重视；第三，让领导来做出决定，可以分担一定的风险。

② 工作中遇到困难或者意外时 我们在工作中遇到困难或者意外，如果我们可以完美解决，那倒是没有问题的。但是，一旦我们不太确定自己能否及时解决，那就一定要向领导汇报。领导的经验和见识通常远高于你的，对你来说是困难或者难题，对领导来说也许就只是小事一桩，可以让你少走很多弯路，不仅节省了时间，而且还能帮你更好地完成工作。

千万不要担心这样会显得自己无能！没有人是全能的，存在短板很正常。但是，如果明知自己有短板还不懂借力，那就太愚蠢了。

③ 取得一定成果时 当我们在工作中取得成果时，应及时向领导汇报。这样，既能让领导掌握我们的工作进度，也能让领导了解到我们的能力和贡献。不要因为担心显得刻意炫耀或邀功而不去做，职场中的我们应该学会恰当地展示自己。

④ 需要做出超权限的决策时 一般而言，当我们负责某项工作时，我们当然拥有一定的决策权。但是，这个决策权是有上限的。如果需要做出超出权限的决策，我们必须及时地去找领导请示。

即使你非常了解领导，内心清楚领导在这种情况下会做出什么样的决策，你也不应该代替领导去做这个决策。这既是越权行为，也是职场中对领导的不尊重，没有哪个领导会喜欢这样的下属。

⑤ 工作中出错时 职场中，很多人一出错就喜欢隐瞒不报，生怕被别人发现。也许你一开始只是个小错误，觉得没什么。但是，如果你隐瞒不报，或者不去解决，长期拖延下去就会变成巨大的问题，很可能会造成公司的损失。

工作中如果出错，第一反应应该是想办法解决，如果实在解决不了，一定要向领导汇报。他可能会发火或者训斥你，但他肯定会想办法帮你纠正这个错误。这样才能避免你错上加错，以免酿成难以承受的后果。

⑥ 工作完成后及时汇报　职场中，我们一定要做到事事有着落，件件有回音！

既然完成了工作，我们应在第一时间向领导汇报，以便让领导感到安心。同时，我们也应该让领导看到自己的成绩和贡献，不要觉得不好意思。只有主动展示自己的成果，我们才能给领导留下更深刻的好印象。这样在未来有机会时，领导才会想到我们。

汇报工作，从来都不是一件难事，但一定要讲究方式方法，并且要选择合适的时机，这样才能在职场中取得成功。

（3）术——方法　工作汇报几乎是职场上的每一个人都需要做的事情，但很多人一遇到工作汇报就会感到头疼；因为听别人的工作汇报特别有逻辑，特别有重点，一目了然，但一轮到自己就语无伦次，不知道该怎么说了。

接下来，教你汇报工作的3个步骤，思路清晰，让领导对你赞不绝口！

① 先结果　你是否在工作中有这样的体验：自己说了很多，领导却一头雾水，不知道你说的重点是什么。领导问你一件事，你事无巨细地汇报，却没有重点和结论，惹得领导不耐烦。这个其实和我们中国人习惯的表达方式相关，我们喜欢先说事情的原因经过，先说一些话作为铺垫，然后才导出结论。但是在职场，大家的时间都很宝贵，尤其是领导。对于领导来说，你想要表达观点的结论或者事情的最后结果才是最重要的。

【案例】

啰嗦的小王

小王负责一个重要项目的售前支持。在一次公司办公会上，总经理让他汇报项目进展。

小王说道："上周我到了客户那里，先拜访了负责采购的副总，然后又参观了他们的生产线，后来……"总经理不耐烦地打断了他："别啰嗦，快说你的结论是什么！"小王一下子不知所措了，最后还是部门负责人张经理替他解了围。会后，张经理叮嘱小王："以后记得，向领导汇报工作要先说结论。"

点评：前面已经讲解过总结汇报的逻辑结构金字塔原理，其中有个经典的原则就是"结论先行"。我们需要采用"结论先行"的方式，这也是你职场能力和语言表达能力的体现。很多职场人在汇报时习惯先说细节，尤其是自己做事的全过程，事无巨细地逐一阐述。常常忽略了一点，领导通常事务繁忙，他们关心的始终是结果。你过程再精彩，没有结果之前，领导都不太在意。

最开始应该用简洁的语言先明确结论，告诉领导你汇报的重点或结论是什么。只有领导先知道了结果，如果他们需要了解哪些具体过程，你才需要接着回答过程。

所以，在工作汇报时可以先告知上级领导需要得知的结果，这样可以让上级领导对后续的报告内容有一个直观的印象。比如具体产量、品质达标情况，以及与目标的对比数据等。

② 后过程　在汇报工作过程中，需时刻关注领导的表情变化。根据领导的表情变化，确定如何汇报工作完成的过程及要点。

在向领导汇报工作完成的过程前，应做好充分的准备，将完成工作的资源投入、执行付出及关键措施，内容简明扼要且有条理地罗列出来。以便在汇报时不遗漏、不混乱，同时赢得领导的认可，提升在领导心目中的地位和价值。

在说明结果之后，需要详细阐述如何取得这样的结果。无论结果是否达到了预期目标，都需要做出详细的解释，如遇到何种异常状况，采取了哪些改善措施等。

工作过程中若遇到问题需领导协助时，首先要将工作情况及目前的难点清晰说明，以便于领导给出合适的解决方案和协调资源。项目结束时，对整个项目进行复盘，需要对项目的流程和执行细节进行详细介绍和说明。

通常情况下，如果汇报时在数据和工作成果上造假，最容易在描述行动这一步暴露问题。因为如果没有真实经历过、没有创造出这些业绩，就很难具体地阐述自己采取了哪些行动才达到相应结果，更难以有理有据地解释为什么会这么做。在撰写个人工作成果、向领导汇报时，一定要清晰地阐述自己采取了哪些行动、获得了怎样的反馈，然后如何改进，直至最终达成目标。

③ 再改善　本阶段的工作完成情况汇报完毕后，还需要向领导报告下一阶段的工作计划，这样才是一份完整的工作报告。这能让领导看到我们在工作方面的态度：主动积极、承上启下、衔接连贯。务必要牢记这一点：任何领导都喜欢工作主动的下属，而不喜欢工作被动的下属。

如果上一阶段的结果没有达到预期效果，更要进一步说明后续改善计划和实施措施。如果结果达到或超过目标，则可以说明为了取得更好的成绩，未来的计划安排是怎样的。

同时，需认真倾听领导对本阶段工作成果以及下一阶段工作计划的建议或要求，并及时详细记录。充分展现认真倾听的态度。听完领导对工作的建议或要求后，需及时做出精准的响应和答复。例如，向领导做出以下承诺：在下一阶段工作执行过程中如何改进与完善，如何将领导的建议或要求融入工作计划中，并再次向领导提交审查确认。

5. 总结报告示例

撰写工作周报告、季度报告等总结类报告，是基层管理者日常的基础工作之一。基于现场的生产实际状况，以逻辑清晰、条理分明的方式，让领导全面了解班组的运营情况，至关重要。这就要求基层管理者掌握撰写报告的基本结构框架以及方法。撰写的报告需要以结构化的方式呈现，建议采用如下结构：先结果，后过程，再改善。

列宁曾指出："图表的全部意义就在于一目了然和可以对比"，这也正是总结报告中图表所展现出来的优势。在前面提到的总结报告的逻辑结构金字塔原理中，我们了解到了"理解—重构—呈现"的过程。基层管理者先在日常工作中收集各项数据指标，然后按照结构化逻辑将这些数据进行整理和分析，这就是重构的过程。最后，通过图表的形式呈现整理后的数据分析结果，实现结构化的形象化表达。表 3.1 是一个班组管理月度总结报告的示例。

表 3.1　班组管理月度总结报告

班组管理月度总结报告			
组别	第一组	期间	第1周～第5周
1、生产关键性指标（产量、质量......）			

指标＼月份		8月	9月					10月
			第1周	第2周	第3周	第4周	总计	
产量	目标/辆	210	40	55	55	50	200	190
	实绩/辆	190	35	50	52	48	185	
	达成率/%	90	88	91	95	96	93	
质量	合格率/%	87	80	90	80	95	86	
安全事故/件		0	0	0	0	0	0	

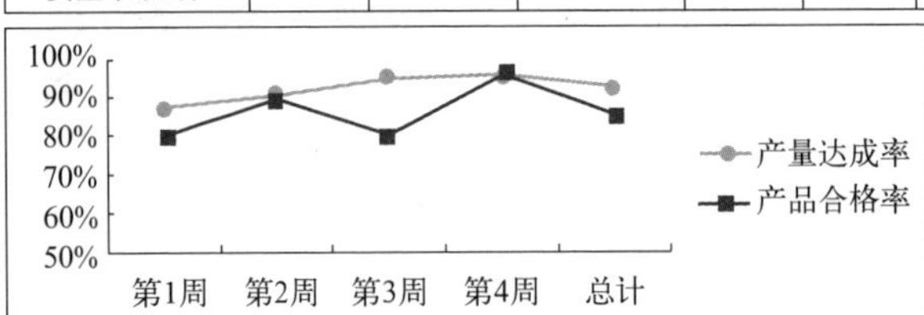

第四章
安全管理

班组是保障安全生产的基本单元。只有将安全管理有效落实到班组层面，才能显著降低生产安全伤亡事故的发生率，真正实现安全生产的目标。因此，班组长要做好安全管理工作，必须首先明确并切实履行自身的安全管理职责。本章内容分为三个部分：第一部分系统阐述了全球领先企业杜邦公司的安全管理理念与文化建设经验；第二部分深入解析了生产现场的安全巡查机制与突发事件应对策略，涵盖了事故成因分析、安全责任体系构建及巡查处置实务；最后一部分提供了可操作性强的管理工具——JSA 工作安全分析表[1]，为实践应用提供支持。

【案例】

比竞争更可怕的现场事故

一位化工企业的老总曾发自肺腑地感叹道：“再残酷的竞争也打垮不了我们，但比竞争更可怕的是现场的安全事故！它能让我们的企业一夜之间化为乌有。我们是化工企业，稍有不慎，一把大火、一次爆炸就会使我们的企业荡然无存，彻底砸掉大家的饭碗！竞争对手不能把我们逼到死亡的边缘，只有我们自己才会断送自己未来的前程。”

他还气愤地说道：“我在国外谈引进项目，晚上睡不着觉，非常担心生产现场的安全情况。当我回到公司时，要处理的第一件事就是一位班长上夜班的时候擅自离岗睡觉，造成整条生产线停滞。”

点评：这位老总指出了中国目前多数企业的现状：比竞争更可怕的是现场的重大事故。再残酷的竞争也不能把企业一下子打倒，但内部的失误却

---

[1] JSA（Job Safety Analysis，工作安全分析）是一种用于识别和评估工作场所潜在风险的工具。它通过将工作分解为具体步骤，并分析每个步骤中可能存在的风险，从而制定针对性控制措施，以降低事故和伤害的发生。

可能让企业毁于一旦。因此，企业需要重视班组长的培养，强化其责任心。企业将现场的管理托付给了班组长，他们不仅要负责生产，更要确保现场人员和设备的安全。特别是在夜班时，可能生产现场的最高负责人就是班组长本人。如果生产管理不善，只能算作失职；但若发生重大事故，则可能构成犯罪。

班组是企业安全生产的基石，只有做好班组的安全管理，整个企业的安全生产才有保障。在企业内部，我们见过很多强调“管理第一”的情况，但实际上，安全才是真正的第一要务。因为安全涉及人的生命和健康，关乎设备和厂房的安全，没有什么比安全更重要的管理事项。

第一节
企业安全文化理念

一、安全生产及安全文化概述

（一）安全及安全生产定义

安全是指免除了不可接受的损害风险的状态（GB/T 28001—2001《职业健康安全管理体系 规范》）。

安全生产是指在生产经营活动中，为了避免造成人员伤害和财产损失的事故而采取相应的事故预防和控制措施，使生产过程在符合安全规定的条件下开展，以保证从业人员的人身安全与健康，设备和设施免受损坏，环境免遭破坏，保证生产经营活动得以顺利进行的相关活动。

“安全生产”这个概念，一般意义上讲，是指在社会生产活动中，通过人、机、物料、环境、方法的和谐运作，使生产过程中潜在的各种事故风险和伤害因素始终处于有效控制状态，切实保护劳动者的生命安全和身体健康。也就是说，为了使劳动过程在符合安全要求的物质条件和工作秩序下进行，防止人身伤亡财产损失等生产事故，消除或控制危险有害因素，保障劳动者的安全健康和设备设施免受损坏、环境免受破坏的一切行为。

安全生产是安全与生产的统一体，其核心宗旨是安全促进生产，生产必须安全。通过做好安全工作和改善劳动条件，可以激发职工的生产积极性；减少职工伤亡事故，可以减少劳动力的损失；减少财产损失，可以提升企业效益，这些无疑都会促进生产的发展。而生产必须安全，因为安全是生产的前提条件，没有安全就无法进行生产。

《中华人民共和国安全生产法》规定的安全生产管理基本方针为“安全第一、预防为主、综合治理”。在生产过程中，必须坚持“以人为本”的原则。在生产与安全的权衡中，安全必须始终放在首位。需要预先分析危险源，预测和评估危险、有害因素，掌握危险的规律和变化，采取相应的预防措施，将危险和安全隐患消除在萌芽状态。企业的各级管理人员应坚持“管生产必须管安全”和“谁主管、谁负责”的原则，全面履行安全生产责任。

当置身于陌生的环境时，应树立安全隐患防范意识，尽快熟悉安全环境：寻找紧急逃生通道，观察应急装置的位置，并主动向他人说明和指出这些安全设施。

（二）安全文化分享

1. 安全文化的定义

广义的安全文化是指在人类生存、繁衍和发展历程中，在其从事的生产、生活乃至生存实践的一切领域内，为保障人类身心安全并使其安全、舒适、高效地从事一切活动，预防、避免、控制和消除意外事故和灾害；为建立起安全、可靠、和谐、协调的环境和匹配运行的安全体系，为使人类变得更加安全、康乐、长寿，世界变得友爱、和平、繁荣，而创造的物质和精神财富的总和。

安全文化的定义（狭义的）：一个单位的安全文化是个人和集体的价值观、态度、能力和行为方式的综合产物，也可以说，企业安全文化是被企业组织员工群体所共享的安全价值观、态度、道德和行为规范的统一体。

简单而言：人、物、环境是安全的整体综合表现。

通俗而言：我们这里就是这样干活的！

安全文化分为三个层次：

（1）直观表层文化，如企业的安全文明生产环境与秩序；

（2）企业安全管理体制中层文化，它包括企业内部的组织机构、管理网络、部门分工和安全生产法规与制度建设；

（3）安全意识形态深层文化。

企业安全文化（普遍认可的）是企业在长期安全生产和经营活动中，逐步形成的，或有意识塑造的为全体员工所接受、遵循的，具有企业特色的安全价值观、安全思想和意识、安全作风和态度，安全管理机制及行为规范，安全生产和奋斗目标，为保护员工身心安全与健康而创造的安全、舒适的生产、生活环境和条件，是企业安全物质因素和安全精神因素的总和。

安全文化内容主要包括三个方面：一是处于深层的安全观念文化，二是处于中间层的安全制度文化，三是处于表层的安全行为文化和安全物质文化。

2. 安全文化的内涵

一个企业的安全文化是企业在长期安全生产和经营活动中逐步培育形成的，具有本企业特点、为全体员工认可遵循并不断创新的观念、行为、环境、物态条件的总和。

企业安全文化是一个“以人为本”的多层次复合体，由安全物质文化、安全行为文化、安全制度文化、安全精神文化组成。企业文化是以“以人为本”为基础，提倡对人的“爱”与“护”，以“灵性管理”为中心，以员工安全文化素质为基础所形成的。它体现在群体和企业的安全价值观和安全行为规范上，表现在员工受到激励后的安全生产态度和敬业精神上。

二、学习杜邦安全文化

（一）杜邦公司介绍

杜邦公司（DuPont）是一家具有悠久历史的全球性科技公司，成立于1802年，1984年，杜邦（中国）集团有限公司在香港成立，早期主营黑火药，目前的核心业务聚焦化工及相关高科技领域，作为一个全球性的大企业，杜邦在多个国家和地区拥有众多机构和员工。

杜邦公司在其早期的火药生产过程中确实面临了高风险性，并且在历史上曾发生过一些严重的安全事故。这些事故促使杜邦公司的高层领导认识到了安全的重要性和建立严格安全制度的必要性。特别值得一提的是，19世纪早期的一次重大爆炸事故，导致包括创始人的家人在内的多人死亡和受伤。这次事故促使公司采取了一系列新的安全管理措施，包括要求高级管理层在任何员工进入之前亲自检查新的或重建的工厂，从而强化了管理层对安全的责任感。这种对安全的重视和管理层的积极参与逐渐演变成了杜邦公司今天所倡导的“有感领导”安全文化。

杜邦公司的安全管理有一项基本原则：在新工厂或在建厂区竣工启用前，未经高层管理人员亲自操作，任何员工不得进入。这种做法在公司规模较小时尤为突出。要求新工厂的厂长、经理等高级管理人员先进行操作。这不仅体现了对安全的直接责任，也显示了对安全重视的态度。如果你认为你的工厂是安全的，那么你先操作、开工，然后再让员工进入。发展到现在，杜邦成为规模很大的跨国公司，不可能让高级总裁参加这样的现场操作。所以杜邦的安全理念也发展成为现在的“有感领导”，第一步是让员工和下属体会到你对安全的重视，是理念上的领导；第二是人力、物力上的有感领导；第三是平时管理上的领导，加起来是体现出对安全生产的直接负责。

杜邦公司的安全目标是实现“零事故”，这里所说的“事故”不仅包括员工死亡，还包括任何导致员工受伤严重到需要医生建议休息一天以上的情况，即需要请病假的事故。这些事故及以上级别的事故，杜邦都将其目标设定为零发生率，这符合美国通用的安全标准。这种目标体现了杜邦公司的安全文化和理念。

杜邦公司在不断探索中形成了完善的安全体系，取得了丰硕的成果并获得社会的广泛认同。杜邦公司一直保持着骄人的安全记录：

（1）安全事故率远低于工业平均值，公司每百万工时损失工作日事故发生率仅为 1.5（包括划破一个手指、手脚扭伤以及下班以后的伤害记录）；

（2）杜邦员工在工作场所的安全系数比居家环境高 10 倍；

（3）超过 60% 的工厂实现了“0”伤害。

（二）杜邦十大安全理念

杜邦已经成为“安全”的代名词，其安全管理已经具备了品牌价值。以上所有成绩与杜邦建立的安全理念和安全文化密不可分。

在企业的生产经营活动中，杜邦一直推动着安全理念、技术与制度的不断进步。在其 200 年的发展历史中，杜邦安全管理形成了十大安全理念，这些理念在现场实施中成为杜邦的“安全宪法”。

1. 所有的安全事故都是可以预防的

所有安全事故均可以预防，这是经过实践验证的科学论断。安全事故的预防应从源头开始，并贯穿于整个流程，始终致力于防止事故的发生。如果每个环节都能以科学、理性和细致入微的态度来对待，事故是完全可以避免的。

从高层到基层，每个人都应持有这样的信念，并采取一切可能的措施来预防和控制事故的发生。许多人常常因为心存侥幸而忽视了安全，或是因为马虎大意而忽视了隐患，这给个人和企业带来了极大的经济损失和精神打击。

2. 安全是管理者的责任

安全是管理者的责任。这项责任涵盖了公司的各个层面、每个角落以及每位员工的日常事务。只有当公司高层管理层对所管辖的范围安全负责，下属对各自范围的安全负责，车间主任对车间的安全负责，生产组长对管辖区域的安全负责，小组长对员工的安全负责时，公司的安全才能得到真正的保障。每个层面、每个角落的安全都应有人负责。

3. 安全是就业者必须遵从的条件

每个员工都负有安全生产的责任。《中华人民共和国安全生产法》明确指出，生产经营单位的从业人员依法享有获得安全生产保障的权利，同时依法履行安全生产方面的义务。

在杜邦与员工签订的劳动合同中明确约定，只要违反安全操作规程，随时可以被解雇。每位员工从参加工作的第一天起就意识到，这家公司非常重视安全。从法律角度讲，违反公司的安全规程可能会导致解雇，这体现了将安全生产责任与人事管理紧密结合的实践。

4. 培训是安全工作环境的必要因素

确保员工安全，要求员工进行安全操作，就必须实施严格的安全培训。我们需要尽可能采取措施，对所有操作进行安全培训。安全管理部门应与生产部门协同配合，明确各部门需要进行哪些安全培训。

安全教育培训是企业安全生产的关键组成部分。没有安全教育培训，员工就无法掌握必要的安全知识，也就无法提高作业的安全技能，企业自然无法达到安全生产的要求。通过严格的安全教育培训，员工可以逐步掌握安全操作技能、安全科学技术、安全文化理念和安全管理方法，从而实现安全生产的目标。

杜邦公司要求新员工在开始工作前接受安全培训，以培养正确的安全意识。培训内容包括杜邦公司的安全宗旨、工厂安全计划、工厂和生产区域的安全规则、职业健康概念、个人防护装备需求等，这些培训涵盖了安全生产的各个方面。并且，这些安全培训不是仅针对新员工，而是贯穿于企业员工生产和生活的每个环节。

5. 管理者必须进行安全审核

开展经常性安全检查和定期安全审核是持续改进企业安全和职业健康管理的有效手段。

各级管理者必须对工作场所的安全状况进行审核，以评估安全和健康计划是否得到有效执行，并找出公司在安全和健康工作中的薄弱环节。同时，还要定期开展现场工作检查，由管理人员对员工的具体操作情况进行评审，以验证作业安全程序是否被一线员工正确理解并得到执行。

6. 对所有不安全因素进行排查和处理

在安全检查中，会发现许多隐患。需要分析隐患产生的原因，确定哪些隐患能够当场解决，哪些需要不同层次管理人员的介入，以及哪些需要投入更多资源来解决。

重要的是，必须对发现的隐患进行整理和分类；明确每个部门的主要安全隐患，评估解决这些隐患所需的时间，以及不解决可能带来的风险。要识别出哪些隐患需要立即解决，哪些隐患需要更多的投入。只有安全管理真正落到实处，并有了明确的目标，才标志着安全管理的有效实施。这也是发现并消除安全隐患的真正意义。

7. 必须对所有事故开展实质性调查

只有调查清楚所有事故发生的原因，才能够在后续的生产中防范和规避安全风险，有了前车之鉴，才能少走弯路。

8. 工作外安全与工作中安全同等重要

随着安全管理的不断深入，公司意识到在工作时间内对员工进行的安全教育不足以满足提升员工安全意识的需求，因此推出了涵盖工作时间外的安全方案。公司认识到员工非工作时间受伤与工作时间受伤对个人和企业的影响本质上并无差异，员工发生的任何安全事故对公司造成的损失都是一样的。从这个角度出发，杜邦提出了覆盖工作时间以外的预案，将对员工的安全教育要求扩展到了全天候，即 7 天 24 小时。

9. 安全是企业形象

安全管理水平不仅体现了企业的生产管理能力与员工综合素质，更是塑造企业形象的重要因素之一。因此，安全工作的成效将直接影响企业在公众和客户心中的形象与信誉。这是一种战略思想，如何看待安全投入至关重要。如果将安全投入放到与业务发展投入同等重要的位置来考虑，那么我们就不会仅仅将其视为成本，而是视为一种投资。抓好安全有助于企业发展，为企业提供一个良好的环境和条件，以实现企业发展目标。否则，企业可能每时每刻都在高风险下运作。

10. 人是最重要的因素

人是最重要的生产劳动力，没有员工的参与，安全就只能是空想，因为安全是每一位员工的事，没有每位员工的参与，公司的安全就不能落到实处。

杜邦人今天的安全行为部分也是值得我们参考借鉴的：

他们上下楼梯会手扶扶手；

他们上车后的第一件事永远是系好安全带（不分前后排）；

他们不会因贪图美味而去安全设施不完备的小店，同时在就餐时都选择饭店一楼靠门口的地方；

他们出差住酒店会选择较低楼层；

他们开会或参加活动的第一件事是关注安全，要让所有人知道安全通道的位置；

他们停车一定是车头向外；

他们使用的笔一定是笔头向内。

员工直接参与企业的安全管理，体现了“安全生产，人人有责”的原则；也反映了员工参与使安全生产的决策、管理更加人性化，也落实了我国《中华人民共和国安全生产法》规定的员工的知情权、参与权、表达权、监督权等。

第二节 安全管理的要点

一、产生安全事故的原因

（一）无知

安全意识缺乏，对安全隐患疏忽大意。对应的措施是采用组织安全教育培训等方式。

【案例】

无知无畏酿大祸

2019 年 3 月 21 日 14 时 48 分许，江苏盐城市响水县陈家港镇的天嘉宜化工有限公司化学储罐发生爆炸事故，波及周边 16 家企业。截至 22 日上午 11 时，事故已造成 47 人死亡、90 人重伤，另有部分群众不同程度受伤。就在 2018 年 2 月，原国家安全生产监督管理总局向江苏省安监局发布的督促整改安全隐患问题的函中，天嘉宜化工被点名批评，并指出存在 13 个安全隐患。这些问题包括主要负责人未经安全知识和管理能力考核合格，仪表特殊作业人员仅 1 人取得相应资格证书，现场询问的操作员工不清楚装置可燃气体报警设置情况和报警后的应急处置措施等。这些隐患明显敲响了无知无畏上岗的警钟。

无独有偶，在宜宾市江安县阳春工业园区内的宜宾恒达科技有限公司也发生了重大爆炸起火事故，造成19人死亡、12人受伤。事故发生后的调查发现，事发公司的二车间副主任罗某仅具备小学三年级的文化程度，2月入职，6月即被提拔为车间副主任。这次事故中死亡的19人中有16人是恒达公司的操作工，他们大多是周边农村的农民工，缺乏化工安全生产的基本常识，对本岗位生产过程中存在的安全风险不熟悉。

点评：当然，这些并非特例。通过分析化工企业发生的大大小小的事故，不难发现，悲剧的发生往往与员工缺乏安全知识违规上岗行为密切相关。面对这一次次惨痛的“血的教训”，如何消除因无知无畏上岗带来的隐患，是“重化工时代”必须面对并解决的关键安全课题之一。

美国康奈尔大学的心理学家邓宁和克鲁格通过研究这类现象，提出了“邓宁—克鲁格效应”，也称为“达克效应”。这个效应指的是，在评价自己的能力时，能力较低的人往往会高估自己的能力，而能力最强的人则倾向于低估自己的能力。

当我们从零开始接触一项工作，从不懂到入门，学会了基础操作，在工作中能有条不紊地处理各项任务，甚至承接突发工作。这时，我们认为这份工作自己已完全掌握。殊不知每一步操作背后是多少理论和经验的积淀，其背后运行的底层逻辑自己还丝毫未触及，这也是绝大多数人所处的区间。

管理者若寄望于处于“达克效应”中的员工自主“幡然醒悟”，大概率会失望，因为“无知将让你（员工）保持无知”。

要想解决员工无知的问题，需严格落实安全生产责任制，加大监管检查力度，将安全培训缺位列为重大隐患，严格把控“持证上岗”关。各危化品企业都能认真落实主体责任，高度重视安全培训工作，确保所有员工掌握应知应会的安全知识，具备岗位安全操作、应急处置等基本技能。

（二）恶习

长期以来养成的坏习惯可能会让员工变得对此习以为常。为了应对这一问题，领导需要定期和不定期地开展安全检查。你的下属是否也存在以下习惯性违章行为呢（如图4.1所示）?

情况一：进入生产环境未按规定穿戴劳动保护用品或操作时佩戴影响安全的饰物；

图 4.1　违章行为

情况二：攀爬、登高作业未采取防护措施或上下台阶不扶扶手；

情况三：未执行监护制度单人进行操作；

情况四：选用工具不当，随意放置和丢弃工具，忽视工具维护保养；

情况五：随意扔、倒或排放易燃、易爆、有毒、有害废弃物……

旧技能的干扰是形成习惯性违章的重要原因。操作工对已掌握的理论、运用自如的操作形成了习惯，不愿变更。当新的安全装置投产或新的工艺应用时，他们会感到“勉为其难”，不得心应手，从而产生排斥心理。因为这些老做法经过长期的实践已运用自如，从信息输入、判断到输出的全过程已深入脑海并影响四肢，因此要掌握新的操作方法和工艺流程，就必须排除老做法和老流程的干扰。在这新旧交替的过程中，很容易使人偏离新的轨道而步入旧辙，即导致习惯性违章行为。人们还喜欢走捷径、图省劲，一旦尝试并尝到甜头，就会长期重复并相互影响。

要遏制这些习惯性违章的恶习，需要加大现场安全监察力度。杜绝习惯性违章的发生，仅靠制度的完善和员工的自觉是不够的，必须辅以必要的现场安全管理监督机制。将管理的重心放在生产现场，确保安全规程在日常工作中能够真正落地执行。领导和安全管理人员要严格管理、从严执行制度，每天进行严格的上岗检查，对习惯性违章行为敢于抓、敢于管，做到“宁听骂声，不听哭声”。

一是要使现场安全监察持之以恒，不可时松时紧；二是对于习惯性违章要敢于抓、敢于管，对事不对人，严肃处理，起到以儆效尤的作用。严格执行安全考核制度，杜绝老好人思想，加大对习惯性违章的处罚力度。对生产过程中存在的人的不安全行为和物的不安全状态进行分析，制定具体的改进措施，消除可能产生违章违纪行为的客观因素，确保安全生产。

（三）侥幸

员工抱有侥幸心理，认为一次两次不按照公司规程操作也没事。对应措施是进一步完善公司安全规章制度，加强员工之间的相互监督制约。

【案例】

心存侥幸的电工

一名电工在处理电器故障前，对值班人员说："我去处理故障，你20分钟后送电。"值班人员担心这样做不妥，认为很危险；而那位电工却说："没问题，处理这类故障最多用10分钟。"20分钟后，值班人员如约送电，并前去检查设备运行情况，结果发现那位电工已经触电。

事故的原因是，送电时电工尚未处理完电器故障。那位电工忽视安全操作规程，凭经验，抱着侥幸和麻痹的心理，最终害了自己。

点评： 企业生产和检修过程中，类似上述的事例并不少见。这起案例再次给我们敲响了安全的警钟：任何时候都不能有丝毫的麻痹思想，更不能抱有侥幸心理去工作。如果我们充分认识到侥幸心理和麻痹思想的危害，及时消除思想隐患，时刻不忘安全，认真按规章制度办事，就能杜绝安全事故的发生。

完善的安全管理制度，首先要建立和健全科学完善的安全管理责任体系和机制，这是实施和保证安全生产管理的有效途径；其次，需要领导的重视。安全产生的效益基本上是企业的隐性效益，平时不易显现，往往是在事故发生后才得以体现。只有领导重视，现场基层安全管理人员才敢于真抓实管，才能杜绝习惯性违章行为。最后，要完善安全责任奖惩机制。通过实行严格、合理的奖惩激励，对严格遵守安全规程、未发生习惯性违章的安全先进个人，予以重奖。树立标杆，使职工有奋斗的目标和方向，对经常发生习惯性违章的从严考核，实行重罚，使其深刻铭记。

（四）失措

当发生安全事故时，员工缺乏应对经验，惊慌失措可能导致事故进一步扩大。对应措施是加强员工安全应急演练和事故防范培训，当发生事故时，相关人员应立即采取紧急处置措施。

【案例】

海因里希事故法则

巴西海顺远洋运输公司门前立着一块石头，上面刻了一个真实的故事：

"环大西洋"号海轮是一艘性能先进的船，却在一次海难中沉没了。当救援船到达出事地点时，21名船员全部遇难，只剩下一个救生电台在发送着求救信号。救援人员看着平静的大海，谁也想不明白在这片航行条件极好的海域到底发生了什么。这时有人发现电台下绑着一个密封的瓶子，瓶子里有一张记录着 21 名船员生命留言的纸条，揭示了事故发生的原因。

一水：我私自买了一个台灯，打算送给妻子；

二副：我看见一水拿着一个很轻的台灯回船，还跟他说船晃时别倒下来，但没有干涉；

二管：我发现消防栓已经锈蚀，但没有及时更换；

服务生：一水不在，我随手开了他的台灯；

机电长：我发现跳闸了，但没有查明原因就重新合了闸；

船长：船起航时，我没有看甲板部和轮机部的安全检查报告；当我们发现火情时，火势已经没有办法控制。

……

每个人犯了一点错误，最终酿成了船毁人亡的大错。

点评：从上述案例我们可以看到，每个人的错看起来都是微不足道的，但正是这 21 个微不足道的不安全行为却酿成了船毁人亡的悲剧。他们用宝贵的生命告诉我们：安全无小事。

海因里希工业安全法则对上述现象作出了科学阐述。1941 年，海因里希通过对 55 万件生产事故进行统计，得出了一个重要结论：重伤、轻伤和无伤害事故的比例为 1∶29∶300。这个法则的意思是：1 起死亡、重伤事故的背后，有 29 起轻伤或故障事故，而 29 起轻伤或故障事故背后，有 300 起无伤害事件。这 300 起无伤害事件的背后隐藏着大量的不安全行为和不安全状态。这就是著名的海因里希“事故金字塔”。图 4.2 为根据该法则演绎出

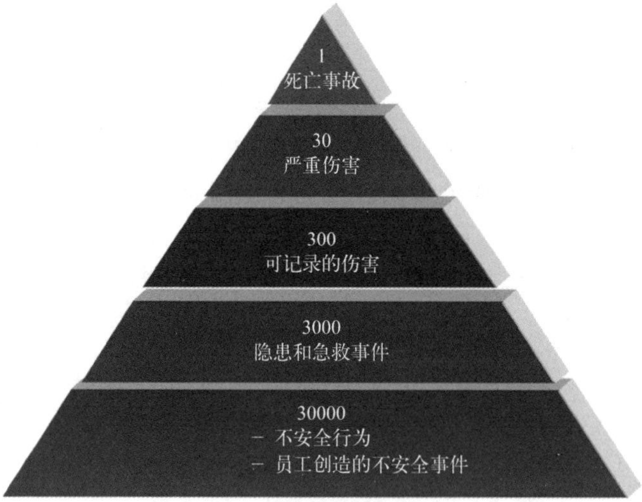

图 4.2　违章行为事故金字塔

的违章行为事故金字塔。

海因里希事故因果连锁论认为，事故的发生并非孤立事件。尽管伤害事故可能是在某一瞬间发生的，但它实际上却是一系列事件按照一定的顺序依次发生的结果。我们可以用“多米诺骨牌”效应来描述这一理论（如图 4.3 所示）：

连锁一：不良环境和先天遗传导致人的缺点；

连锁二：人的缺点引发人的不安全行为和物的危险状态；

连锁三：人的不安全行为或物的不安全状态触发事故；

连锁四：事故造成伤害后果；

连锁五：严重伤害最终导致人员伤亡。

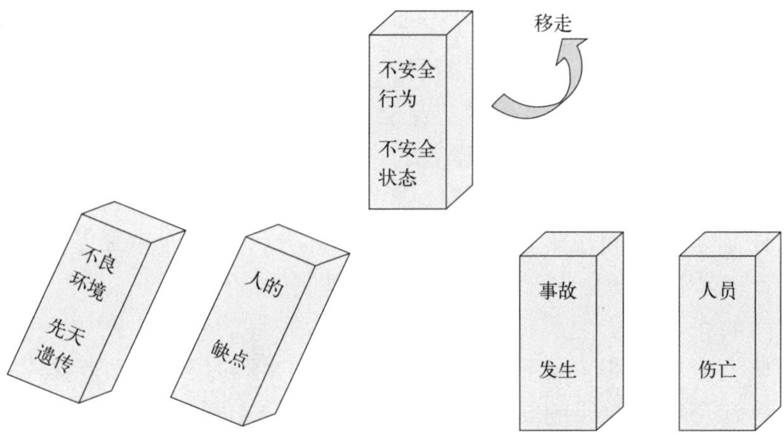

图 4.3　事故“多米诺骨牌”效应

上述事故“多米诺骨牌”连锁反应中，一旦第一张倒下，就会导致第二张、第三张直至第五张骨牌倒下，结果是事故发生、人员伤亡。移走其中任何一张牌，连锁反应都会被破坏，事故发生过程就会被中止。

在上述五张牌中，不安全行为和不安全状态是核心因素；所以在企业安全管理中，消除人的不安全行为和物的不安全状态是安全工作的核心。

海因里希事故法则揭示，事故的直接原因是由人的不安全行为和物的不安全状态引起的。事故致因理论指出，事故的发生是一连串事件互为因果、按序发展的结果，即遗传及社会环境、人的缺点、人的不安全行为和物的不安全状态、事故、伤害。这五个环节如同多米诺骨牌，只要其中一个环节触发，其余便会顺次发生，最终造成伤害。如果我们控制住人的不安全行为和物的不安全状态，那么事故就不会发生。而物的不安全状态多数又是由人的不安全行为造成的。综上所述，安全生产事故的本质多为人为因素导致。

安全始于责任。在安全管理实践中，我们需抓好日常管理，减少不安全行为和不安全状态，进而预防重大事故的发生，实现安全生产的目标。责任面前无小事，注重细节，安全更为重要。尽职尽责必须从小事做起，认真对待现场中的每一个细节。责任不分大小，安全无小事，各个岗位都有自己不同的责任分工。只有承担起肩负的责任，才能确保现场安全。

二、打造安全责任链

建立企业安全生产责任体系是指落实以企业主要负责人（安全生产第一责任人）的安全生产职责为源头，明确全员安全生产各项职责清单，形成与企业日常安全生产管理工作有机结合的动态责任考核机制的运行体系。之所以企业安全生产责任体系难以建立或难以落实，其原因往往是企业安全生产责任链的某一处或多处出现断裂。

安全生产责任制是依据我国“安全第一，预防为主，综合治理”的安全生产方针和相关安全生产法规建立的，是各级领导、职能部门、工程技术人员、岗位操作人员在劳动生产过程中对安全生产层层负责的制度。安全生产责任制是企业岗位责任制的一个组成部分，是企业中最基本的一项安全制度，也是企业安全生产、劳动保护管理制度的核心。

全面的企业安全生产责任体系必然包含完整的安全生产责任链，即从企业整体安全生产职责，到企业主要负责人、领导层、管理层的安全生产职责，再到企业作业层的安全生产职责（如图 4.4 所示），同时涵盖相应的安全生产责任考核与问责机制。

实践证明，凡是有健全安全责任链的企业，各级领导都会重视安全生产、劳动保护工作，切实贯彻执行党和国家的安全生产、劳动保护方针、政策和法规。在认真负责地组织生产的同时，积极采取措施改善劳动条件，进而减少工伤事故和职业病的发生。反之，如果职责不清、相互推诿，导致安全生产与劳动保护工作无人负责、无法有效开展，工伤事故与职业病就会频发。图 4.4 形象地展示了安全责任链的构成。

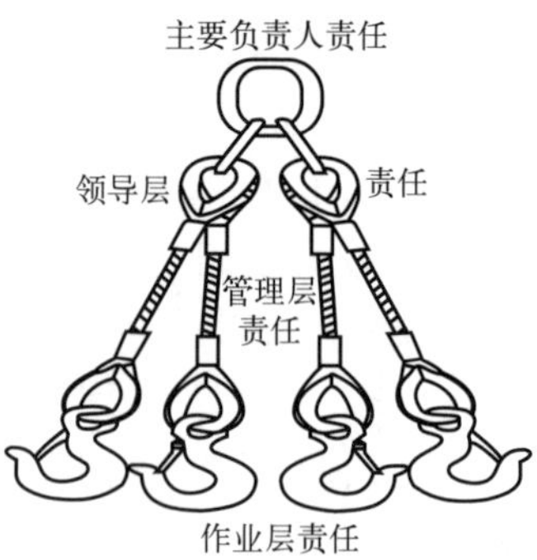

图 4.4　安全责任链

（一）决策者的责任

安全生产责任链的传递往往取决于企业的关键决策者，即企业主要负责人。由于这条链的重要性，企业主要负责人是否履行安全生产职责，应当成为有关安全生产监管部门的重点监管内容，并且是企业各项安全生产职责能否建立健全的关键。

企业主要负责人需严格执行国家安全生产的法律法规、规章制度和上级有关部门的安全生产政策、规定。按规定足额提取和使用安全生产经费，缴纳安全生产风险抵押金；直接检查并考核安全第二责任人和其他科室负责人的安全生产责任制度的落实情况，组织制定本单位安全生产经营发展计划和长远规划；负责推行安全生产工作的目标管理，将本单位的安全生产责任目标分解至各部门、各岗位，明确责任人、责任内容和考核奖惩要求。

企业主要负责人履行安全生产职责，是企业各领导层以及管理层安全生产职责得以履行的前提。在落实法定的七项安全生产职责过程中，企业主要负责人需将各项职责进一步分解落实至其他领导及管理层，这是一项重要的工作环节。加强领导层及管理层安全生产职责落实的督促检查，是非常必要的。尽管企业主要负责人代表企业全面履行安全生产职责，但部分职责需由其他领导层成员共同承担。即便如此，仍需明确一人担任企业主要负责人角色，由其督促其他领导层成员落实各自的安全生产职责。

（二）管理者的责任

（1）在组织管理生产过程中，严格执行劳动保护法和安全操作规程，严禁各类违章违纪行为，降低安全事故的发生；

（2）建立和完善各岗位安全操作规程，并监督实施，定期组织召开安全例会、检查、分析安全工作，研究解决存在的问题，部署落实各项安全措施；

（3）负责检查本单位生产设备、工具和安全卫生设施，整顿工作场所，排查并消除事故隐患；

（4）组织劳动纪律、安全知识和操作技术教育，对单位的安全教育情况进行监督检查；

（5）发生安全事故时，要立即组织抢救，保护现场，及时上报，并按公司要求组织或参与调查，积极采取改进措施，防范同类事故再次发生；

（6）有权拒绝或暂缓执行上级违反劳动保护法规和安全技术规程的指令。

（三）班组长的责任

在生产过程中，每一个生产车间都设有基层和中层的管理人员、班组长一职，以负责生产过程中的安全责任及对于生产员工的管理等。以下是详细的班组长安全工作职责，可供参考。

（1）对本班组的员工在生产过程中的安全负直接责任；

（2）认真执行安全生产的各项政策、法令及公司分厂、工段的相关规定，严格执行安全生产规章制度和交接班制度；

（3）定期教育、检查岗位员工，确保他们遵守安全技术操作规程，正确使用机械、设备、工具、原材料、安全设施和个人防护用品；

（4）经常检查并保障生产作业场所安全文明生产，物品实行定置管理；

（5）每周要组织一次安全日活动，开展班前会，班后会，分析本班组危险源（危险点）和隐患的危险情况，譬如事故的预知活动和标准化作业活动；

（6）有权拒绝上级的违章指挥，发现事故险情时，有效指挥员工撤离现场，严禁冒险蛮干；

（7）发生伤亡事故时，立即组织抢救伤员、保护现场，第一时间上报，并客观、如实反映事故发生的具体情况。

（四）作业员的责任

操作人员是本岗位安全生产第一责任人，在本岗位中对自己、环境、对他人的安全负责。需要做到以下几项：

（1）认真学习并严格执行安全技术操作规程，遵守安全生产规章制度。

（2）积极参加各项安全生产活动，服从班组长的领导，认真执行安全技术交底和有关安全生产规定，服从班组长的安全管理，不违章作业，不违反劳动纪律，虚心接受安全管理人员的监督和指导。

（3）发扬团结友爱精神，安全生产互助，互相监督，维护一切安全设施、设备，确保正确使用，严禁随意拆卸。

（4）搞好施工机具的维护保养，保持工作面整洁，自觉接受安全生产教育培训，提升自我防护意识。

（5）作业前认真进行安全检查，发现异常情况及时处置并报告；作业过程中，正确分析和处置各种事故苗头，防止事故的发生；发生事故时，立即向上级报告，并保护现场。

（五）EHS 业务

EHS 管理体系是环境管理体系（EMS）和职业健康安全管理体系（QHSMS）的整合，全称为环境、职业健康、安全管理体系，EHS 是

Environment（环境）、Health（健康）、Safety（安全）的英文首字母缩写。EHS 管理体系是应用质量体系方法来管理 EHS 活动的系统性过程，其核心是一个循环的过程（即规划、实施、评价和调整），就是通过第一个循环获取经验、吸取教训，而后将获得的经验教训用于下一个循环来改进和提升 EHS 管理水平。

体系的关键是人和程序，即通过人和程序将公司的 EHS 方针、合法要求、经营策略与公司的一系列要求联结在一起，实现与公司 EHS 方针相符的整体 EHS 业绩的持续改进。另外，管理体系应含有一套程序，以便发现不符合事项的根本原因并予以解决。

“检查与审核”是确保企业实现持续改进的重要环节，也是开展 EHS 风险评估的重要方法和手段。

第三节
安全管理的方法应用

一、安全巡查

（一）认知危险源、风险、隐患及事故

在日常安全管理中，经常有人会将危险源、风险、隐患及事故混淆，原因就在于几者之间联系紧密，使人不易辨别。那么它们究竟有何异同？

1. 危险源、风险、隐患及事故的定义

（1）危险源　《职业健康安全管理体系》（GB/T 28001）中将危险源定义为：一个系统中具有潜在能量和物质释放危险的部分，这些部分在一定的触发因素作用下可能转化为事故，造成人员伤害的区域、场所、空间、岗位、设备。

危险源一般分为两类：

第一类是由能量或有害物质所构成的，如行驶车辆的动能、高处重物的势能以及电能等，都属于第一类危险源，它是导致事故的根源、源头。

第二类危险源包括人的不安全行为、物的不安全状态以及监管缺陷等，即危险源定义中可能导致能量或有害物质失控的不安全状态与行为。它就是防控屏障上那些影响其发挥作用的缺陷或漏洞，正是这些缺陷或漏洞致使约束能量或有害物质的屏障失效，导致能量或有害物质的失控，从而造成事故发生。

从上述定义来看，危险源可以是一台设备、一种环境、一种状态，也是可能产生不期望后果的人或物。

（2）风险　风险就是不确定性对目标的影响。安全风险被定义为“某一特定危害事件发生的可能性和后果严重程度的组合”。安全风险强调的是损失的不确定性，这包括事件是否发生的不确定性、发生时间的不确定性，以及导致结果的不确定性等。

无论是事件发生的可能性还是事件后果的严重性，都是人们在事件发生前做出的主观预测或判断，具有主观性。因为一旦事件已经发生，成为现实，它就变成了确定性的事物，自然不再是风险。

由于安全风险是指“危害事件发生的可能性和后果严重程度的组合”，风险可以视为可能性与严重程度的乘积。

第一类危险源（能量或有害物质的量值大小）决定后果的严重程度，而第二类危险源决定发生的可能性。两类危险源共同决定了风险的大小。如果某一危险源具有高能量或有害物质量值（后果严重），并且对其控制较为宽松（失控可能性高），那么该危险源的风险程度就会很高，反之亦然。

例如，如果煤气罐在人烟稀少的偏僻地方使用（失控泄漏的后果有限），并且罐体及其附件的检查维护，以及对使用者的培训都很规范、到位（发生失控泄漏的可能性小），那么其具有的风险程度就很低。相反，如果煤气罐在繁华闹市区使用（失控泄漏的后果严重），并且对其检查维护和使用者培训等都不够规范（发生失控泄漏的可能性大），那么其具有的风险程度就会很高。

（3）隐患　与安全生产有关系的隐患称为“事故隐患”，一般也称为“隐患”。

《现代劳动关系词典》将“安全隐患”定义为：企业的设备、设施、厂房、环境等方面存在的，能够造成人身伤害的各种潜在的危险因素。

《职业安全卫生术语》将“安全隐患”定义为：可能导致事故发生的人的不安全行为、物的不安全状态及管理上的缺陷。

1995年，劳动部出台的规定将“安全隐患”定义为：劳动场所、设备及设施的不安全状态，以及人的不安全行为和管理上的缺陷。

2008年，国家安监总局颁布的《安全生产事故隐患排查治理暂行规定》，将“安全隐患”定义为：生产经营单位违反安全生产法律法规、规章、标准、规程和安全生产管理制度的规定，或因其他因素在生产经营活动中存在可能导致事故发生的物的危险状态、人的不安全行为和管理上的缺陷。

综上所述，“隐患”一词最初指的是隐藏的祸患。而在安全生产领域，“隐患”指的是人的不安全行为、物的不安全状态或管理上的缺陷。

之所以将这些因素称为“隐患”，是因为“隐”字体现了潜藏、隐蔽的特性，“患”则指祸患或不良状况。无论是人的不安全行为还是物的不安全状态，它们往往是导致事故发生的小概率事件，不易被发现。因此汉语中形成了“隐患”一词。在国外，没有与“隐患”完全对应的词汇。

（4）事故　事故是指生产经营活动中发生的造成人身伤亡或者直接经济损失的事件。（取自《生产安全事故报告和调查处理条例》（国务院令第493号））

事故的发生是多种因素作用或是一种因素恶性发展的结果。因此事故具有突发性、危害性、严重性、复杂性。

2. 危险源、风险、隐患及事故的关联

下面我们以高处平台堆放物料作为案例，对危险源、风险、隐患、事故之间的关系进行阐述（如图4.5所示）。

图4.5　危险源、风险、隐患及事故

（1）危险源是风险的载体　因为生产需要，高处平台必须要堆放物料，这并非取决于人的意志。高处整齐堆放的物料具有机械能，虽然具备能量且未失控，但高处整齐堆放的物料仍属于危险源。

针对“高处整齐堆放的物料”这一危险源，我们需要对其可能产生的风险进行主观判断，判断其发生事故的可能性以及事故发生后可能造成后果的严重性。当然这一切的判断均是基于损失并未产生的情况下，都是我们自己的想象和判断。如果“高处整齐堆放的物料”中有少数物料堆放不整齐的现象，就存在物料坠落的可能性，坠落的物料就有可能造成砸伤人这一严重后果。因此物料堆放不整齐就属于我们判断的风险之一。但如果在物料堆放平台上加设防护栏杆和踢脚板，物料就不会有坠落的可能，可能性为零，风险也就不存在了。

由此可见，有危险源就一定有风险，危险源是风险的载体，而风险是对危险源在未造成任何损失情况下的主观评估，靠人力、物力较难消除，只能进行定期监控，保证其处于安全可控的状态。

（2）隐患是第二类危险源　由二者的定义可知，危险源在特定条件下能够造成人员伤害，转化为事故。安全隐患无论是物的不安全状态、人的不安全行为还是管理上的缺陷，多与人为因素相关，并非单纯等同于违章，但其均具有导致事故的潜在风险。

针对“高处整齐堆放的物料”这一危险源，当现实中真的存在物料不整齐的情况时，大多是由于管理上的疏忽或者是人的违规操作（第二类危险源）造成的。这是一种不安全、有缺陷的状态，而这种状态通过人工干预是可以被消除的。

隐患一般来说都是源于危险源的管理不当。如果没有了危险源，安全隐患也就不复存在。凡是隐患都需要进行治理、整改，因此，隐患是一种无须评估即可直接进行管控的危险源。综上所述，隐患就是第二类危险源，而危险源包括隐患，因此危险源并不等于隐患。

（3）看得见的隐患和看不见的风险　风险是在尚未导致人员伤亡或财产损失的情况下，人们对危险源可能造成的损失进行的主观判断。风险与人、事、物有很大的关系，包括人的不安全行为、事情发展的不确定性，以及物的不安全状态。由于物是可控的，而人和事则不可控；这与人类复杂的行为有关，与主观判断有很大关系，从而直接导致风险是不可消除的。隐患则是事故发生可能性已转化为现实存在的缺陷或问题。因此，隐患通过治理是可以被消除的，也是可以被治理的，是客观存在的。

二者区别在于：风险是指目标与结果之间的不确定性，隐患是大概率存在的缺陷。风险是对客观可能性进行的主观评估，隐患则是客观存在的。

两者的联系在于：风险是关于某件事负面效果发生的概率和程度的问题。隐患则是影响风险概率及其程度的不确定因素，比风险更加具体。

（4）危险源、风险、隐患与事故之间的关系　针对“高处整齐堆放的物料”这一危险源，如果未能全面准确地进行风险辨识，也未能进行定期监控，就可能因为管理上的疏忽导致“物料堆放不整齐”的现象。如果这一隐患没有得到及时治理，就可能发生物料坠落砸伤下方过路人员的事故（如图 4.6 所示）。

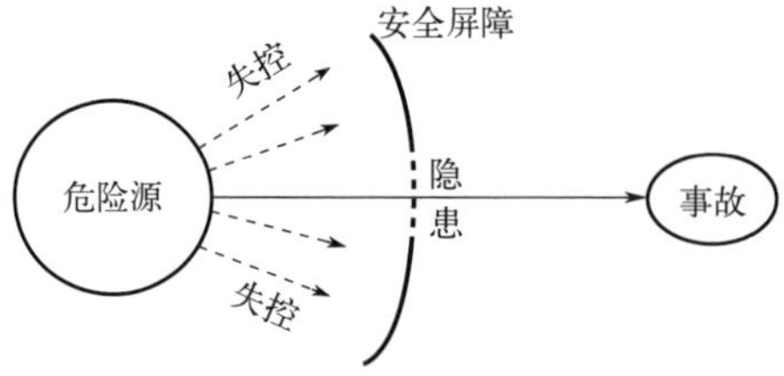

图 4.6　危险源、风险、隐患与事故关系

因此，危险源、风险、隐患均可能诱发事故。隐患通常是导致事故发生的直接原因，而危险源和风险识别的不准确、不全面，则是事故发生的间接原因。

（二）有效开展安全巡查的准则

安全巡查是一个发现和查明各种危险与隐患、督促整改，监督各项安全规章制度的实施并制止违章行为的过程。顾名思义就是安全工作上的日常值班巡逻，是每天都必须进行的工作，也是安全检查的一个重要部分。很多安全隐患的出现是动态的，比如昨天检查电线是完好的，没准就在巡查人员检查后不久，被老鼠或者人为给破坏而不安全了；还比如巡查人员上午检查安全通道是畅通的，没准下午就被人为地阻塞了。

由于安全事故的发生通常都有一段萌芽期，如果能及时发现安全隐患，并将可能或者正在酝造的安全事故消灭在萌芽状态，那么安全事故的危害性就大大降低。加强安全巡查就能及时发现存在的安全隐患并及时进行处理。

因此单位组织安全巡查，是及时发现和消除安全隐患、预防安全事故发生的重要措施，也是检查相关安全制度措施是否落实的有效手段。

1. 有依据

安全巡查管理制度要有实施依据，安全巡查的内容可分为以下三类：

（1）查物的状态是否安全　检查生产设备、工具、安全设施、个人防护用品、生产作业场所以及生产物料的存储是否符合要求。

（2）查人的行为是否安全　检查是否存在违章指挥、违章操作、违反安全生产规章制度的行为。重点检查危险性大的生产岗位是否按操作规程作业，危险作业有否执行审批程序。

（3）检查安全管理是否完善　检查安全生产规章制度是否建立健全并有效执行，安全生产责任制是否贯彻落实，安全生产目标和工作计划是否已经明确并落实到各部门、各岗位。同时，检查安全教育是否定期开展，是否有效提升了职工的安全素质。安全生产检查是否实现了制度化和规范化，以及检查中发现的事故隐患是否得到了及时的整改；实施安全技术与措施计划的经费是否落实，是否按“四不放过”原则做好了事故管理工作。

2. 有执行

安全重点监管单位应严格开展每日安全巡查，明确巡查的人员、内容、部位及频次。安全巡查应严格依照巡查管理制度执行，形成常态化机制。这既是对工作的尽责，更是对员工生命和财产安全的负责。日常安全巡查中，建议采用目视化方法开展。

目视化管理是通过安全色、标签、标牌等手段，以形象直观的方式展示管理状况和作业要求，使全体员工能够迅速理解的管理方式，是一种基于视觉的科学管理手段。

通过在人员、工具、设备、工艺和生产作业场所实施简单、明确、易识别的目视化管理措施，可简化现场安全管理，保障作业安全。

目视化管理不仅提供视觉标准，更重要的是通过观察外在状态来发现人、设备、现场的不安全状况。因此，目视化的标识只是起点，现场观察才是关键。现场目视化管理内容包括人员、设备设施、作业区域等的目视化。

3. 有记录

在进行安全巡查的同时，必须做好巡查记录，并且要及时记录巡查结果。应根据检查过程详细记录检查的内容、方法、结果，以及与违规行为相关的其他情况。检查情况的记录需要做到客观、全面、准确。客观性是指要如实记载巡查人员在现场观察到的实际情况，反映其客观的原始状态。巡查人员的分析、判断、推理等个人意见，不应当记录在内。在涉及专业性检查时，应当使用专业性的规范用语。全面性意味着笔录要力求全面反映检查情况，所有对案件有意义的情况都需要全面收集并记录。关键细节要详细记录，而其他情况可以简述。准确性要求文字表达要准确、客观，避免使用模棱两可的词句，一般不使用形容词。

4. 有评判

安全巡查要对巡查的制度以及结果是否符合有自己的判断，例如下列的几种情况：

现场安全管理情况：作业环境情况、安全设备设施设置情况，作业现场隐患查处及整改情况，设备的防护装置、定时维护、检查保养情况，特种设备及安全附件的检查情况，定置管理情况。

员工遵章守纪情况：劳动防护用品使用情况，作业、操作方法，安全操作规程执行情况，危险预知、辨识情况，员工安全操作规程及安全常识掌握情况。

（三）班组安全巡查程序

班组安全巡查程序包括以下六个步骤（如图 4.7 所示）：

1. 收集信息

利用各种渠道收集安全生产政策、法规和上级的安全指示、要求。

2. 拟定检查表

检查表应明确检查项目、检查内容、检查结果、整改时限及复查结果。

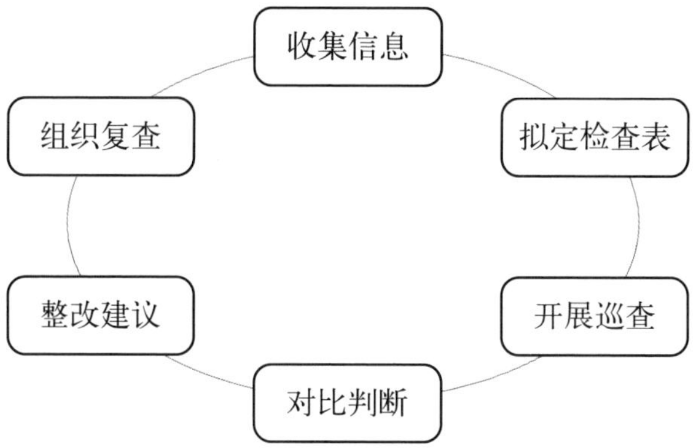

图 4.7　班组安全巡查流程

3. 开展巡查

每个生产车间都具有不同的危险源和污染源，需要根据检查表项目有针对性地进行检查。检查内容包括：人员是否穿戴防护服、戴口罩，是否按照规程操作，设备是否完好正常，物料堆放是否规范，以及环境卫生状况等。

4. 对比判断

通过分析作业判断掌握情况（获得信息）后，就要进行分析、判断和检验。必要时可通过仪器检验，主要根据现阶段施行标准和直属库的要求得出结论。

5. 整改建议

检查发现的问题需及时通知车间负责人，沟通明确整改时限，确认后在检查表上注明整改时限，双方签字确认。

6. 组织复查

若到了整改期限而问题仍未得到整改，复查人员必须再次督促进行整改，并将此情况详细记录在复查说明中。问题整改是一种纠正措施，检查人员和车间负责人都应考虑采取相应的纠正或预防措施，以避免同一问题的重复发生。

（四）工具运用：JSA 作业安全分析表

作业安全分析（JSA，Job Safety Analysis）是一种用于评估与特定活动相关的潜在危害的方法，它旨在确保风险最小化，并且结构简单。在高风险企业中，安全风险辨识是企业发展的必要保障。作为这一过程中的重要内容，作业安全分析（JSA）有助于减少作业事故和降低作业损失，是作业人员保障生命和财产安全的重要措施。它是一种旨在最大限度地消除或控制风险的方法。JSA 分析表示例如表 4.1 所示。

表 4.1　JSA 分析表示例

××××作业 JSA 分析表

记录编号：　　　　　　日期：

作业任务	××××作业	区域 / 工艺过程	
JSA 组员		批准人及日期	

☑新工作任务　□变更后的工作任务　□已做过的工作任务　□非常规性的作业　□交叉作业　□承包商作业　□许可作业

序号	作业步骤	识别危害		风险评估						建议措施			新 LEC			
		危害	危害因素	现有控制措施	L	E	C	D=L*E*C	风险等级	控制措施	责任人、时间	目前完成状态	L	E	C	D
4	换灯泡	触电	漏电	无	3	2	15	90	显著危险	1. 关闭电源 2. 挂警示牌 3. 一人监护						
			身体不绝缘	无	3	2	15	90	显著危险	1. 佩戴绝缘手套 2. 穿绝缘鞋						

1. JSA 的步骤

与其他安全风险辨识方法一样，作业安全分析（JSA）需要按照规范的步骤开展风险管控，一般来说，其主要分析步骤如下：

（1）选择 JSA 启动的时机　罗列出所有的工作，确定其是否为危险工作。并不是所有的工作都是危险工作，可以运用一些方法进行危险工作的确定，不管使用哪种方法，一般来说出现以下情况可以启动工作安全分析（JSA）：

① 对班员来说陌生的工作任务；

② 工作任务的作业时段、作业条件发生变更；

③ 非常规性作业（指公司内实施的、正常作业之外的高危险性的作业，包括高处作业、有限空间作业、吊装作业、临时用电作业、动火作业、动土作业、断路作业、企业认为需要进行审批的作业）；

④ 交叉作业（指两个或两个以上的工种在同一区域同时施工的情况，尤其指不同层次的作业人员在空间贯通的状态下同时进行高处作业）；

⑤ 承包商作业；

⑥ 许可作业；

⑦ 曾发生过安全事故或险情的工作任务。

（2）成立小组　基层单位负责人需指定一名 JSA 小组组长，组长应挑选熟悉 JSA 方法的管理、技术、安全和操作人员，共同组成 JSA 小组。小组成员应了解所涉及的工作任务、所在区域的环境、设备及相关的操作规程。

核心成员应包括推动者、组长和相关专业人员，需具备必要的安全、工艺和设备知识，拥有足够的时间和责任心，且拥有制定决策和启动整改措施的内部授权。JSA 小组不应仅由安全人员组成，需吸纳熟悉工艺和安全的专业人员，作业者本人也应参与其中。此外，应明确记录推动者、组长及成员的姓名与所属职能部门。

（3）作业活动拆解　分解作业步骤是实施 JSA 的一个关键环节，它构成了做好 JSA 的基础和前提。作业步骤的划分应严格依据实际作业程序，按照先后顺序进行，既不应繁琐也不应遗漏。

在划分工作步骤时，我们应集中描述每个步骤的行为，即明确“做什么”。在此过程中，可以结合相关的操作规程和作业指导书，以确保列出完成此工作所需的所有步骤。

根据工作经验，将作业过程划分为若干子任务。子任务的描述语言应简练，目的是进行任务作业的分解，而非编写任务说明书；只需说明“做什么”，无需详述“如何做”。如果条件允许，应进行现场观察。一般而言，作业步骤应分为 3 至 8 步。如果步骤过多，则应考虑将任务进一步细分或作为两个独立任务进行分析。同时，应避免在任务拆解描述中包含安全措施。

示例：更换一个 DN200 的阀门工作任务分解。

任务分解：流程确认→切换流程→准备阀门、材料、工具等→阀门搬运→管道泄压→吊装工具→拆卸阀门→阀门安装→试压验漏→清理现场

需要注意的是：分解步骤太多、太细会重复工作，浪费时间；分解步骤太少、太粗可能会忽略某些活动中的潜在危害。

（4）分析每一步骤中存在的危险源与潜在风险　考虑从安全、职业健康和环境影响三个方面进行识别和分析，对每一个步骤，须回顾可能存在的危险。为了识别危险，可以对自己提问题：是否有转动机械造成伤害？是否存在触电的危险？工作人员是否会跌倒，产生撞击危险？是否存在高空作业造成高空坠落的危险？现场环境有无粉尘、噪声的伤害？作业时是否存在有毒液体泄漏风险？气体泄漏是否会对健康、环境造成伤害等。

（5）针对危险源及风险采取控制措施，提出针对性改进建议　针对每一个危险源及风险，我们需要制定出控制措施。这些措施可能是目前已经执行的，也可能是未执行的。我们的原则是消除危险或将风险降到最低。风险控制有以下六种方法：排除法、代替法、隔绝法、工程方法、管理措施、个人防护，我们应优先考虑排除风险、减小风险，其次考虑控制风险，最后才考虑使用个人防护。在采取控制措施时，应注意控制措施的可操作性。

安全风险辨识是高风险企业发展的必要保障，作业安全分析（JSA）作为其重要内容之一，发挥着减少作业事故、降低作业损失的作用，是作业人员保障生命财产安全的重要举措。

2. 危害与危害因素

轨迹交叉理论：事故的致因要素在同一时间、同一地点形成组合，才会导致事故。

（1）危害　就是伤害，它通常表现为事故。包括人身伤害、职业病、财产损失、环境破坏。危害可以分为以下几大类：

人身伤害：如卷入、夹伤、割伤、剪切、撞击、砸伤（物体打击）、摔伤、滑倒、坠落、震伤、绊倒、高压冲击、刺伤、窒息、擦伤、腐蚀、触电、灼伤、烧伤、烫伤、冻伤等；

财产损失：如火灾、爆炸、泄漏、污染、变质、腐蚀等；

职业病：如听力损害、肺部伤害、眼伤、中毒、致癌、致畸、放射伤害、挫伤、劳损等；

环境破坏：如废气、废水、废渣、噪声、固体废物等。

（2）危害因素　就是导致危害产生的根源，它通常表现为危险源处于某种状态。

（3）危害和危害因素的识别工具——观察法

① 了解每一步骤涉及的工具和设备：要使用的工具、设备和设施、工作的对象；

② 了解每一步骤涉及的人员：新员工、老员工、承包商、参观者等。

3. LEC 法

针对危险源识别和环境因素评判风险的评判方法有多种，例如：投票表决法、专家判断法（是非判断法）、作业条件风险评价法（LEC）及矩阵法等。

我们在 JSA 工作安全分析表中采用的是 LEC 法，该方法通过与系统风险有关的三种因素指标值的乘积来评估操作人员伤亡风险等级。这三种因素分别是：L（likelihood，事故发生的可能性）、E（exposure，人员暴露于危险环境中的频繁程度）和 C（criticality，一旦发生事故可能造成的后果）。需给三种因素的不同等级分别设定相应分值，再以三个分值的乘积 D（danger，危险性）来评价作业条件危险性的大小（如图 4.8 所示）。

风险值 D = 可能性 L × 暴露频次 E × 严重性 C

L 事故发生的可能性		E 暴露于危险环境的频繁程度		C 发生事故产生的后果		D 危险等级划分	
分值	事故发生的可能性	分值	暴露于危险环境的频繁程度	分值	发生事故产生的后果	分值	危险程度
10	完全可以预料	10	连续暴露	100	大灾难，许多人死亡	>320	A.极其危险，不能继续作业
6	相当可能	6	每天工作时间内暴露	40	灾难，数人死亡	160～320	B.高度危险，要立即整改
3	可能，但不经常	3	每周一次，或偶然暴露	15	非常严重，一人死亡	70～160	C.显著危险，需要整改
1	可能性小，完全意外	2	每月一次暴露	7	严重，重伤	20～70	D.一般危险，需要注意
0.5	很不可能，可以设想	1	每年几次暴露	3	重大，致残	<20	E.稍有危险，可以接受
0.2	极不可能	0.5	非常罕见地暴露	1	引人注目，需要救护		
0.1	实际不可能						

图 4.8　LEC 法

根据海因里希事故因果连锁理论，人的不安全行为、物的不安全状态是事故发生的主要原因，预防事故需要加强人的不安全行为、物的不安全状态管理。那么针对这两大因素，我们该如何进行措施的优化呢？

（1）管控“物” 人机系统中，生产过程中发挥作用的机械、物料、生产对象及其他生产要素统称为“物”。这些“物”具有不同形式和性质的能量，存在能量意外释放并引发事故的可能性。当“物”的能量处于可能释放并引发事故的状态时，即被称为“物的不安全状态”。这是从能量与人体伤害之间的联系来定义的。若从事故发生的角度来看，“物的不安全状态”也可以视为曾经引起或可能引起事故的“物”的状态。

在生产过程中，“物的不安全状态”极易出现，且通常与人的不安全行为或操作、管理失误有关。往往在“物的不安全状态”背后，隐藏着人的不安全行为或失误。“物的不安全状态”既反映了“物”的自身特性，也反映了人的素质和决策水平。

一旦“物的不安全状态”的运动轨迹与人的不安全行为的运动轨迹相交，就构成了事故发生的时间与空间条件。因此，“物的不安全状态”是事故发生的直接原因。正确识别并管控“物”的具体不安全状态，对预防和消除事故具有直接的现实意义。

在生产活动中，针对“物的不安全状态”的形成与发展，在施工设计、工艺安排、施工组织和具体操作中，采取有效的控制措施，消除“物的不安全状态”，是安全管理的重要任务之一。消除生产活动中“物的不安全状态”不仅是生产活动所必需的，也是落实“安全第一，预防为主”方针的需要，同时体现了生产组织者的素质和工作能力。

（2）规范“人” 不安全行为是指人在生产活动中表现出的、偏离安全规范的非正常行为。在生产活动中，任何可能引起或已经引起事故的行为均可被视为不安全行为。一个人即使出现了一次不安全行为，未必会立即引发事故或造成伤害。然而，持续的不安全行为最终很可能导致事故。即使在物的因素是事故的主要原因的情况下，也不能忽视隐藏在不安全状态背后的人的行为失误及其可能的触发作用。

在事故的成因中，人的因素指的是个体的行为与事故之间的因果关系。个体的行为是基于其生理、心理特性所表现的行动。由于个体与环境因素的不同，每个人对同一事故的反应、表现和行为都可能有所差异。不同的个体可能在特定动机的驱动下，为了达到某些目的而表现出截然不同的处理行为。但是，所有个体的行为都遵循相同的模式，即从行为的起因（动机）到激励（因素影响、目的目标）的过程。个体的内在因素是行为的根据和内因，而环境因素则是影响行为的外因，有时甚至会产生重大的影响。

首先，是人对信息的规范处理过程：人在自身因素的基础上，处理环境因素的刺激信号，是决定人的行为性质的关键。人对环境因素或外界信息刺激的处理过程，称为人的信息处理过程。这个过程可以简单概括为输入

（知觉、选择、记忆）→处理（识别对比、判断、决策）→输出（行为指导）的程序。信息输入大脑后，经过处理形成决策。通过神经向相应的器官传递决策指令，转化为具体行为。行为形成后，器官又通过神经把行为反馈给大脑，以对行为的正确程度进行监测。人能够正确执行决策所确定的行为，对创造良好的人机控制条件是非常重要的。

其次，是人的失误：已造成事故的行为，必定属于不安全行为。人失误是指人的行为结果偏离了规定目标或超出了可接受界限，并产生了不良影响的行为。在生产作业中，人失误往往是不可避免的副产品。

① 人失误与人员能力密切相关　工作环境可能诱发人失误，同时也可能暴露岗位人员的职责缺陷。由于人的失误是不可避免的，因此在生产过程中仅凭直觉和侥幸心理，是无法长期维持安全生产的。

在编制操作程序和操作方法时，如果过分侧重生产和产品要求，而忽视人员能力与操作水平，可能会提高人失误的发生概率。

② 人失误的类型　在各种性质和类型的生产活动中，各类从事生产活动的操作人员都可能发生失误。操作者的不安全行为可能会导致人失误，进而引发事故。因此，我们可以认为事故往往是人失误直接导致的结果。特别是当管理者发生失误时，这些失误可能表现为决策或管理上的失误，这类失误具有更大的危险性。

③ 人失误的表现　人失误一般出现失误结果以后，而且是很难预测的。比如遗漏或遗忘现象、操作顺序颠倒、未按要求或规定时间操作、无意识动作、调整错误、进行规定外的动作等。

④ 人的信息处理过程失误　人失误现象可以视为人在对外界信息刺激作出反应时出现的失误，这与人自身的信息处理过程和质量紧密相关，也与个体的心理紧张度有关。在进行信息处理的过程中，失误的出现具有一定的客观性，是一种难以避免的倾向。信息处理失误的表现多种多样，通常包括简化问题、过度依赖、选择性注意、经验主义、简单推断以及粗枝大叶等。

⑤ 心理紧张与人失误的关联　人大脑意识水平的降低，会直接导致信息处理能力的减弱，影响人对事物注意力的集中，降低警觉程度。意识水平的降低是发生失误的内在原因。当工作要求与人的信息处理能力相匹配时，人会处于最优心理紧张状态，此时，人的心理紧张程度最优，大脑意识水平处于能动状态，处理信息的能力极高而失误最少。

饮酒、疲劳等生理因素，不安、焦虑等心理因素，温度、噪声等物理因素，以及技能、经验的变化，都能使人的心理紧张度改变，表现为人失误数量的变化。操作不熟练、经验缺乏的人，其心理紧张度要比操作熟练、经验丰富的人高。

经常进行教育、训练，合理地安排工作，消除人的心理紧张因素；有效地控制心理紧张的外部原因，使人保持最优的心理紧张度，对消除人失误的现象是十分重要的。

⑥ 人失误的致因　造成失误的原因确实是多方面的。人的自身因素，比如对各类负荷的不适应，如体能超负荷、精神状态不佳、操作熟练程度不足，以及疲劳、患病状态下的违规操作，还有环境负荷超标、心理压力过大、人际矛盾突出等，都能使人发生操作失误。此外，当外界刺激与要求不一致时，可能导致要求与行为之间的偏差，这时可能出现信息处理故障和决策错误。还有可能是由于对正确方法认识不清，有意采取不恰当的行为，导致完全错误的行为。

人的能力是感觉、注意、记忆、思维和行为能力等的综合信息处理能力。这种能力直接影响活动效率，并且具有使活动顺利完成的个性心理特征。人的能力会随着个人的生理、心理状态的变化而变化。在人机系统中的所有因素，都能从不同方面对人失误产生影响，使人出现失误。

⑦ 不安全行为的心理原因　个体人经常、稳定表现的能力、性格、气质等心理特点的总和，称为个性心理特征。这是在人的先天条件基础上，受到社会条件影响和具体实践活动，接受教育与影响而逐渐形成、发展的。一切人的个性心理特征，不会完全相同。人的性格是个性心理的核心，因此，性格能决定人对某种情况的态度和行为。鲁莽、草率、懒惰等性格特质，往往成为产生不安全行为的诱因。

非理智行为在引发为事故的不安全行为中，所占比例相当大，在生产中出现的违章、违纪现象，都是非理智行为的表现，冒险蛮干则表现得尤为突出。非理智行为的产生，大多受到侥幸、省能、逆反、凑兴等心理因素的支配。在安全管理过程中，控制非理智行为的任务是相当重的，也是非常严肃、非常细致的一项工作。

二、安全处置

遇到安全事故已经发生的情况时，我们应该如何进行处置呢？主要分为以下几个步骤：

（一）阻止

集中精力阻止事态进一步发展，将受到的损害降低到最低限度。例如发生火灾时，应立即判断事故发生部位、找出关键处置点；按照企业预案规定步骤操作，切断事故设备与储配系统的连接；停运机泵并切断储配系统电源，设法扑灭火苗。时刻注意被救人员和救援人员的安全，采取措施，严防抢救过程中再次发生事故。

根据分析，发生泄漏中毒事故、机械伤害等的可能性在中度以下，公司有能力可以自救；如果控制不到位或遇特殊情况，发生火灾、爆炸及发生泄漏中毒的可能性在中度以上，则需要应急救援中心启动相应预案进行救援。

（二）问因

设专人负责调查突发事件和事故的起因、人员伤亡、财产损失、事故性质、影响范围，总结经验教训。对应急处置工作中采取的应急处置措施，救援物资调配及处置经费的落实情况进行调查。对相关责任部门及人员提出处理建议，向公司应急救援指挥部提交调查评估报告。

查明事故发生的原因，看看事故是如何发生的，确定应该采取什么样的行动来避免此类事故再次发生。事故原因没有查清不放过。各单位学习事故通报时，针对相关人员的行为及设备、环境的安全状况进行分析，对照本单位安全管理、技术管理、制度落实方面是否存在问题，分析不清不放过。

（三）共识

事故原因分析清楚之后，以该事故为实例开展专题安全教育，提升员工对“安全生产人人有责”的安全意识。

学习事故通报时，各生产单位和班组按照“四不放过”的要求召开事故分析会。通过学习通报，对本单位相关人员的行为、设备、环境、工艺等安全状况予以分析，对照安全管理、设备管理、技术管理、制度落实等方面进行自查，能自行解决的立即整改，需要上级部门协调解决的向相关管理部门报备，由相关管理部门协调责任部门进行整改。

（四）承诺

为认真落实安全生产工作，进一步强化职工安全生产意识和安全责任感，杜绝生产安全事故的发生，确保安全生产稳定运行。同时为了个人的安全健康，为了家庭的幸福美满，为了企业的稳定发展，可以要求领导及员工签订安全承诺书。

安全承诺书明确了职工在遵章守纪、安全管理、安全操作和学习培训等方面的责任与义务。

一是认真贯彻“安全第一，预防为主，综合治理”的安全生产方针，自觉遵守国家、行业和保护站有关安全生产的法律法规和规章制度，自觉履行安全生产责任；

二是坚持文明生产，做到日常工作中不违章指挥、不违章作业、不违反劳动纪律，自觉抵制冒险作业和盲干；

三是立足岗位，做到“三不伤害”，即不伤害自己、不伤害他人、不被他人伤害；

四是接受各级安全生产教育、培训和考核；

五是自觉接受保护站的监督检查，自觉执行各种安全措施。

安全承诺书的签订，对进一步落实安全生产责任制，增强职工的安全生产意识具有重要意义，为圆满实现保护站安全生产目标奠定了坚实的基础。

【案例】

真拿他没办法

一天，车间刘主管找到班长小赵，告诉他：“今天上午，你车间员工王自健登高作业时，没系安全带啊，这么严重的隐患，你要好好管管！”

赵班长一听，马上对刘主管说：“领导，我也一直在班组强调，只是很多老员工疲了，我也没办法，这个老王啊，是一名老员工了，有时候说了他，也不听！”刘主管对赵班长说：“什么叫没办法？！等出了事就晚了！该处罚就处罚，该停岗就停岗！”

赵班长悻悻地回来，找到老王：“老王，咱俩也是多年的交情了，有些事，我也不想说你……”老王打断他：“你说的是安全带吗？上午安全带没找到，你又不是不知道，你少来责怪我。”

赵班长气呼呼地说：“老王，我没有怪你，安全第一，你怎么不注意呢？领导现在让你停职，有意见你去找他吧。”

点评：“安全是管出来的”。公司有规章制度员工不执行，而赵班长作为管理者应该主动去管理。细节决定成败，每一次的疏忽大意和侥幸心理都会成为安全隐患，而每一起事故的背后，都是无数的安全隐患所导致的。因此，作业安全的每一个细节，都容不得半点马虎，只有在任何时候都遵守安全规定，才能有效地避免事故的发生。

第五章 现场问题分析与解决

中国有一句古谚语：“人无远虑，必有近忧”。说明人们总是生活在各类问题之中，要么未雨绸缪、要么亡羊补牢。反映在问题的分析与解决中就是：主动式解决问题和被动式解决问题。本章内容将帮助班组长树立“问题即机会”的正确理念，重点介绍解决问题的模式，反复演练分析解决问题的各种方法，如头脑风暴法、亲和图法、鱼骨图法、帕累托图、5WHY 法等。

通过本章学习，将提升班组长们的问题意识，使其掌握 PDCA 基础方法论，并系统地学习班组现场如何组建解决问题的小组、如何制定计划、发现和描述问题、寻找问题的根本原因、制定可靠、低成本的改进措施、执行实施并跟踪效果，以及将经验标准化和推广等系统解决问题的方法，实现综合运用。

第一节 解决现场问题的基本概念

一、现场问题定义

所谓管理，就是要管理异常的事情，而正常的事情并不需要加以管理。管理者真正的价值不在于参与生产，而在于在生产现场出现问题的时候，能否及时、有效地从根本上解决问题。生产现场是很复杂的，其中可能包含了很多繁琐的流程。因此，在生产现场遇到的问题将会是多方面的。

“没有问题才是最大的问题”，这是丰田大野耐一的名言，也是追求持续改善的企业广泛引用的理念。那么对现场的问题是否有清晰的定义呢？到底什么是问题？如果不把这个搞清楚，那就谈不上问题意识，就更谈不上持续改善了。

如果一定要给“问题”下一个定义，那么我们通常会说，当现状偏离“目标”和“标准”，达到需要纠正的程度时就叫作问题。

这个定义中首先要明确你的“现状”是什么。这个“现状”的明确过程不能是一个笼统的描述，要注意呈现的具体化和量化。因为只有具体量化才能进行对比，才能将差距可视化出来。同理，对理想状态的描述也应该是与现状同一维度的内容，量化的应用统计单位也应是一致的，这样才方便对比。最常用的例子就是一些现场管理指标的差异。理想状态是某产品合格率目标 99.5%，而现状则是近三个月合格率仅 99.1%，这种差距的问题是显而易见的，管理者要去重点分析现状的数据，找到消除差距的方法。

但管理中往往还存在一种情况，就是公司设定的指标数据已经达成了，例如前面提到的合格率已经做到 99.6% 了，那是不是就没有“问题”了呢？这里就涉及到前面提到的对问题定义的理解了。在问题定义中通常对“理想状态”会加以区分，会考虑这个“理想状态”是常态化的一种绩效指标的标准，还是具有挑战意义的目标。

在实际工作中，解决问题的过程本质上是不断缩小现状与目标之间差距的过程。在这个过程中，“问题”不再是消极的代名词，而是重要的信号，是一种积极的挑战。面对越有挑战性的问题，只要我们不断提升应对能力，就能逐步建立起高效的问题解决机制，形成良性循环，成长为更优秀的问题解决者。随着解决问题能力的持续提升，我们也具备了参与更高层次竞争的实力，能够更敏锐地识别关键问题，并找到更加高效的解决方案。当企业的管理人员发现生产现场的问题时，就会思考解决问题的方式。但是通常的解决方式往往只是解决了表面问题，经过一段时间，问题又可能重复发生。例如，发生重大事故时，企业就将所有的管理人员集中到一起开会，讨论了很长时间才拿出临时改善方案，最终却发现问题仍未解决。生产现场出现问题时，现场管理人员往往采用错误的解决方式。实际上，很多管理人员并没有仔细地分析问题，没有意识到问题产生的根源，采取的措施常常过于表面化，而不能使问题得到真正的实质性的改善和解决。

当我们在实际的生活和工作中遇到问题，不能仅仅停留在表面上，我们要深入问题的本质。如果仅是解决表面的问题，就会让我们陷入解决问题的怪圈。解决一个问题，又会出现一个类似的新问题，问题可能永远得不到解决。

因此，面对需要解决的问题，我们要从根本上出发，挖到问题的根，并找到有效的解决策略，从根本上解决问题。当然，在实际的问题中，我们更应该坚持科学的态度，积累可靠的经验，不断提高自己解决问题的能力，才能更加高效地解决问题。

二、现场问题类型

理想状态的不同设定引出了问题的两种分类：发生型问题和建设型问题。发生型问题更多地侧重于当前状态与标准之间的差距，这通常是一些刚开始实施精益管理的企业会遇到的情况。而建设型问题则侧重于在满足绩效标准的基础上，当前状态还能提升到何种程度，挑战性何在。

例如，在达成公司的考核指标之后，管理者需要考虑近 3 个月中最好的成绩是多少，是否能够稳定地达到以往的最佳水平。在这种理想状态下，差距和问题自然就会出现。这种差距的识别和问题的提出，正是管理者设定的问题，体现了精益管理中不断挑战和持续改进的真正意义。

（一）按时机分类

1. 预防类

这类问题指的是潜在的不合格或其他潜在的不期望情况，即目前看来可能不会发现问题，看似做了无用功，但它们可以提前帮助我们发现问题的征兆，将问题消除在萌芽状态，从而最大限度地减少问题可能带来的损失。

预防措施旨在揭示可能导致不合格发生的潜在原因，并防止不合格的发生。例如，在阴霾天气中，许多人选择戴口罩出门。又如，在作业现场张贴的安全警示标识和质量提醒。因此，预防措施体现了“未雨绸缪”和“防微杜渐”的原则。

预防类问题在未发生不合格时，往往只能通过数据分析预判其趋势。

2. 纠正类

这类问题指的是已经发生或产生的不合格或其他不期望的情况。这些问题是可见的、已经形成的问题，例如不良品的出现或员工受伤等。这些属于“现在状态”，目标是将其恢复到原来的“应有状态”。这类问题相对明显，即使不特别强调“问题意识”，也能够被识别和掌握。

纠正措施是针对不合格原因采取的行动，如通过修订程序、改进体系等措施，从根本上消除问题根源。纠正措施可能涉及文件、体系等方面的更改。有效的纠正措施从根本上解决了问题产生的源头，同时还需要通过跟踪和验证来确认其效果。这样做的目的是防止已经出现的不合格、缺陷或其他不希望的情况再次发生。例如，通过建立模板来固定报告 / 证书上的检测 / 校准项目，以防止未来出现项目遗漏的错误。因此，纠正措施体现了“追本溯源”和“标本兼治”的原则。

（二）按属性分类

1. 目标类

PQCDSM 掌控和改善现场管理六大目标，问题也可以按照这六大类来进行分类。通过对品质、成本、交期、效率、安全和士气这六大目标要素进行分析，从而对现场进行了实时监控，便于及时发现问题和快速反应，从而主动实现月度、季度指标的有效达成。

2. 要素类

前文介绍过 4M1E 管理方法：4M 指 Man（人）、Machine（机器）、Material（物）、Method（方法），简称人、机、料、法；工作中除了充分考虑人、机、料、法四个方面因素；通常还要包含 1E——Environments（环境），故合称 4M1E 法，也就是人们常说的人、机、料、法、环五大现场管理要素。因此，问题可以按此要素进行分类。

（三）按可控性分类

1. 本岗类

本岗类的问题，指发现后班组可以自行解决的问题。

2. 反馈升级类

反馈升级类问题，指那些班组成员凭借自身的能力或资源无法独立解决，需要向上级领导反馈并寻求支持才能得到解决的问题。

另外，我们通常说问题主要来源于三个方面：

总体流程运作问题：如果企业中某个部门的运作流程不顺畅，很可能会拖累整个企业的运行效率。因此，流程运作问题通常是企业需要优先解决的。

人为问题：大部分问题的产生与人员有直接的关系，因为公司的正常运行依赖人员操作，工艺参数大多由人设定，设备也都由人进行保养和操作。

基本技术问题：涉及设备、产品设计与开发，以及工艺设计与开发等方面。一般来说，基本技术是企业最核心的部分，企业的所有人员都会对基本技术方面的问题给予高度关注。

三、解决现场问题的要点

（一）现场问题的七大意识

现场存在许多看似无关紧要的“隐性问题”。当看不出问题时，改善就无从谈起，因此问题意识至关重要。营造积极的现场氛围，培养主动的问题意识，掌握有效的改善技巧，能够充分调动和发挥人的积极作用，成为企业进步的原动力。现场管理的七项问题意识包括：

1. 有问题不一定是坏事

现场管理者应树立问题意识，将问题视为机会，不应害怕问题。问题的存在表明有改进空间，通过分析和解决问题，可以提升管理者的能力，培养人才。

2. 也许有人比你更了解这个问题

所有问题基本体现在工作的现场，因此有必要深入理解整个现场的过程。当问题出现时，应让现场员工参与解决。因为他们最接近问题，往往能提供最佳的解决方案。问题解决后，应将解决方法或工具整理成标准文件，供未来查询和培训新员工时使用。

3. 管理者应经常抽出时间到现场巡查

现场管理者应依据现场、现物、现实来正确把握现状。在发现问题并进行分析和解决时，应遵循原理和原则。遵循原理意味着要发现事物的内在规律、逻辑关系、因果关系，这样才能找到真正的原因，确保采取的对策有效。在解决问题和实施对策时，要注重方法，即遵守原则，这是行动的行为准则。

4. 数据不仅是为了“记录历史”，更是为了发现问题

数字化时代，数据的价值越来越高。有人认为：“数据像黄金一样，需要开采、冶炼、精炼、提纯、加工、成型才能将其变成有用的产品。”但两者的区别在于，黄金的价值是固定的可衡量的，而数据的价值则不可估量。

数据的价值归根到底是能帮助人们建立对事物的认知，帮助人们作出正确的决策。其价值主要体现在以下几个方面：准确地描述事实、发现事物的规律、精准预测未来。

5. 敢于质疑现状

质疑与批判精神是培养问题意识的核心要素。那些敢于质疑并挑战权威的人，往往能更敏锐地识别和提出问题。然而并不是所有员工都具备质疑精神，部分人由于受到传统观念的影响，倾向于盲目顺从权威，不敢主动质疑。

6. 解决问题不是想当然的事情

在我们日常管理工作中，总会遇到各类问题。而我们往往都没有真正地静下心来思考问题发生的根本原因，总是习惯性地“我认为”。

当他们在工作中遇到问题的时候也确实是在尝试用这种方式去查找问题真因，但是他们并没有从客观的角度去看待问题本身，而是从第一个疑问开始就带有自己的“意识”和“感情”。导致在查找真因的过程中就偏了方向，走入了误区，自认为的“真因”往往并非解决问题的核心症结。

7. 解决问题是一种技能

有些人总认为管理就是单纯服从命令、听从指挥，但实际上解决问题是一项技能。基层管理者不仅需要具备发现问题的能力，更要具备解决问题的能力。就像骑自行车或者打字一样，这些技能都是可以通过学习加以掌握的。只要你更多地把注意力集中在解决问题上，就会更快、更容易地找到解决办法。解决问题的能力越强，问题解决起来也就越快；问题解决得越快、越好，遇到的问题也就越大、越具有挑战性。最后，解决的问题无论是对你自己还是他人，都具有重要的意义——这正是事物发展的客观规律。

（二）解决问题的素质要求

衡量一个人是否具备能力的重要标准，是其能否有效思考并解决问题。对于简单和常见的问题，通常可以依靠经验来解决。然而，当面对复杂问题时，就需要运用专业的知识和经验积累来应对。经验可能会带来一些先入为主的观念，但在遇到创新型问题时，思维技能和方法将发挥决定性的作用。

1. 经验判断

遇到问题首先要做的就是判断问题带来的影响，考虑向好的方向发展会如何，向坏的方向发展又会怎样。每个人都会有自己的基本判断力。

每个人的经历不同，经验构成也不同，判断的方向也会有差别。我们应该尽量保持客观的态度去判断事情的发展。就像小孩子遇到事情，他们的“经验”可能就是哭泣，以此来寻求大人的帮助。而成年人哭泣显然不是解决问题的最佳方式，所以所有的判断都无法避免经验带来的影响。

专家与新手在问题解决上的差异主要体现在：一是知识数量不同，二是知识的组织方式不同；新手往往按事物的表面特征来分类，而专家则按照事物的本质特质来分类；专家的知识结构是网络化的、层次化的。

2. 专业知识

问题的成功解决和找到相应的对策，首先需要深入了解问题发生的本质。这通常需要具备相关领域专业知识的人来进行判断。如果问题的原因比较明显，我们可以直接寻找改善方案。如果原因不明确，就需要通过实际测试来探究问题的根源。

3. 思维技能

思维定式有利于常规的问题解决，不利于创造性的问题解决。灵活运用不同的思维方法，能让大部分问题都可以迎刃而解。

（1）发散性思维　我们常说一个人头脑灵活、思维活跃，其实就是说这个人的发散思维能力强。具有发散思维的人，在观察一个事物时，往往能通过联想与想象，将思路扩展开来。他们常常能够发现别人发现不了的事物与规律，具有别人难以比拟的非常规想法，善于随机应变，解决问题能取得非同一般的效果。

（2）加减思维　当下，什么都讲创新，而最简单的创新就是懂得加减思维。只要通过加与减的不断变化和不断配置，就可以大大增加解决问题的灵活性与创造力。

加法思维，是将本来不在一起的事物组合在一起，产生“1+1 ＞ 2”的协同效应；或赋予事物新的意义，使其更具实用性。培养加法思维，需要我们多观察、多思考，经常对双眼所看到的事物“做加法”。即将双眼射向各种事物，努力思考哪几种可以组合在一起，从而产生新的功能。比如：在一件东西上添加点什么，这个和这个一结合会产生什么样的结果；把它加大、加高、加厚一些，行不行等等。

同样的，培养减法思维，要经常对双眼看到的事物“做减法”。在观察事物时经常问一下：把它减小一些，降低一些，减轻一些行不行？会怎么样？

（3）逆向思维　一旦我们形成了某种认知，就会习惯地顺着这种思维定式去思考问题；习惯性地按照老办法想当然地处理问题，不愿也不会尝试换个方向来解决问题。这种现象是许多人共有的一种固执的“难治之症”。因此，我们需要培养逆向思维。

逆向思维指的是：为了实现某项创新或解决某个用常规思路难以解决的问题，通过反向思考寻求解决方案的思维方式。

（4）结构化思维　我们在写作、思考、表达、解决问题时，都会用到结构化思维。结构化思维的主体结构是一种金字塔形式的结构，主要包括纵向和横向结构。这种思维方式既能突出重点，也具有层次性和逻辑性。经常练习结构化思维可以培养我们的逻辑能力、发现和解决问题的能力。

（5）系统思维　在现实中，我们在思考和解决问题的时候，往往容易陷入“片面”的局限。系统思维是“看见整体”的一种能力，它是一种高级的思维方式，能够使我们敏锐地预见到事物整体的微妙变化，并据此制定相应的对策。

第二节 解决现场问题的结构化工具

SDCA、PDCA 被管理界并称为两大经典的循环管理法。SDCA 代表“维持”，其目的就是标准化和稳定现有的流程；PDCA 则代表“改进”，其目的是提高流程的水准。这是管理阶层的两项主要职责。管理者掌握这两个循环管理法及其思维模式，并将其充分运用到工作实践中，能使管理效率和管理能力得到较大提升。

一、“改进流程”的 PDCA 循环管理法

前面我们反复提到，管理其实就是解决问题。生产现场管理同样需要解决问题。PDCA 是最好的解决问题的工具之一，被誉为“解决问题之王”。对于生产现场管理来说，每一位管理者，无论基层、中层还是高层，都必须熟练运用 PDCA。

PDCA 是一个被人津津乐道的工具，又被称为“戴明环”。但是这个循环并非我们通常所说的由戴明提出，而是由其导师休哈特于 20 世纪 30 年代最早提出的。休哈特最初提出来的是 PDSA（计划、执行、研究、行动），后来戴明将其演绎为 PDSA-SDCA（标准化、执行、检查、调整）循环，直至发展为现在的 PDCA（计划、执行、检查、行动）循环（由四个英语单词的首字母组成），戴明博士也将这个工具归功于其导师休哈特。

（一）计划 P（Plan）

计划是解决问题的首要步骤，需制定管理或质量相关目标、活动计划、管理项目和措施方案，并明确相应的责任。

计划阶段又包括下列工作内容：

（1）分析现状，找出存在的管理或质量问题；

（2）分析产生管理或质量问题的各种原因和影响因素；

（3）从各种原因中找出影响管理或质量的主要原因；

（4）针对影响管理或质量的主要原因，制定措施、方案；提出措施执行

计划和预计效果，并具体落实到执行者、时间进度、地点、部门和完成方法等各个方面。

（二）执行 D（Do）

执行即落地实施，将计划中的内容转化为实际行动。

做好计划后，进入 PDCA 的第二步 Do（执行），即按照计划推进落实。

（三）检查 C（Check）

检查是总结执行计划的结果、验证效果、发现偏差的过程。

在执行的过程，我们执行得怎么样，有没有效果，有没有偏离我们的计划？此时需要开展 PDCA 中的第三步 Check（检查）：在执行过程中，我们要对执行过程和阶段性结果进行检查，以分清楚哪些对了，哪些错了，哪些偏离了计划。

（四）行动 A（Action）

行动即对检查的结果进行处置优化：对正确的部分、成功的经验加以肯定，予以推广并标准化；对错误或偏离计划的内容，及时修正与调整；对失败的教训也要总结，以引起重视，致使后续重视并放到下一个 PDCA 循环。需要明确的是，PDCA 并非“一个简单的平面环”，其核心特征如下：

（1）PDCA 不是一个环，而是大环套小环　就如同项目管理过程一样，企业各个层面上都应该参照这个循环，并组成一个大的循环。

（2）PDCA 不是一个平面环，它是阶梯式上升的　这个循环走完一遍，应该就已经解决一部分问题，取得一部分成果；到了循环的下一个周期，在范围上就应该产生了变化，所以说它不是一个平面环。

（3）PDCA 的推进需依托工具方法支撑　在循环中需配套一系列的工具和方法，辅助 PDCA 开展工作、发现问题并解决问题。

PDCA 循环工作方法无论是在解决生产质量问题上，还是在解决企业管理问题，以及完善人生目标方面，都不愧为一个好的工作方法。该方法几乎适用于所有的工作。做任何一项工作都需要有计划，然后按照计划来推进实施，实施完成后需要检查和验证实施的效果，最后根据检查的结果来行动。

PDCA 的最后一个步骤“行动”的内涵很广，如果通过检查发现实施的效果不佳，则采取的行动应是重新制定计划并重复 PDCA 的全过程；如果发现尚有一些遗留问题，那么后续的行动就应该是针对遗留问题启动另一个 PDCA 循环；如果发现效果很好，那么下一步的行动就应该是通过一些标准化的手段（SDCA）将成果固化，并在适当的范围内进行推广。

二、“标准化维持”的 SDCA 循环管理法

SDCA 循环（标准化维持），即“标准化、执行、检查、总结（调整）”模式，它涵盖所有与改进过程相关的流程的更新（标准化），并使其平稳运行。然后检查过程，以确保其精确性，最后作出合理分析和调整以使过程能够符合要求。SDCA 循环标准化维持的目的，就是标准化和稳定现有的流程。

S（Standard）标准：企业为提升产品质量，编制的各类质量体系文件；

D（Do）执行：即执行质量体系文件要求；

C（Check）检查：即对质量体系的内容审核和各类专项检查；

A（Action）总结：即通过对质量体系的评审，作出相应处置。

三、PDCA 与 SDCA 的区别

PDCA 和 SDCA 是推动质量管理平台持续优化和提升的两大核心循环，这两个方法同样适用于提升企业管理水平。具体来说，P（计划）和 S（标准化）都是一种活动或方法。其中，计划一般是为进行一次性活动而制定的，标准化是针对需要反复进行的活动而规定的。进行某项改善活动时，后续改善需基于前次改善的结果；针对新的局面、问题或期望更上一层台阶，再开始进行新的质量改善活动。质量改善是依据 PDCA 和 SDCA 反复循环的活动，如图 5.1 所示。

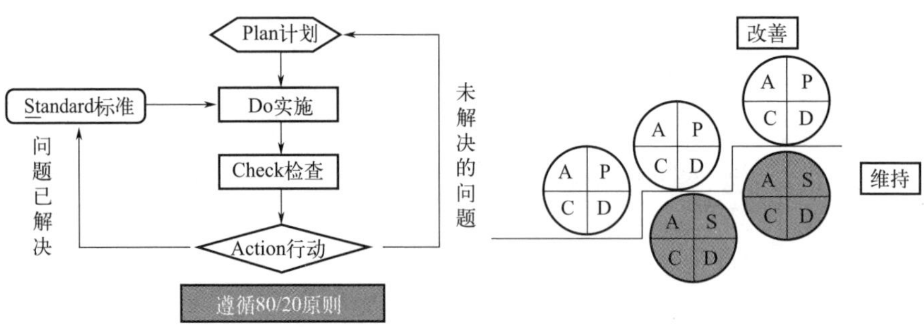

图 5.1　PDCA 和 SDCA 双循环

PDCA 是质量管理水平不断提升的“驱动力”，SDCA 是防止质量管理水平下滑的“制动力”。缺乏标准化，企业质量管理水平难以稳定在较高的水平；PDCA 循环聚焦改善和提升质量，SDCA 循环聚焦巩固质量改善成果。

从循环图 5.1 可以看出，PDCA 循环的实施（D）阶段与行动（A）阶段的任务不同：实施（D）阶段的任务是执行计划（P）阶段所确定的对策和措施，而行动（A）阶段则是根据检查（C）阶段的检查和确认结果来决定下一步的行动方案。

一类是行动（A）目标没达成，效果没实现。则通过新一轮的 PDCA 循环，找出问题的根本原因并重新制定新的行动计划（Action Plan）；

另一类是行动（A）目标达成，也就是效果达成，那么通过开展标准化活动，控制已达成目标的有效措施能被严格遵照执行，这类行动方案被称为 SDCA（控制循环）。它相当于把一定时期的经验落实和标准化。

SDCA 和 PDCA 的应用场景和领域不同，分别对应于管理的维持与改善两个方面，相辅相成、缺一不可。没有 SDCA 循环，改善成果就得不到有效巩固；没有 PDCA 循环，就只能维持现有水平，不能取得突破和提升。通过二者的协同运作，质量得以持续地巩固和提高，但改善并非持续平滑推进——从图 5.1 可以看出，右图中阶梯的存在导致改善无法无缝衔接。

可以这么说，为预防下滑，我们从 PDCA 到 SDCA；为实现进一步提升，我们需要从 SDCA 突破到 PDCA。PDCA 循环和 SDCA 循环在管理活动中相辅相成，生产现场管理人员需要熟悉这两个循环并加以运用。所以说，如果你只学会了 PDCA 还不够，还要知道 SDCA！只有这样才能相辅相成，精益求精。

第三节
现场问题解决行动十步法演练

PDCA 循环分为四个阶段共有十个步骤（如图 5.2 所示）：

P（Plan）计划：包含方针和目标的确定以及活动计划的制定；

D（Do）执行：执行即具体运作，达成计划中的内容；

C（Check）检查：即要归纳执行计划的结果，判别哪些正确，哪些错误，明确效果，找出问题；

A（Action）行动（或处理）：对总结检查的结果进行处置。成功的经验予以肯定，并将其标准化，或制定作业指导书，以方便以后工作时遵循；对于失败的教训也要总结，以防再次出现。对于未解决的问题，应提交给下一个 PDCA 循环中去解决。

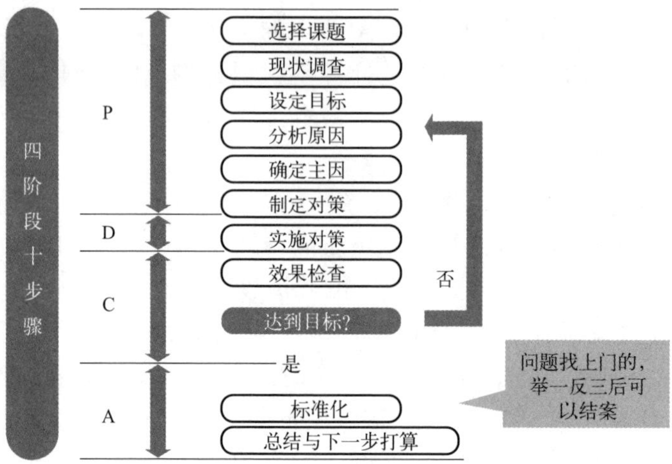

图 5.2　PDCA 四阶段十步骤

一、选择课题

问题分析与解决十步法的第一步是选择课题，即共同明确需解决的核心问题。

（一）课题的来源

一般来说，选题的范围没有严格的限制，内容广泛，基本涵盖了企业的质量管理、成本控制、工作效率、班组建设和服务体系等多个方面。例如，在提升质量方面，可涉及工作质量、产品质量、工程质量和服务质量等方面的课题；在降低损耗和提高经济效益方面，也可作为重要的研究方向。具体课题的来源通常可以从以下三个方面予以考虑：

1. 上级关注的问题

围绕企业方针目标、中心工作在本部门落实的关键要点，即领导关注之点来进行选题。落实企业方针目标、中心工作的项目与内容较为宽泛，包含提高工程质量、降低材料消耗、增收节支、绿色施工、推广新工艺新技术、减少质量安全事故、创建安全文明标准化工地以及工程创优、企业文化建设等。目标拓展至基层单位后，就需层层落实。本部门在落实过程中出现的关键要点，皆属于选题的内容或要求。

2. 经常发生的问题

围绕生产现场或现场存在的关键问题与薄弱环节方面进行选题。由于生产、施工、服务现场或小组自身在管理上、效率上、质量上、环境及文明生产上多有问题存在，可组织团队成员召开专门的选题会，集思广益，针对日常生产中遭遇的各类经常发生或者困扰工作的难题，从管理、技术、工期、质量、职业健康安全、环境及文明生产等多方面进行思考。也可以从以往质量、安全、环境事故损失的统计中，与同行业对标分析去发现和确定。倘若确实存在问题较多，则应进行归纳、总结，找出亟需解决的一两个关键问题，集中精力予以解决。而这些又多是小组身边或自身的问题，领导也无暇投入更多精力来解决。如果班组选择这些问题作为课题，将其解决了，就相当于自己解放自己，自己享受成果，能提升成员们参加小组活动的积极性。

3. 客户不满的问题

围绕用户不满意的问题进行选题。现场管理的五大观念中包含“同事是客户”的理念，所以下工序也是用户。从企业内部来讲，持续改进和提高工序质量，做好本岗位工作，质量控制按标准执行，满足下一道工序用户的需求，便能使企业的工程质量得到保障。故而，把用户不满意的问题选为课题加以解决，关乎企业在行业中的竞争力。

（二）选题的要点

明确选题的范围和来源后，实际选题过程中还需注意以下几点：

1. 选题宜小不宜大

选题应遵循“小、实、活、新”的原则，“小”即“力所能及、实事求是”，选择班组自主能够解决的课题。小课题具有以下四个方面的优势：

（1）易出成果　由于内容相对简单，发表成果时也容易系统、生动、简练地将小组所做的努力及成功经验介绍给大家，能更好地起到相互启发、交流经验的作用。

（2）课题短小精悍，针对性强　大部分对策都能由小组成员来实施和完成，有利于调动大家参与活动的积极性。

（3）贴近现场　聚焦班组身边或生产现场迫切需要解决的问题，通过自主努力取得成果，必然会增强小组的荣誉感和自信心，满足小组成员自我实现的需求。

（4）周期短、见效快　涉及面较窄，活动周期短，容易取得成果，能更好地鼓舞小组成员的士气。

2. 选择特性值表达的课题

应优先选取能以特性值表达的课题，并且其特性值具有可比性。比如：“提高大跨度混凝土穹顶外观质量”“提高多角度梁与圆形柱节点处成型质量”“提高内夯沉管灌注桩施工质量”。上述这些课题均为可用特性值表达的具体课题。选择此类课题开展活动时，针对性强，有利于解决问题。另外，表达课题的特性值要有可比性。例如选取“降低 ××× 不合格率”这样的课题，就是要讲清楚现状不合格率是多少，小组设定的目标要降低到多少，通过改进措施后达到了多少，这样就能进行对比，所取得的效果也就一清二楚。

3. 选题要简洁

选题需简洁明了，具体明确，避免空洞模糊。如选题具体明确，可使小组成员认识统一，主题明确，目标具体，有利于解决问题。

（三）确定课题名称

课题名称的确定要简洁、明确、针对所要解决的问题，不可抽象。建议采用“指向性动词 + 名词”的动宾结构（XX OOO AA）。

XX：结果如何（如提高或降低，增大或缩小，改进或消除）；

OOO：解决对象（如产品、工序、过程、作业的名称）；

AA：要解决的问题（如质量、效率、成本、消耗等方面的特性）。

设定课题名称举例：“提高预埋件安装质量”“降低真空机组故障率”等。但是很多基层管理者在选题和确定课题名称时会出现以下五种常见的问题：

1. 课题名称“口号化”，大而空泛

例如，将工程或项目质量整体作为课题，这样的课题涉及面广，课题太大，不是仅靠小组成员的努力就能完成的。且有的活动时间也较长，不利于小组开展活动。还有的添加一些形容词或口号。例如：“精心组织、科学分析、严格控制大体积混凝土裂缝”，课题名称大而空，涉及面宽，不适合作为课题。

2. 课题名称穿靴戴帽，不够精练

例如，将“运用问题分析的方法，确保 CFG 桩的成桩率”等作为小组课题，就没必要在课题中增添“运用问题分析的方法”等修饰。

3. 课题“手段 + 目的”，是不符合要求的

部分小组把活动中采取的措施或现状调查中找到的主要问题等手段直接写进课题。例如“改进施工工艺，确保墙体清水混凝土的施工质量”。这样的课题，一是课题名称繁琐，二是把解决的办法列入课题名称之中。因为活动刚开始，就找到了解决的手段，不符合要求。

4. 课题包含了两个或多个内容

课题涵盖内容多，就会导致现状调查、设定目标、制定对策、实施对策和效果检查都要按多个问题进行。这些问题之间没有关联，需要分别解决，会分散主要解决的问题。例如“大面积竹胶板使用、模板支撑设计及质量的控制”课题就包含了三个内容。最好把课题分解成三个来开展活动，这样针对性更强。

5. 选题理由不够充分、明确

选题理由缺少数据或图表支持。没有把选此课题的目的性和必要性阐述清楚，例如只是列出了上级方针、业主要求等，没有用数据说话，不能体现选此课题的重要性和紧迫性。

（四）工具：决策矩阵法

在数学中，矩阵（Matrix）是按照长方阵列排列的复数或实数集合，其最早源自方程组的系数及常数所构成的方阵。这一概念由 19 世纪英国数学家凯利率先提出。矩阵在组织管理中有诸多应用，比如风险评估矩阵、概率影响矩阵、道斯矩阵（SWOT 分析）、职责分配矩阵 RAM（RACI）、散点图矩阵、相关性矩阵、优先级矩阵、波士顿矩阵等。运用这些矩阵能够更为有效且高效地开展战略决策、质量管理、项目管理以及持续改进等工作，矩阵图属于我们进行问题分析与解决的工具之一。

矩阵表是从需要分析的事项中筛选成对的因素组，分别予以排成行和列，找出行与列交叉点的关系及相关程度，进而探讨问题点的一种方法。矩阵表能够呈现两组或两组以上成对因素间的关系，同时能获取更多的相关性信息。其具有如下特点：分析成对的影响因素，便于开展多元性评估；成对因素间的关联关系清晰明了，便于确定重点；可依据多元性评估，找出各项潜在因素，在关联图、亲和图等工具已分析达到瓶颈时，可结合运用矩阵图。

例如时间管理四象限法，实际上可看作是“紧急”和“重要”两组对立因素（时间维度：紧急 / 不紧急为一组，重要程度维度：重要 / 不重要为另一组）构成的矩阵图，只不过是更为清晰地呈现于二维坐标系的四个象限内罢了。

在复杂的质量问题中，通常存在众多成对的质量因素。可找出这些二元因素找出，构建矩阵图；在此基础上再找出存在的问题及问题的表现形式，从而找到解决问题的思路。

在确定二元因素交叉点时，可开展团队头脑风暴。若交叉点可获取数据，按计量型数据标注；若无法获取数据，可依据经验转换为计数型数据决策。有时二元因素交点的重要度各异，可用文字或数据标注于交点处，使重要度更清晰，也可通过各种记号加以区分。矩阵图是采用矩阵的形式分析因素之间相互关系的图形。它由三个部分构成：对应事项、事项中的具体元素以及对应元素交点处表示相关程度的符号。这种借助矩阵图，依据各因素之间的相关程度探寻解决问题的方法，即矩阵图法。矩阵图主要用于以下几个方面：

（1）确定系列产品的研制或改进的关键环节；

（2）产品的质量展开；

（3）分析产品的不良现象与原材料、设备、工艺之间的关系；

（4）拟定贴合市场的产品战略方案；

（5）强化质量审核制度并提升其效能；

（6）明确产品质量特性与管理职能或负责部门之间的关系；

（7）明确顾客质量要求与工序管理项目之间的关系等。

可以根据所分析因素的成对组数不同，将矩阵图按形状进行分类。常用的矩阵图有：L 型、T 型、Y 型、X 型、C 型和屋顶型（Roof Shaped Matrix）等，形状的不同取决于成对因素组数的多少。我们这里使用的 L 型决策矩阵表是最基本也是最常用的矩阵图。L 型矩阵图可用于表达目的与手段（或对策）之间的对应关系，也可用来表示结果与原因的关联性。它由 A 群要素与 B 群要素对应构成的。

我们可以用三种不同的符号来表示相关程度：○表示强相关（或密切关系），△表示有关系（或弱相关），× 表示无相关（或无关）。也可以直接采用对应分值来打分。使用矩阵图计算各要项权重时，注意是否要加重计分 / 横向、纵向扫描，检查是否遗漏重点 / 在评价有无关联及关联程度时，要获得全体参与讨论者的同意，不可仅凭多数人表决确定。

该表可以帮助我们在很多变量因素的情况下，依据不同要素点，通过打分等方式计算权重并做出决策。当面对多项待解决课题时，可以运用选题决策矩阵表筛选课题。例如，当存在多个可选课题时，我们可以运用决策矩阵法构建表格。由表中数据可知，该案例最终应该选择的课题，是综合得分最高的“A2DM 表面 V 不良率高”。如表 5.1 所示。

表 5.1　决策矩阵表

NO	问题点	主管方针	效益性	迫切性	可行性	评价	选定
1	PIPE 切削不良率高	○	△	△	△	9 分	N
2	化学处理室工作环境差	×	△	△	○	8 分	N
3	A2 DM 表面 V 不良率高	○	○	○	○	12 分	Y

续表

NO	问题点	主管方针	效益性	迫切性	可行性	评价	选定
4	A6(D-46) 发生率高	○	○	△	○	11 分	N
5	A6 DM 第二次表面不良率高	○	△	△	△	9 分	N
6	喷沙机漏电现象严重	×	○	△	○	9 分	N
○：3 分　△：2 分　×：1 分							

二、现状调查

现状调查是通过收集数据与信息，对其进行分类、整理及分析，以事实为依据详尽地描述该课题，找出问题的关键所在。进一步剖析课题，必要时分解为可解决的关键问题点。

（一）现状调查常见的问题

在这个环节，容易出现的常见问题有：

收集数据缺乏客观性。仅收集对自己有利的数据，或从收集的数据中仅筛选对自己有利的数据而忽略了其他数据，进而导致分析结果的片面性。

收集数据的时间未明确界定。应当收集近期的数据（通常为 3 个月至半年），才能真实反映现状。反之，时间间隔过长的数据缺乏参考价值。

对无需开展现状调查的情况仍进行调查。这包括两种情况，分别是上级直接下达的指令性课题和创新型课题。前者因活动目标明确，因此不需要进行现状调查；后者因是“创新”，因此无现状可供调查。

（二）检查表

现状调查的方式通常采用检查表法，能够清晰地对现状进行分析。检查表是采用简单易懂的标准化格式，相关人员只需填入规定的检查记号，再对数据进行统计汇总，即可为量化分析或对比检查提供依据。这种表格也称为点检表或核查表。它以简单的数据，通过容易理解的方式，呈现为图形或表格形式。必要时记录检查记号，并加以统计整理，为进一步分析或核对检查提供支持。

1. 检查表分类

一般而言，检查表可根据工作目的或用途分为以下两种。

（1）点检用检查表 在设计时即已确定使用时，只作是非或选择的标注，其主要作用在于确认作业执行、设备仪器保养维护的施行状况；或是为防止事故发生以确保使用安全，这类检查表主要是确认检核作业过程中的情况，以防作业疏忽或遗漏。像教育培训检查表、设备保养检查表、行车前车况检查表等均属此类。

说到点检，首先想到的就是设备点检表。需重点注意，点检的标准一定要描述清晰，且具备可操作性；同时还要关注是否有人确认过这个点检，并在表单的设计阶段予以充分考虑。如表 5.2 所示：

表 5.2　点检检查表

5S 点检表					
时间 项目	星期一	星期二	星期三	星期四	星期五
桌子	●				
治具	●				
离子风扇	●				
地面	●				
负责人	张三				
线长	李四				

（2）记录用检查表 此类检查表是用来收集量化数据，用于记录不良原因和不良项目的记录，做法是将数据分类成数个项目别，以符号、划记或数字记录的表格或图形。由于常应用于作业缺失、品质好坏等记录，所以也称为改善用检查表。如表 5.3 所示：

表 5.3　记录用检查表

不良项目 / 周别	1	2	3	合计
1. 划伤	正正一	正一	三	20
2. 尺寸偏差	正一	正	一	12
3. 污点	二	一	一	4
4. 变形	正	二		7
审核：		记录人：		

以上为一个简单的不合格品统计分析表。关于每日不良品的计数统计，只需将表头替换，便会形成不同的检查表了。诸如这类表格，还有检验记

录表、会议签到表、月度考勤表、顾客满意度调查表等。

2. 检查表的制作

检查表的制作步骤有：决定检查的项目→决定检查的频率→决定检查的人员及方法→相关条件的记录方式，如作业场所、日期、工序等→决定检查表格式（图形或表格）→决定检查记录的符号。如：正、+、△、*、○等。

制作检查表应该注意以下事项：

（1）应尽量取得分层的信息；

（2）应尽量简化数据获取流程；

（3）应及时将检查结果与改进措施结合；

（4）应事先规定对什么样的数据发出警告，停止生产或向上级报告；

（5）检查项目如果是以前制订现已不适用，需重新研究和修订。

3. 检查表的运用

检查表主要运用于选择小团队活动课题，小团队活动现状调查，为应用排列图、直方图、控制图、散布图等工具方法奠定基础；同时可用于收集解决问题的原因分析、对策制定相关意见，以及为质量活动的效果检查或改善成果总结所需的信息资料。

检查表的应用方法为：明确收集资料的目的和所需收集的资料，确定负责人和对资料的分析方法，决定所要设计的表格形式；决定记录的形式，选择 [○] [×] [㊣] [□] [△] 等记号中之适当者记入。

（三）层别法

1. 层别法的定义

层别法又叫分层图，是质量管理所有手法中最基本的方法，也是统计方法中最基础的管理工具。它将大量有关某一特定主题的观点、意见或想法按组分类，将收集到的大量数据或资料按相互关系进行分组，加以层别。

通过层别法，可以将杂乱无章的数据归纳为有意义的类别。这样可以弥补仅凭经验和直觉进行管理的不足。在应用上，层别法可单独使用，并且可以捕捉到问题点；也可以与其他工具方法结合使用，效果更优。如与排列图同时使用，既可将某一主题的数据清晰分层，又可识别关键问题，便于抓住重要的少数和有用的多数。

另外，分层对象应具有可比性，以便更容易发现问题点。如同一班组生产不同的产品，对相同的产品或不同的产品进行层别分析，可以发现产品存在的质量问题。同一层次内在数据波动和意见差异幅度尽可能小，层与层之间的差异应尽可能大，否则无法达到汇总整理的效果。

2. 层别对象

从理论上讲，可针对任何可疑因素进行分层。层别法对象举例：

（1）部门别：技术部、制造部、品质环境部等；

（2）工序别：本体工程、LED 工程、成像工序等；

（3）生产线别：1 线、2 线等；

（4）作业人员别：工龄、年龄、教育程度、性别等；

（5）时间别：小时、日、周、旬、月度、季度等；

（6）作业条件：温度、湿度、压力、作业时间等；

（7）测量相关别：测量仪器、测量人员、测量方法等；

（8）检查相关别：检查人员、检查方法、检查场所等；

（9）地区别：华东、华南等。

3. 层别步骤

第一步：明确层别目的、对象及特性指标。例如，所收集的数据为不合格零件数量、操作人员、加工机床、加工时间等。

第二步：制作表格并实施数据收集。数据的收集需依据每个层别项目进行分类，为便于收集数据记录，通常可配合检查表加以使用。收集的数据需具备真实性、及时性与代表性。

第三步：分析数据，查找原因。运用收集的数据来剖析各层别间所呈现的差异，确保结果清晰易懂。通常可配合图表及其他质量改善手法加以使用，诸如帕累托图、散布图、直方图、控制图等；对这些数据予以分析，找出其内在或外在的原因，使结果的呈现更为清晰、明确，而后依据分析的原因研究对策，制定改进措施。

【案例】

漏油的气缸

某装配工厂的气缸体与气缸盖之间经常发生漏油。经调查 50 套产品后发现，一是由于三个操作者在涂黏结剂时，操作方法不同；二是所使用的气缸垫是由两个制造厂所提供的。在用分层法分析漏油原因时采用：

（1）按操作者分层（如表 5.4 所示）；

表 5.4　按操作者分层

操作者	漏油	不漏油	漏油率 /%
王师傅	6	13	32
李师傅	3	9	25
张师傅	10	9	53
共计	19	31	38

（2）按气缸垫生产厂家分层（如表 5.5 所示）：

表 5.5　按气缸垫生产厂家分层

供应厂	漏油	不漏油	漏油率 /%
一厂	9	14	39
二厂	10	17	37
共计	19	31	38

由表 5.4 和表 5.5 初步得出结论：为降低漏油率，应采用李师傅的操作方法并选用二厂的气缸垫。但事实并非如此，采用该方法后，漏油率并未达到预期指标，实际漏油率为 3/7 ≈ 43%。可见，仅按单一因素分层分析存在局限性。

表 5.6　按人员和气缸垫分层

<table>
<tr><td colspan="3" rowspan="2">材料
操作者</td><td colspan="2">气缸垫</td><td rowspan="2">合计</td></tr>
<tr><td>一厂</td><td>二厂</td></tr>
<tr><td rowspan="6">操作者</td><td rowspan="2">王师傅</td><td>漏油</td><td>6</td><td>0</td><td>6</td></tr>
<tr><td>不漏油</td><td>2</td><td>11</td><td>13</td></tr>
<tr><td rowspan="2">李师傅</td><td>漏油</td><td>0</td><td>3</td><td>3</td></tr>
<tr><td>不漏油</td><td>5</td><td>4</td><td>9</td></tr>
<tr><td rowspan="2">张师傅</td><td>漏油</td><td>3</td><td>7</td><td>10</td></tr>
<tr><td>不漏油</td><td>7</td><td>2</td><td>9</td></tr>
<tr><td colspan="2" rowspan="2">合计</td><td>漏油</td><td>9</td><td>10</td><td>19</td></tr>
<tr><td>不漏油</td><td>14</td><td>17</td><td>31</td></tr>
<tr><td colspan="3">共 计</td><td>23</td><td>27</td><td>50</td></tr>
</table>

因此，我们对此问题进行了重新分析，得出新的结论是当采用一厂的气缸垫时，应推广采用李师傅的操作方法；当采用二厂生产的气缸垫时，应推广采用王师傅的操作方法。此时对应的漏油率均为 0%。因此，运用分层法时，不应仅按单一因素分层，需综合考虑各因素的交互影响。如表 5.6 所示。

（四）排列图

排列图（Pareto diagram）亦称帕累托图、柏拉图，是为了区分不同因素对结果的影响程度，而运用的一种统计、归纳、分类的分析方法；其基于帕累托原理（80/20 原理）[1]；通过柱状图以降序方式将特性予以可视化，并直观地呈现每个因素对总体结果的影响程度。它是将质量改进项目按照从最重要到最次要进行排列所采用的一种简单图示技术。其作用在于能够掌握主要影响因素、迅速抓住重点以及展示改善效果。

排列图由一个横坐标、两个纵坐标、几个按高低顺序排列的矩形以及一条累计百分比折线组成。排列图最早由意大利经济学家 Pareto 用于分析社会财富分布状况，他发现少数人占有社会上大量财富，而绝大多数人处于贫困状态。这少数人主导着整个社会经济发展的走向，即所谓“关键的少数和次要的多数”，也就是著名的“二八原理”。后来，美国质量管理学专家朱兰博士将其应用于质量管理，因此将其命名为帕累托图。

在排列图中，横坐标表示影响产品质量的因素或项目，按照其影响程度从左至右依次排列。左纵坐标表示频数（如件数、工时、吨位等），右纵坐标表示累计频率（累计百分比）。

1. 制作步骤

（1）选择要进行质量分析的项目；

（2）选择用来进行质量分析的度量单位，如出现的次数（频数、件数）、成本、金额或其他指标；

（3）确定质量分析的数据的时间范围；

（4）绘制横坐标；

（5）绘制纵坐标；

（6）在每个项目上绘制矩形柱，矩形柱的高度表示该项目度量单位的量值，体现该项目的影响程度；

（7）按由左到右的顺序累加每个项目的量值（以 % 表示），并绘制累计频率曲线（帕累托曲线），反映各个项目的累计影响；

（8）利用排列图确定质量改进的关键项目（即关键的少数项目）。

从图 5.3 可看出，该厂产品的“断裂”“擦伤”应作为“质量改进”的主要对象，应对它们做进一步的调查分析。以上是对质量管理工具之一的帕累托图的介绍，其中帕累托图遵循二八原则，即：（1）80% 的问题由 20% 的原因引起；（2）80% 的索赔发生在 20% 的生产线上；（3）80% 的销售额由 20% 的产品带来；（4）80% 的质量成本由 20% 的质量问题造成；（5）

[1] 帕累托原理（80/20 原理）指出，在任何特定的群体或系统中，大约 80% 的结果是由 20% 的原因、因素或行动所产生的。它表明少数的关键因素往往对整体具有重大的影响，而多数非关键因素的影响相对较小。这一原理在许多领域都有广泛应用，例如在企业管理中，20% 的核心客户可能贡献了 80% 的利润；在质量管理中，20% 的质量问题可能导致了 80% 的缺陷等。它提醒人们要善于识别、聚焦并把控那些关键的少数因素，以便更有效地优化资源配置和科学决策。

例：某厂随机调查4月1日至7月1日的产生的不合格产品共200件，对其逐一检查，进行缺陷分析，得到缺陷种类及数据如下：

缺陷类型	断裂	擦伤	污染	弯曲	裂纹	砂眼	其它	合计
缺陷数	104	42	20	10	6	4	14	200

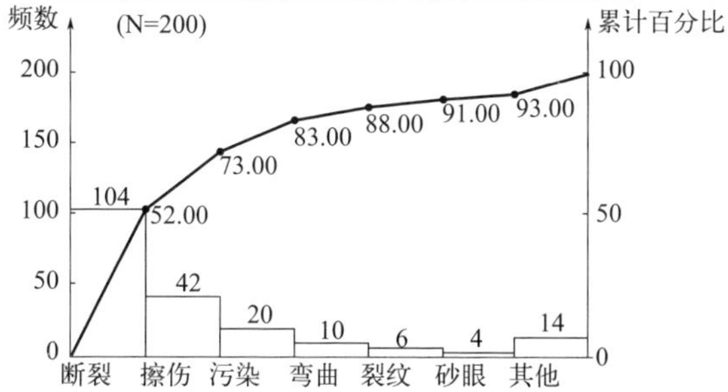

图 5.3 排列图示例

80% 的质量问题由 20% 的人员引起。

2. 注意事项

绘制帕累托图的注意事项如下所示：

（1）一般来说，关键的少数项目应是本小组有能力解决的项目中最突出的一个，否则就失去了找主要矛盾的意义，要考虑重新进行项目的分类；

（2）纵坐标可以用“件数”或“金额”等来表示，原则是便于精准定位“主要项目”；

（3）不太重要的项目很多时，横轴会变得很长，通常都把这些项目归入“其他”栏内，且“其他”栏始终置于最后；

（4）确定了主要因素，采取了相应的措施后，为了验证“措施效果”，需重新绘制排列图。

帕累托图法（重点管理法），为我们在无法兼顾所有的情况下，提供了抓住关键事务的方法，而这些重要之事并非依靠直觉判断得出，而是有着数据依据的，并且通过图形来加以强化表示。也就是说层别法为统计分析奠定了基础，帕累托图法能够协助我们抓住关键性的事务。

（五）4W1H 描述法

4W1H 是一种极为全面的问题描述与分析工具，通过提问的方式探寻问题的关键与根源，明确变化的成因，进而找到解决问题的思路。

1. What（何事）

事物存在何种差异或者变化？此差异和变化具体是什么？是朝着良好的方向还是糟糕的方向发展？是好的现象还是坏的现象？是需要加以警惕

还是需要挖掘创新点？ What is the change？——这个变化究竟是什么？这个变化的本质何在？

2. Who（何人）

这个变化的主体是谁，客体又是谁？是谁导致了变化，或者是谁引领了变化？是谁造成了这一变化？倘若为良好的变化，那么谁应居功；若是不良的变化，则谁应负责？为何要引导这个变化，或者有着怎样的动机促使这个变化发生？背后的利益或者情感驱动是什么？

3. When（何时）

这个变化在何时发生？是近期才发生的，还是过去就一直存在，只是现今变化大了才被察觉？这种变化已经持续了多久？经过多长时间才产生了如此大的变化？是快速变化还是缓慢变化？依照这样的速度发展，到下周或者多长时间能够产生质的变化？这种变化是否需要阻止？最迟需要在何时阻止？这个变化是否需要加速？如果需要，到何时需要达成何种结果？

4. Where（何地）

这个变化在何处发生？变化发生的环境条件是什么？涉及哪些部门、组织或者利益相关方？每个利益相关方的诉求是什么？会对该事务的发生和发展产生怎样的影响？这个变化发生的环境因素是必要条件还是充分条件？达到哪些条件才产生了这个变化？这个条件是否可以人为创造？如果不能人为创造，有哪些因素可能形成这样的条件？

5. How（如何）

如何对变化进行调整？如何强化变化？如何弱化变化？如何创造事物发生的条件以使其按照我们期望的方向发生变化？如何才能改变当前的状况？这个变化是怎样发生的？这个变化的发生能否避免或者重复？

我们通过 4W1H 法来对课题进行现状描述，详细的问题描述能够更好地助力解决问题。应用 4W1H 的描述方法，可直观定位问题核心。如图 5.4 所示。

Who	What	When
谁发现的？ 谁也发现过？ 谁做的？	出了什么问题？ 本次问题造成什么不良？ 问题模式是什么？	何时发现的？ 其他时间发现过么？ 核实复发的？ 是偶尔发生的还是重复发生的？

Where	How
何处发现了本次问题？ 零件何处发现了问题？ 别处是否有同类问题？	问题怎样被发现的？ 有多少产品和组件有此问题（问题涉及的范围和数量） 问题是变好还是变坏，还是保持原状？

图 5.4 问题描述 4W1H 法

运用此方法能够清晰地呈现出问题的发生地点、时间、影响范围等信息，为后续解决问题提供了最直接且有效的帮助。

在应用 4W1H 方法时，必须紧紧抓住任何一个细微的变化与差别，对所有的问题都要秉持追根究底的态度。同时，也应该立足于对业务的熟练掌握之上，如此才能准确抓住重点。

三、设定目标

目标管理是使管理者的工作变被动为主动的有效的手段。实施目标管理不但有利于员工更加明确高效地工作，更是为未来的绩效考核制定了目标和考核标准，使考核更加科学化、规范化，更能保证考核的公开、公平与公正。毕竟缺乏明确目标，便无法科学考核员工。

目标管理由管理学大师 Peter Drucker[1] 提出，首先出现于他的著作《管理实践》（The Practice of Management）一书中，该书于 1954 年出版。根据 Drucker 的说法，管理人员一定要避免“活动陷阱”（Activity Trap），不能只顾低头拉车，而不抬头看路，最终忘了自己的主要目标。MBO（目标管理）的一个重要概念是企业战略规划不能仅由几个高管来制订，所有管理人员都应该参与进来，这更有利于战略规划的落地执行。另一个相关概念是，企业要设计一个完整的绩效系统，来帮助企业实现高效运作。由此，可以将目标管理视为价值管理（Value Based Management）的前身。制定目标时，我们必须学习并掌握 SMART 原则。

所谓 SMART 原则，即：目标必须是具体的（Specific），目标必须是可以衡量的（Measurable），目标必须是可以达到的（Attainable），目标必须和其他目标具有相关性（Relevant），目标必须具有明确的截止期限（Time-based）。

无论是设定部门质量目标、个人年度指标（KPI），还是项目管理各阶段目标，SMART 原则都是我们制定高质量目标的实用指导原则。SMART 原则具体详解如下：

（一）明确具体 S（Specific）

S 即 Specific（具体的），意味着绩效考核需精准切中特定的工作指标，

---

[1] Peter Drucker（彼得·德鲁克）是现代管理学的开创者，被誉为“现代管理学之父”。他的贡献卓著，其管理思想对现代企业管理持续产生了深远影响。他强调管理是一种实践，注重实际成效和绩效。他的著作涵盖了组织、管理、领导力、社会治理等诸多领域。

而不能过于宽泛笼统。所谓的明确，就是需运用具体的语言清晰地阐明要达成的行为标准。明确的目标几乎是所有成功团队的共同特征。众多团队未能成功的重要原因之一，便是目标设定得模糊不清，或是没有将目标有效地传递给相关成员。

示例：若目标设定为“增强客户意识”，该描述极为不明确。因为增强客户意识存在许多具体的方式，例如：减少客户投诉，若过去客户投诉率为3%，现在可将其降低到1.5%或者1%。提升服务的速度，使用规范且礼貌的用语，采用规范的服务流程等，这些都是增强客户意识的一个方面。有如此多的增强客户意识的具体做法，我们所提及的“增强客户意识”究竟具体指哪一方面并不明确，如此便无法进行评判和衡量。所以建议进行这样的修改，比如，我们要在月底前将前台收银的速度提升至正常标准，而这个正常标准可能是两分钟，也可能是一分钟，或者按照分时段来确定标准。

实施要求：目标的设置应当包含项目、衡量标准、达成措施、完成期限以及资源要求等，以便考核人能够十分清晰地看到部门或科室在月度计划中需要做哪些事情，以及计划完成到何种程度。

（二）衡量性M（Measurable）

M即Measurable（可度量的），表示绩效指标要么是数量化的，要么是行为化的，且绩效指标的数据或信息是能够获取的。验证这些可衡量性意味着目标应当是明确的，而非模糊不清的。应当有一组确切清晰的数据，作为衡量是否达成目标的依据。

倘若制定的目标无法衡量，那就无法判断该目标是否能够实现。例如领导某天询问“这个目标离实现大概还有多远”，团队成员的回答是“我们早就实现了”。这便是领导和下属对于团队目标所产生的一种分歧。原因就在于没有给予其一个定量的、可供衡量的分析数据。然而，并非所有目标都能衡量，有时也会存在例外情况，比如大方向性质的目标就较难衡量。

例如，“为所有老员工安排进一步的管理培训”。其中“进一步”是一个既不明确也不易衡量的概念，到底指的是什么？是不是只要安排了这个培训，不管是谁来讲，也不管效果好坏都称之为“进一步”。

准确来讲，应明确在什么时间完成对所有老员工关于某个特定主题的培训，并且在该课程结束后，学员的评分要在85分以上（低于85分则认为效果不理想，高于85分才是所期望的结果）。如此一来，目标就变得可以衡量了。

实施要求：目标的衡量标准需遵循“能量化的量化，不能量化的质化”

原则。从而使制定人和考核人拥有一个统一的、标准的、清晰的可度量的标尺，坚决杜绝在目标设置中使用形容词等概念模糊、无法衡量的描述。对于目标的可衡量性，应当首先从数量、质量、成本、时间、上级或客户的满意程度这五个方面来考量。如果依然无法衡量，其次可考虑将目标细化，细化为分目标后再从以上五个方面衡量；如果还是无法衡量，还可以将完成目标的工作进行流程化，通过流程化使目标变得可衡量。

（三）可实现性 A（Attainable）

A 即 Attainable（可实现的），意味着绩效指标在付出努力的情况下是能够实现的，要避免设立过高或过低的目标。

目标应当是能够让执行人去实现、达到的，如果上司运用一些行政手段，借助权力性的影响力单方面地将自己所制定的目标强行施加给下属，下属典型的表现是在心理和行为上产生抗拒：我可以接受，但是对于是否能完成这个目标，有没有最终的把握，那可不好说。一旦某天这个目标确实无法完成的时候，下属有一百个理由可以推卸责任：你看我早就说过，这个目标肯定完成不了，可你却坚持要压给我。

“控制式”的领导喜欢自己确定目标，然后让下属去完成，他们并不重视下属的意见和反馈，这种做法在如今越来越没有市场。现今员工的知识层次、学历、自身的素质，以及个性自主程度都远远超过从前。所以，领导者应当更多地让下属参与到目标制定的过程中来，即便对于团队整体的目标也是如此。在确定目标追求成长时，一开始就不要去想达成的困难，不然热情还没被点燃就先被畏惧给打消了。

实施要求：目标的设置要坚持让员工参与，进行上下左右的沟通，使拟定的工作目标在组织和个人之间达成一致。既要让工作内容充实饱满，又要具备可达成性。可以制定出需要跳起来才能够“摘桃”的目标，而不能制定出跳起来“摘星星”的目标。

（四）相关性 R（Relevant）

R 即 Relevant（相关性），表示绩效指标是真实具体的，能够被证明和观察到。

目标的相关性指的是实现该目标与其他目标的关联程度。倘若实现了这个目标，却与其他目标完全不相关或者相关程度很低，那么即便这个目标达成了，其意义也不会太大。

毕竟工作目标的设定是要与岗位职责相关联的，不能偏离主题。例如对于一个前台，让她学习英语以便在接电话时能够用上。此时提升英语水平就和前台接电话的服务质量存在关联，也就是说学习英语这一目标与提升前台工作水平这一目标直接相关。但要是让她去学习 6sigma，那就比较偏离主题了，因为前台学习 6sigma 这一目标与提升前台工作水平这一目标的相关度很低。

（五）时限性 T（Time-based）

T 即 Time-based（有时限），强调完成绩效指标要有特定的期限。

目标特性的时限性意味着目标是存在时间限制的。比如，在 2025 年 5 月 31 日之前完成某件事情。5 月 31 日就是明确的时间限制。没有时间限制的目标无法进行考核，或者会导致考核不公平。上下级对于目标轻重缓急的认识程度不一样，上司很着急，但下属却不了解。最终可能导致上司大发雷霆，而下属觉得很委屈。这种没有明确时间限定的方式也会导致考核不公正，损害工作关系，打击下属的工作热情。

实施要求：目标设置必须具有时间限制，依据工作任务的权重、事情的轻重缓急，拟定出完成目标项目的时间要求，定期检查项目的完成进度，及时掌握项目进展的变化情况，以便对下属进行及时的工作指导，以及根据工作计划的异常变化及时调整工作计划。

总之，不管是制定团队的工作目标，还是员工的绩效目标，都必须符合上述原则。制定的过程也是对部门或科室前期工作掌控能力提升的过程，完成计划的过程也是对自身现代化管理能力历练和实践的过程。这个原则能够将目标具体化，并可以进行前后对比，以便后续复盘来确认目标设定的准确性。

四、分析原因

在已经进行了现状调查，并制定了改进目标后，要针对问题或问题症结（即最终找到的核心问题）进行原因分析。原因分析要展现问题的全貌，涵盖人、机、料、法、环、测等多方面，从全面到重点，从综合到局部。分析原因要彻底，即分析到可以直接采取对策的因素为止。正确、恰当地应用统计方法，即针对不同的适用条件选择不同的工具。原因分析须展现原因的全貌，无论用何种工具，必须客观全面地进行分析。只要是对问题有可能造成影响的因素，都要分析到。并纳入分析工具（鱼骨图、树图）中去，才不会漏掉有影响的因素。有些小组成果报告中的鱼骨图，却只有 3 ～ 5 个刺，树图只有少数几个分支，这主要是没有客观全面地进行分析所致。仅主观判定这几条是影响因素就纳入工具中，而其他因素主观认为影响不大，就不纳入工具中，这样往往会把真正有影响的因素漏掉。因此，必须全面、客观地分析。原因要展开分析到可直接采取对策的程度为止，原因需层层展开分析至末端原因。一个完整的鱼骨图至少应有 2 层，许多鱼骨图有 3 层或更多层。末端原因必须非常具体，不能是抽象的，要能够确认，直接采取对策。

（一）分析原因的三条路径

原因分析一般有以下几条路径：

路径一：采用 5WHY 分析法；

路径二：头脑风暴→亲和图→绘制鱼骨图→识别主因→验证真因；

路径三：人机料法环测分析→绘制鱼骨图→识别主因→验证真因。

问题解决小组收集问题的相关数据，并利用分层法、排列图锁定重点。当问题较为复杂时，可用头脑风暴来初步识别影响问题点的因素。小组根据问题分析规律的情况，选择是否用亲和图进行分类处理或直接按照人机料法作出鱼骨图，并将识别出的影响因素较大的要因（一般不超过 7 项）予以圈出。若已发生且流出的不良事项，需要进行发生和流出两个原因分析；要因圈出后，拟定验证计划，开展现场再现试验或查找资料予以验证。

这里需要说明的是：质量原因分析一般从发生因和流出因两个维度入手，进行思考对策会比较好。发生原因是根本的原因，流出原因是放走根本原因的原因。

例如：产品内有金属异物，导致出现绝缘不良。我们来思考一下，出现金属异物是根本问题。我们不能认为在绝缘检查处能发现不良，所以不会出现流出问题。出现的金属异物在自我工序中不能发现、不能去除，就会流出。

针对根本原因、流出原因，思考其再发防止对策。此时重要的是，如能杜绝根本原因的话，就不需要列出对策了。经常会发现侧重于流出对策的再发防止对策。

流出防止对策是对产品产生不了附加值的。用前面的例子来说，去除加工时发生的金属异物作业和耐压检查，都是没有产生附加价值的，属于为保证质量的附带作业。可能的话应消除、并尽量缩短这类作业。但是，经常会看到有做出进行二次全品检查的对策。侧重于根本原因对策的话，以前进行的无附加值的检查作业就可以消除。

（二）工具：5WHY分析法

《麦肯锡传奇》中有一段描述："企业倒闭最常见的原因并非对正确的问题给出了错误的答案，而是对错误的问题给出了正确的答案。太多的企业一次次做出看似最佳但却是建立在错误假设之上的决策，结果一点一点地将自己逼入了死路……麦肯锡若要帮助客户免遭倒闭的厄运，就必须找准问题……"。那么如何透过表象看本质呢？有什么方法步骤呢？"5WHY分析法"便是其中之一。

【案例】

一直提问的老板

场景A

杨老板巡视工厂时，发现地上有一摊油，他马上找来主管问道："你们的卫生怎么搞的，这摊油怎么没有处理，马上清理干净，工厂得保持整洁！"

主管连忙说好的，然后去找了拖把将地面清理干净了。

场景B

赵老板巡视工厂时，发现地上有一摊油，他马上找来主管问道："地上为何会有一摊油？"主管检查了一下，说道："老板，是旁边的设备漏油了。"

"为何设备会漏油？"

"因为油泵的密封圈断裂了。"

"为何密封圈会断裂？"

"因为采购了低价的密封圈，质量不太好。"

"为何要采购低价的密封圈？"

"因为采购部绩效考核的主要指标就是严格控制采购成本，那是您上周制定的政策。"

赵老板一时语塞，原来这摊油出现的根源竟然是自己。如果要彻底解决这个问题，就必须调整采购政策，否则问题还会持续出现，而且可能还会造成更严重的质量问题。幸亏没有用拖把一拖了事。

点评：两个老板遇到同样的问题，由于思维方式的不同，造成了结果的巨大差异。一个是安排人清理油污，另一个是调整采购政策，不同的处理方式导致截然不同的两种结果。

同样是地面有油的现象，杨老板只在表面上处理了问题，但根源问题依然存在。而赵老板因为连续问了几个为什么，找到了问题的本质。赵老板所用的就是经典工具：5WHY 分析法。如图 5.5 所示。

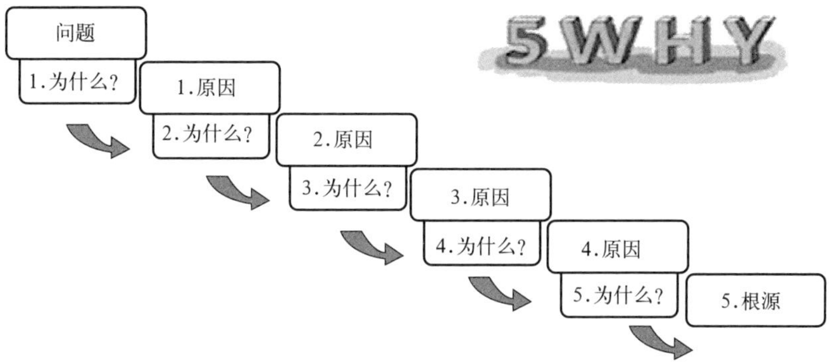

图 5.5　5WHY 分析法

所谓 5WHY 分析法，就是对一个问题连续以 5 个“为什么”来自问，以追究其根本原因。5WHY 又被称为：为什么 - 为什么分析，是一个诊断性的技术，用于识别和说明因果关系链。这种方法最初是由丰田汽车公司的丰田佐吉提出的，后来丰田公司在发展完善其制造方法学的过程之中也采用了这一方法。通过连续 5 次追问“为什么”，才找到问题的真正原因和解决的方法，所以 5WHY 法也被称为：丰田五问法。

沿着“为什么 - 为什么”的因果路径逐一提问，先问第一个“为什么”，获得答案后，再问为何会发生，以此类推，问 5 次“为什么”，或者更多，以此来挖掘出问题的真正原因。虽为 5 个为什么，但使用时不限定只做“5 次为什么的探讨”，有时可能只要几次，有时也许要问十几次。鼓励解决问题的人要努力避开主观或自负的假设和逻辑陷阱，从结果着手，沿着因果关系链条，顺藤摸瓜，直至找出原有问题的根本原因。如古语所言：打破砂锅问到底。

下面让我们来看看丰田汽车公司前副社长大野耐一是怎么通过运用 5WHY 法来找到工厂设备停机的根本原因的。

【案例】

大野耐一的问题

有一次，他在生产线上发现机器总是停转，虽经多次维修，但仍不见好转。于是他询问工人机器停机的原因。

于是出现了下面的问答对话：

问题一：为什么机器停了？答案一：因为机器超载，保险丝烧断了；问题二：为什么机器会超载？答案二：因为轴承的润滑不足；问题三：为什么轴承会润滑不足？答案三：因为润滑泵失灵了；问题四：为什么润滑泵会失灵？答案四：因为它的轮轴耗损了；问题五：为什么润滑泵的轮轴会耗损？答案五：因为杂质跑到里面去了。

经过连续五次不停地问“为什么”，才找到问题的真正原因和解决的方法，即在润滑泵上加装滤网。如果员工没有以这种追根究底的精神来发掘问题，他们很可能只是换根保险丝草草了事，真正的问题还是没有得到解决。

然而，在实际运用中，大家往往会犯各类不同的错误，下面为大家逐一列举，相信你看完后，对5WHY分析法的运用会更加有效。

（1）错误一　将5WHY分析法等同于5WHYS（即连问5个为什么），硬凑也要凑5个为什么。

解读：5WHY是一种分析手段，通过持续提问为何前一个事件会发生，来探寻问题产生的根源。不一定恰好是5个WHY，可能1个WHY就足够了，也可能连问10次都无法找到根源。

（2）错误二　只询问为什么会出现问题（发生因），而不询问为什么问题会流出（流出因）。

解读：客户（包括内部与外部客户）不仅关心为何会有问题出现，而且也极为关注为何自身的控制流程无法阻止问题流出。做得更细致的人还可能会问：为何我的质量管理体系未能阻止这个问题的发生。

（3）错误三　用主观推测替代客观事实来描述问题/分析问题。

错误地描述问题示例：刚才还在使用的手机，现在找不到了，如何描述这个问题？

错误地描述：手机掉了——推测手机找不到是因为掉落，没有事实依据。

正确的描述：手机当前不在常规放置的口袋里（客观事实）。

错误地分析问题示例：生产现场发现钻孔位置偏移问题，追问为什么钻孔会偏移？仅回答因为对位不准（主观推测）。

错误的分析：工程师没有第一时间前往现场，仅基于个人的判断推测原因，实际可能是图纸错误——即便对位再准确也会偏移。

解读：坚持“三现原则”，即现场（亲自到问题发生地）、现物（亲自查看实物）、现实（亲自了解客观事实），如图5.6所示。

（4）错误四　每个“为什么”仅对应一个原因，而实际上一个问题的发生往往是多个原因共同作用的结果。

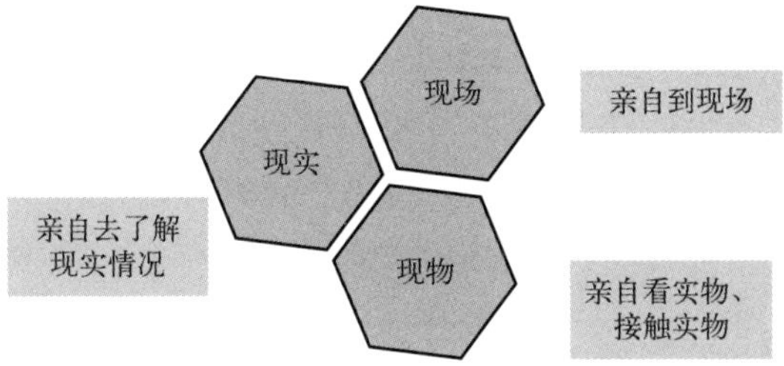

图 5.6 三现原则

解读：倘若问题存在一个以上的原因，就应当找出每个原因的根源。

（5）错误五　未找到问题的根本原因就停止，或者不明确何时该停止。

解读：5WHY 分析法应持续不断地追问下去，直至找到最关键、最具解决杠杆效应的根本原因。

（6）错误六　仅对找到的根本原因采取改进措施，而对之前的“WHY”所找到的原因忽略对中间层级原因的干预。

解读：不同层级的“WHY”所找到的原因都需要采取措施，依照其层级的不同，相应的措施分别为防堵措施、改善措施以及根本措施。

（7）错误七　针对每一层“WHY”找到的原因，直接假定为正确，而不进行反向的验证。

解读：在每一层分析完成后，在可行的情况下都应当进行反向的验证，以确定找到的原因是否正确，假设检验能很好地解决这个验证问题。

以上总结了 5WHY 分析法运用中常见的七类错误，除此之外，还存在诸如不坚持以解决问题为导向等其他错误。

（三）工具：头脑风暴法

头脑风暴（Brainstorming）指的是一群人围绕一个特定主题，展开自由联想与开放式讨论。其目的在于激发集体的智慧，催生新观点或提出新办法。

在问题分析与解决过程中，头脑风暴法在选择课题、现状调查、制定对策等各个环节被频繁运用，在原因分析里也是最为适用的方法之一。该方法的主要价值在于能在正常融洽且不受任何限制的氛围中，以会议的形式展开讨论、座谈，突破常规，积极思索，自由表达，充分发表见解。进而迅速谋求大量解决问题的构想，从各种不同角度探寻问题的原因或对策。

头脑风暴法充分体现民主，自由表达，各抒己见，群策群力，也被称作畅谈法、集思法、诸葛亮会。从事广告创意的美国人 A.F. 奥斯本于 1941

年最先提出，其含义是通过一组人富有创造性的思维，系统地、有规划地提出可行的方法和意见。

为使与会者畅所欲言，互相启发和激励，达到较高效率，必须严格遵守下列原则（如图 5.7 所示）：

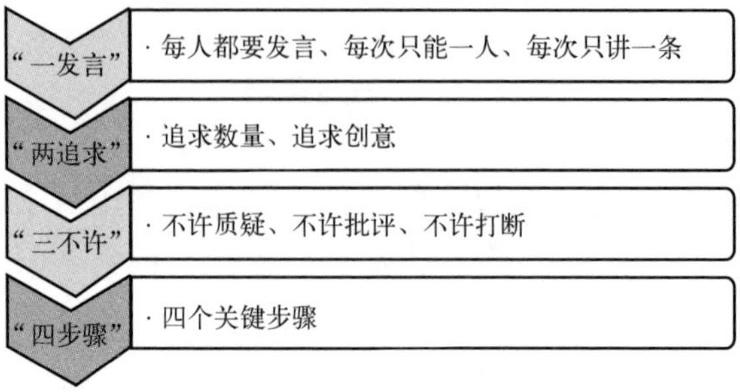

图 5.7　头脑风暴四原则

1. 结构化发言

每一位参与者需依次轮流发言，每次一人，每次一条。需从不同角度、不同层次、不同方位，大胆地展开想象，尽可能地追求标新立异、与众不同，提出具有独创性的想法。参加者既可以相互补充各自的观点，也能够综合各方想法，并通过改进提出自己的想法。

2. 多多益善

头脑风暴会议的目标在于获取尽可能多的设想，追求数量是首要目标。参与会议的每个人都要抓紧时间多思考，多提出设想。至于设想的质量问题，可以留待会后的设想处理阶段去解决。从某种意义上来说，设想的质量与数量紧密相关，产生的设想越多，其中的创造性设想可能就会越多。

3. 避免评判

在进行头脑风暴时，必须坚决遵循“当场不评价任何设想”的原则：既不能肯定某个设想，也不能否定某个设想，更不能对某个设想发表评论性的意见。所有的评价和判断都要延迟到会议结束之后才能够进行。这样做，一方面是为了防止评判对与会者的积极思维造成束缚；另一方面是为了集中精力先进行设想的开发，避免将本该在后阶段进行的工作提前，从而影响创造性设想的大量产生。不进行批评对于激发创新思维是十分必要的。

参加头脑风暴会议的人应尽可能避免考虑或评论方案的有效性、重要性、可行性和相关性等，而是在会议后再进行方案评审。严格遵守这一原则有助于保护会议成员的自信心和热情，从而收获更多、更出人意料的想法。

4. 严格遵守四个步骤

（1）主持人发言　主持人需明确会议议题，全面掌控会议流程，精准把握会议时间与氛围等。还要确保讨论不偏离主题，同时维持好会议纪律。主持人还需在会议进程中起到启发引导的作用，掌握讨论的进展情况，及时归纳发言的核心内容。

（2）个人自由发言　参加者不应受到任何条条框框的束缚，应放松思想，让思维自由驰骋。记录员要对小组成员的观点、想法及时进行编号，简要记录，会后整理形成汇报报告。

（3）小组讨论　小组讨论时，成员需集中注意力积极投入，不能消极旁观。每个人都要对讨论的题目积极地发表看法，发言无需客套，要目标明确，开门见山，充分交流，共同深入探讨议题。

（4）小组决策　要在规定的时间内完成讨论并形成小组意见。针对议题，小组要给出决策，找到相对应的原因或者解决方案。

头脑风暴这种方式使我们能够从不同的角度、不同的人群出发，通过思维碰撞的方式获得更多的决策。头脑风暴四步骤如图 5.8 所示。

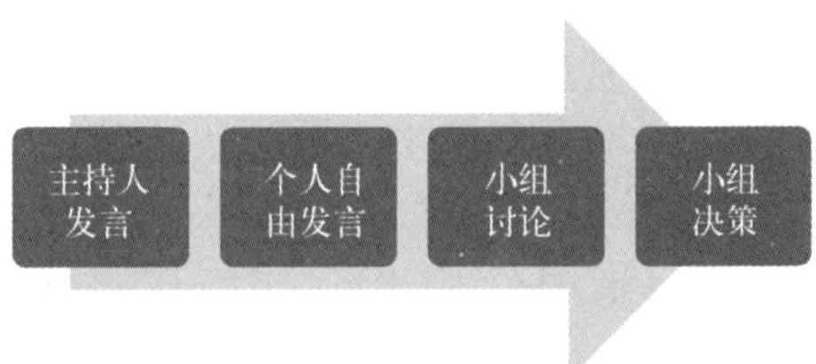

图 5.8　头脑风暴四步骤

（四）工具：亲和图

1. 亲和图的定义

亲和图法（Affinity Diagram），又称 KJ 法或 A 型图解法，是全面质量管理的新七种工具之一。其创始人是日本东京工业大学教授、人文学家川喜田二郎（英文 Kawakita Jiro），KJ 是其姓名的英文缩写。

1953 年，川喜田二郎在尼泊尔探险，将野外调查中看似毫无关联的大量事实记录下来，对结果和数据进行整理，通过对这些事实进行有机整合和归纳，以发现问题的全貌。后来他把这套总结出的方法与头脑风暴法相结合，发展成包括“提出设想”和“整理设想”两种功能的方法，即亲和图法，也就是 KJ 法。这一方法自 1964 年发表以来，作为一种有效的创造技法很快得以推广，成为日本流行的一种方法。

亲和图法，是针对未知或未曾接触过领域中的混乱问题，充分收集相关事实、经验、知识和意见等语言、文字资料，汇总后按其内在亲和性（即相互关系）归纳整理这些资料，从复杂的现象中整理出思路，抓住实质，使问题明确起来，求得统一认识，以利于找出解决问题的途径的一种方法。

亲和图法的核心是结合头脑风暴法，从结果倒推原因，其工具是亲和图（A 型图解）。所谓 A 型图解，是将收集到的某一特定混乱主题的大量事实、意见及设想等方面的语言、文字资料，根据它们的亲和性，归纳合并成卡片，探索其内在关联，在比较分类的基础上由综合求创新，进而从中找到所要解决的问题和解决问题的办法。

2. 亲和图的特点

亲和图法具有如下几个特点：

（1）当事实或观点处于混乱状态时，收集语言资料并整合，进而发现问题；

（2）在问题看起来太大、太复杂而难以掌握时，打破思维定势，催生新想法；

（3）把握问题本质，使相关人员形成明确认知；

（4）属于团体活动，充分采纳每个人的意见，提升全员参与意识。

亲和图法主要有两种类型，即个人亲和图及团队亲和图。这两种亲和图可根据具体情况分别加以采用。

个人亲和图：主要是指工作主要由一人来开展，重点放在资料的组织整理方面。

团队亲和图：由 2 个或 2 个以上的人员来进行，重点放在策略方针上，而后把所有成员的意见整理分类。

3. 亲和图的应用场景

使用亲和图法时，首先通过头脑风暴法将人们的不同意见、想法和经验无差别收集起来；而后利用这些资料间的相互关系予以归类整理，这有利于打破现状，展开创造性思维，从而采取协同行动以求得问题的解决。亲和图法的显著优点在于，在解决问题的过程中，能够促进团队学习，开阔视野，突破部门界限，获得整体观点，有助于减少内部矛盾，并将精力集中于解决问题而非内部消耗。然而，亲和图法和头脑风暴法一样，需配备引导者，只有在有经验的人引导下，才能有效促成坦诚与开放的态度，并在分类与归纳过程中形成合理的答案。亲和图法与统计分析方法不同，统计分析方法强调的是一切以数据说话；而亲和图法则主要靠事实说话，凭借“灵感”发现新思想、解决新问题。

在日常工作中，亲和图法有利于激发团队的创造力和直觉。先进行头脑风暴，然后运用亲和图，是典型的解决混沌问题的模式。

亲和图是一种用于对大量创意进行分组以便进一步审查和分析的技术，也可对潜在缺陷及成因进行分类并确定最应关注的领域。任何一个质量问题都可能受多种因素影响。当要解决的问题毫无头绪时，亲和图法或许就能派上用场，一个优秀的团队完全能够驾驭亲和图来理清这些因素间的关系。

比如，一个企业要解决某个质量管理中的棘手问题，然而问题非常复杂，状况混乱不清，牵涉部门众多，各种因素相互交织，让人有无从下手之感。此时就可以运用亲和图，从实际情况出发，先进行头脑风暴，再使用亲和图进行整理归纳，而后采取措施并最终解决痛点。

无论是战略方针制定、持续改进、全面质量管理活动（TQM），还是其他企业管理活动中，亲和图法都是寻找问题和解决问题的重要工具，在企业中常用于但不限于以下情形：

（1）企业战略和质量方针、目标的制定、评估及拓展；

（2）制定开发新产品、新项目、新市场领域的方针、目标和计划；

（3）产品的市场调查和销售预测；

（4）收集下属意见、培训下属，有效贯彻和落实企业的方针政策；

（5）对难以理清头绪的事情进行归纳整理，想出改善对策；

（6）迅速掌握未知领域的实际情况，找出解决问题的途径；

（7）协调各部门的意见，共同推动全面质量管理或质量改进。

4. 亲和图的应用步骤

简单来说，应用亲和图可分以下 5 步进行：

（1）定义问题　亲和图法适用于必须解决且允许一定时间去解决的问题。对于需迅速解决的问题，不适合采用亲和图法。

（2）头脑风暴　需有经验的人引导，收集语言、文字资料如事实、设想、意见等。若解决质量问题，可能需深入现场观察、调查并记录，将所有收集资料写成卡片。

（3）整理资料　对杂乱卡片资料，将相似内容归类整合，逐步整理出新思路。注意不可按已有理论和分类方法整理，避免被思维定式影响。

（4）分类关联　把同类卡片集中，确定隶属关系并写出分类卡片，贴在事先准备好的大纸或白板上，用线条连接有联系的。若编排后无联系，可重新分组排列直至找到联系。

（5）讨论评估　卡片分类后可暗示出解决问题的方案或显示最佳设想，经会议讨论或专家评判确定方案或最佳设想。

（五）工具：鱼骨图

1. 鱼骨图的定义

1953 年，日本管理大师石川馨先生所提出的一种把握结果（主题）与原因（影响主题的要因）的便捷有效的方法，故名“石川图”。又因其形状很像鱼骨，是一种发现问题“根本原因”的方法，是一种透过现象看本质的分析方法，故也称为“鱼骨图”或者“鱼刺图”。问题的主题总是受到一些因素的影响。我们通过头脑风暴法找出这些因素，并将它们与主题联系在一起，按相互关联性整理而成的层次分明、条理清楚，并标出重要因素的图形就形成了鱼骨图，所以鱼骨图又叫“主题要因图”、“因果图”，如图 5.9 所示。

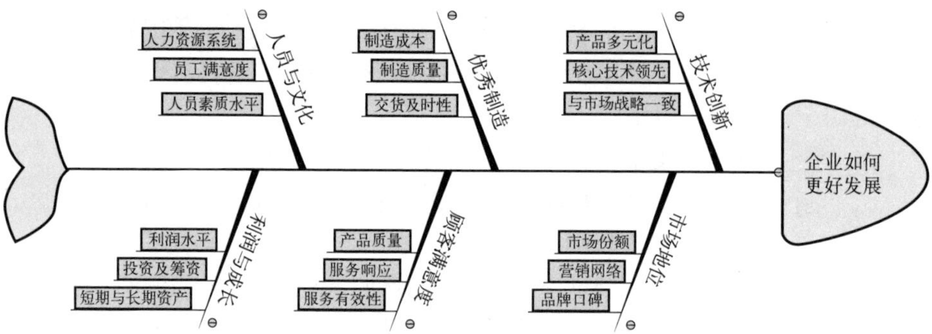

图 5.9　鱼骨图

鱼骨图依据其应用目的的不同，可分为以下三种类型：

（1）整理问题型鱼骨图　各要素与特性值之间无因果关系，仅为结构构成关系。例如，在写作中可用于分析话题、提炼观点、扩展论点。

（2）对策型鱼骨图　鱼头朝左，特性值通常以“如何提高 / 改善……”来书写。对策型鱼骨图主要聚焦在“做”的层面。对策型鱼骨图的鱼头一般朝左，以“如何……”开头。如：如何提升公司的业绩，如何实现财富自由，如何更有效地阅读一本书等等。显然，这类鱼骨图的目的是为达成结果，需不断设计方法和对策。它是指导性策略的一种重要图表表现形式，能够帮助我们全面地思考对策，并指导行动。

（3）原因型鱼骨图　鱼头朝右，特性值通常以“为什么……”来书写。原因型鱼骨图注重推理分析原因，停留在“想”的层面。

2. 鱼骨图的绘制

绘制鱼骨图并非难事，难的是在绘制之前对问题原因 / 结构的分析。分析问题原因 / 结构在先，绘制鱼骨图在后。此前我们已通过头脑风暴、亲和图或者人机料法等方式梳理出了结构，下面来看看鱼骨图的制作步骤。鱼骨图的制作包含分析和绘制这两步，而这两步又可细分为 9 小步，具体内容如下：

（1）依据问题特点选取分析方法；

（2）运用头脑风暴法针对各层各类找出所有可能的原因（因素）；

（3）将找出的各因素进行归类、整理，明确其从属关系；

（4）分析并选取重要因素，选取的重要因素不应超过 7 项；

（5）检查各因素的描述方式，保证语言简洁、意思明晰；

（6）负责人将需分析原因的问题写在白纸右侧的三角形框内（即鱼头），并在其尾部引出一条水平直线，该线称作鱼脊；

（7）工作组成员在鱼脊上绘制与鱼脊呈 45° 角的直线，并在上面标出引起问题的主要原因，这些呈 45° 角的直线称为大骨；

（8）对引起问题的原因进一步细化，画出中骨、小骨；

（9）对鱼骨图进行优化整理，用特殊符号标注重要因素。

3. 鱼骨图的应用流程

鱼骨图通常被用于分析绩效管理问题以及选取绩效考核中的关键绩效指标，其具体应用流程需结合应用目的而定，不过大体流程保持不变，具体内容如下：

（1）明确需解决的绩效问题，并将绩效问题书写在鱼头上；

（2）召集相关人员共同探讨问题的可能原因，运用头脑风暴法尽可能全面地找出原因；

（3）将相似或同类的原因分组，并在鱼骨上标注；

（4）对归类后的原因进行讨论、分析，找出根本原因；

（5）针对任何一个原因继续挖掘更深层次的原因，至少深入五个层次；

（6）深入五个层次后，当相关人员觉得无法继续进行时，列出原因，并列出多个解决办法。

对于工具而言，只有适合与否，不存在好坏之分，每种工具都有其使用目的和适用情形。

鱼骨图并非由一人绘制，而是综合团队意见的一种分析工具。其在具体应用过程中还应关注以下三个关键事项，关键事项的处理效果直接决定鱼骨图的运用成败。

关键事项一：在运用鱼骨图分析绩效管理问题之前，要明确问题的原因是否复杂，是否适合使用此工具；

关键事项二：在运用鱼骨图之前，要开展相关培训，提升鱼骨图的运用效果，尤其是鱼骨图软件使用培训；

关键事项三：运用鱼骨图分析时，可采用头脑风暴法充分调动相关人员的积极性，让大家尽可能多地说出真正原因，在此基础上绘制出鱼骨图。

综上所述，几种工具之间并非完全相互独立，而是相互辅助的。鱼骨图可用于全面分析问题，5WHY 可用于分析问题的根本原因；5WHY 和鱼骨图可以互为方法，穿插使用，也可单独使用；头脑风暴法是 5WHY 和鱼骨图的基础。

五、确定主因

想确认要因需要从末端原因中逐条识别、验证。鱼骨图、树图中展示的是原因的全貌，其中既包含末端因素，也包含中间因素——末端因素是直接作用于问题不被其他因素影响的最终因素。因此，对问题造成真正影响的主要原因必然在末端因素中，需逐条识别、确认。那么如何识别、确认主要原因呢？识别是否主要原因的唯一依据就是客观事实，而能够反映客观事实的就是数据。为此，对收集来的所有末端因素，应逐条到现场进行确认，获取数据，以判定这些原因对问题的影响程度，如影响程度大，就是主要原因，影响程度小，就不是主要原因。确认要因的一般程序，如图 5.10 所示：

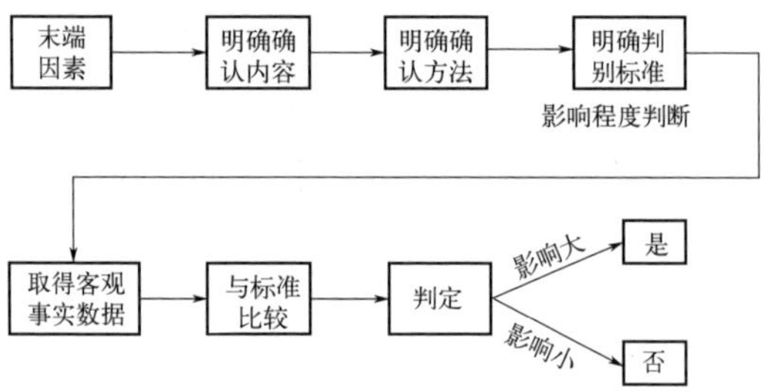

图 5.10 要素确认流程图

（一）要因确认的正确方法

要因确认通常有以下几种方法：

1. 现场测量、测试

有许多原因需要到现场测量、测试取得数据，与标准（要求）进行比对。如果取得的数据在标准范围内，就可以判定它不是主要影响因素；如果取得的数据与标准要求有明显差距，就可以判定它确实是影响问题的主要原因，并以此作为判定依据。此方法主要针对机、料、环、测等因素，样本要有代表性（如测量一天不同时间段的温度 / 压力）。

举例说明：铸模强度低的末端因素之一是“砂子含泥量大”。确认时，就要到现场抽取砂子的样本，测定含泥量为 3%，与标准要求（含泥量

≤ 1%）不符，说明砂子含泥量已失控，就能判定它是主要原因。

2. 现场试验

有些末端因素是不能直接测量、测试得到的，而要通过试验才能得到作为证据的数据。这时就要到现场安排试验验证，取得数据，以便作出更科学的判定。该方法主要针对方法类因素（如工艺标准制定不当），在其他因素不变的情况下进行对比试验，根据结果有无明显差异判断是否为要因。

举例说明：轧钢厂轧制钢板的弯曲率达 30%，末端原因之一是“压下量大”。为验证工艺规定的 25mm 压下量是否过大，需制定试验计划：在其他因素不变的前提下，将压下量调整为 20mm，试轧一批钢板后，弯曲率降至 8%，效果显著。因此判定“压下量大”为主要原因。

3. 现场调查

部分末端因素属于与人相关的类别，不能直接从现场测量或现场试验得到数据，但可以通过现场调查收集数据验证。

举例说明：针对“操作者未及时修整砂轮”这一原因，就可以通过对现场操作进行随机抽查的方式进行调查确认。工艺规定每磨 10 个工件必须重新修整砂轮，在三天内随机抽查 10 人次（覆盖不同班次），调查结果如下：

磨 10 个工件修整一次：2 人次；

磨 15 个工件修整一次：2 人次；

磨 20 个工件修整一次：5 人次；

磨 25 个工件修整一次：1 人次。

工艺执行率仅为20%，因此判定“操作者未及时修整砂轮”为主要原因。

★注意：需验证单一因素的影响性。例如验证“料”的问题时，需由同一个人、在同一台设备状态下验证料的影响情况；否则试验结果会存在综合性偏差，体现不出问题的本质。

★注意：需关注数据量与置信度的合理性。小样本验证时，需还原实际生产状态的影响效果。

（二）要因确认的不当方法

目前有些小组对以客观数据为依据的要因确认原则认识不足，或者还不善于用数据说话，因此应用一些不正确的方法来判定主要原因，从而导致所确定的主要原因证据不足；而有些主要原因却被遗漏，在制定对策进行改进后成效不大，或者对取得的效果不能很好巩固。不当的方法主要有以下几种：

1. 以“少数服从多数”的方法确定要因

集中多数人的意见或举手表决，都是建立在个人对事物的固有印象或经验基础之上，因此可能判定对，也可能判定错。经验丰富只能说明判对的可能性更大一些，但不能代表客观事实。所以，此方法判别主因是错误的。

2. 采用“0-1”打分法确定要因

“0-1”打分法是把所有末端因素收集起来以后，由小组成员每人对所有末端因素逐一表态，认为“是”就画“一”，“不是”就画“0”，在所有成员均表态后统计得分，得分多的就作为主要原因，少的就为非主要原因。由于“0-1 打分法”是小组成员每个人的主观认定，而不是客观事实，其性质与举手表决是完全相同的。该方法若用于选择课题，则说明所选定的课题是大多数人愿意做的，肯定能更好地调动小组成员的积极性，无疑是一种很好的方法。但该方法用于确定主要原因，则是错误的。

3. 用分析论证的方法确定要因

所谓分析论证，即对末端因素通过理论分析或者经验分析来判定。如表 5.7 所示：

表 5.7　要因确认表其一

末端因素	确认情况	是否要因
设备主轴间隙大	该设备已投产运转了 11 年，轴承磨损必然严重	是
人工上料误差大	繁重枯燥的上料工作很容易消磨工人的责任心，造成配料误差大	是
船员有章不循	年轻船员多，只顾经济效益，多载客，安全法治观念差	是

表 5.7 中三条要因的确认看起来很有道理，其实经不起深究。如设备运行 11 年，轴承到底磨损多少，间隙到什么程度才算间隙大；实际间隙多大，都不清楚。人工上料误差大、船员有章不循这两条末端因素同样如此。这种论证方法也是不反映客观事实，因此也是一种主观认定的错误判别方法。

4. 以“是否容易解决”的原则确定要因。如表 5.8 所示：

表 5.8　要因确认表其二

末端因素	确认情况	是否要因
面漆质量差	与材料部门把好进料关，可解决面漆质量差的问题	否
皮管漏风	小组成员只需要 10 分钟就可以将皮管切好	否
操作不熟练	只要稍加训练，现场人员就能熟练操作。	否

表 5.8 中三条要因的确认未用事实证明其是否存在。如对“面漆质量差”的确认，就应该到现场抽取面漆的样本，进行各个方面的检查；取得了数据，与面漆应达到的质量要求进行比较，以便回答面漆质量是好还是差。而案例中的确认没有回答面漆的质量好坏，而是“答非所问”的确认为“与

材料部门把好进料关，可解决面漆质量差的问题”。

在未核实面漆质量的情况下，就因为问题容易解决，而莫名其妙地把这条原因“否”掉了。显然这样的方法是错误的。

所以，我们要分析验证后找出真正的要因，这样才能制定出有效的对策。

六、制定对策

一旦确定了问题的根本原因和流出点，即可制定针对性的长效对策——此时的对策才具有治本的作用。对策制定就是针对前步骤选出的要因，探讨所有可能的改善对策，并进一步从中选取最合适的方案以及对合适方案进行排序，决定实施顺序的过程。

（一）提出对策

问题搞清楚后，就要开始制定对策。在制定对策时，应跳出固有思维框架，不要拘泥于固有观念，不因困难而放弃。广泛吸纳内外部建设性意见。针对每条要因，小组全体成员运用头脑风暴法从“效果”“成本”“风险”等维度提出尽可能多的对策，且每条要因至少拟定 2 个以上备选对策。

另外，为了达成更好的对策，建议多听相关部门、相关者的意见，争取全体利益最大化，应尽早将各个部门、相关者吸纳进来。对策拟定后，需获得上级核准方可执行，以此可获得资源支持。对思考出来的对策方案进行梳理，将类似的方案归为一组，整理成逻辑树的形式。检查逻辑树的各个层次上是否有遗漏或重复，将对策具体化，然后制订实施计划。

（二）评价对策

对策要具备效益性、经济性、时间性等多个特点。一个有效的对策需要符合以下几点要求：有改善效果，能达到预期的改善目标，能符合质量、成本的要求，对成员、同事的工作不会造成额外的负担，绝对的安全与可靠。

已在常态化执行的工作不宜作为对策，提出的对策要兼顾具体性和可行性等，所提对策实属需要。要避免采用临时性的应急对策、尽量采用依靠小组自己动手能够做到的对策。需要考虑对策的时效性，评价对策可以采用矩阵表的方式。以下是对各项评定标准的列举：

可行性：用这个指标来评价所列对策的可行程度，包括成员的能力范围以及成员是否可自行解决或需要通过其他部门协助才可完成等因素。

效益性：用这个指标来评价所列对策实施后是否能达到预定的目标。

具体性：用这个指标来评价对策是否过于抽象和笼统。

经济性：用这个指标来评价对策是否符合经济效益要求，即需要考虑投入产出比。

时间性：用这个指标来评价对策是否能够在预期的时间期限内，顺利完成对策的实施。

（三）制定对策计划

对策确定后，如何实现该对策，需重视措施的研究。要追求对策的效果，采取哪些具体措施才能达到对策的要求，这就是制定对策计划。仅仅考虑方案是不能改变现状的，关键是制定明确具体的行动计划。

5W1H 对策表也叫措施计划表。对策表是整个改进措施的核心计划，是下一步实施对策的依据。在运用对策表时，首先用排列图和鱼刺图找出影响质量的主要原因，然后再梳理出解决产品质量问题的具体措施，并予以落实。我们可以根据 5W1H 的原则来制定对策计划表，对策表应包括要因、对策、目标、措施、地点、时间、负责人等核心内容，其中对策、目标、措施这三者的逻辑顺序不可颠倒。5W1H 的原则具体如下。

WHAT 对策：针对主要原因制定的最佳对策；

WHY 目标：对策应达到的目标；

WHO 负责人：谁负责做；

WHERE 地点：对策的实施地点；

When 时间：完成的时间；

How 措施：实现对策的具体做法。

此处的目标是指设定对策目标，以此检验对策实施的结果是否良好。必须满足对应主要原因的判别标准，甚至高于该判别标准；是尽可能量化、可检验的目标。

制定对策表常见的问题有以下几种：

1.“对策”和“措施”混在一起

“对策”是指做什么，要确切；措施是指怎么做，要具体。比如某一对策（措施）表述为：“加大员工培训力度，鼓励员工自学成才”。这个描述中我们无法看出确切的对策和具体的措施，所以无法用对策表去指导下一步的实施。

2. 目标栏未明确定量的目标值

目标值尽量要定量。若无法量化，也需制定可检验的目标，如此才能对比对策实施前后的状态并确认效果。具体目标制定的方法，可以参考前面在设定目标中讲的 SMART 原则。

3. 在对策表中使用抽象的词语

应避免使用“加强”“提高”“减少”“争取”“尽量”“随时”等抽象的词语。这一问题也违背了明确具体的原则，无法真正做到数据或者行为的量化，以此指导具体的实施步骤。

4. 不是针对每一条要因都逐条制定对策。

我们要求的是每一条要因都要逐条去制定对策，且不可将已确定的要因按照“人”“机”“料”“法”“环”等类别重新归纳整合，统一制定对策。如表 5.9 所示：

表 5.9　对策表示例

序号	主要原因	对策 What	目标 Why	措施 How	地点 Where	负责人 Who	时间 When
1	超声波强度不足	更换超声波装置	ZE05.C35“清洗机超声波设备检测工艺规范”：100% 击穿锡纸	1. 全面检修每一台超声波设备强度； 2. 更换异常的超声波装置； 3. 增加超声波强度点检表	现场	张三	9 月 30 日
2	吹水感应器感应不良	优化吹水感应器感应方式	QJ/ZE.40.03.769“泵体零件清洗机点检指引”：吹水感应器感应不良率为 0%	1. 将红外感应器改为光栅感应器； 2. 将感应器位置由下方调整到左右两侧； 3. 每周一次检车吹水感应器情况	现场	李四	9 月 25 日
3	零件放置在空调口下	改善零件与空调的位置	ZE05.C18“压缩机零部件防锈工艺规范”：泵体零件直接放在空调口前方 2.5mm 以内放置率为 0	1. 重新布局零件分选位置及空调位置并挂标识； 2. 全员宣贯不得将零件放置在空调口下	现场	王五	9 月 23 日

七、实施对策

（一）实施对策注意事项

1. 交代清楚

需明确各项对策与原因之间的对应关系，以及哪些事由哪些人干？什么时候干？何时完成？如何检查及实施的流程。

2. 紧盯状态

需边实施边验证对策的有效性和效果，按照对策表中的具体措施推进每项对策实施。每项对策实施完毕，需及时收集数据，确认是否达到对策目标。对策目标是小目标，是前一步骤对策表中的目标，而不是课题目标。必要时，需验证对策实施结果在安全、质量、管理、成本等维度是否存在负面影响。

3. 临机调整

当未达成对应对策目标时，或者对策实施产生负面影响，需修订措施并按新的措施推进。

4. 如实记录

如实按照对策实施的过程填写“对策实施记录表”，完善活动记录。如表 5.10 所示：

表 5.10　对策实施记录表

<table>
<tr><td>对策名称</td><td colspan="2"></td></tr>
<tr><td>主要因</td><td colspan="2"></td></tr>
<tr><td>问题点</td><td colspan="2"></td></tr>
<tr><td colspan="2">对策内容：
What改善对象
how实施步骤
D</td><td>对策实施：
Who负责人
When实施期间
Where实施地点
D</td></tr>
<tr><td colspan="2">A
对策处理：
达目标列入标准
未达目标再对策</td><td>C
对策效果：
对策执行情形
对问题点改善效果</td></tr>
</table>

（二）实施对策常见问题点

（1）未按对策表的具体措施实施；

（2）对策实施效果缺乏数据支撑，未明确具体时间，或与对策表规定的完成时间不一致；

（3）对策实施过程中，仍在进行对策方案选择；

（4）实施效果只强调了与实施前比较，未验证对策的小目标是否达成；

（5）每个对策实施后检查课题总目标达成情况，且时间节点混乱；

（6）实施效果数据的收集周期与课题效果检查周期相互混淆。

八、效果检查

在所有对策实施完毕后，我们需要做效果检查。效果验证需对各项措施的实施效果进行核实，以明确这些措施的实施是否有效及有效程度如何。

（一）效果检查的内容

效果检查阶段涉及的检查内容比较多，主要有五个方面：

1. 达到小组目标情况

主要检查小组通过开展改进或创新活动，是否达成设定目标。

2. 现状改进情况

小组达到了设定的目标，需进一步核实该目标是否通过小组努力、改善现状实现的。因为小组目标的实现，可能存在与小组努力无关的因素，如物价波动、气候变化等。例如，小组活动是解决 A 缺陷，将某零件不合格率降至 2%；最后结果可能是其他原因或第三方解决了 B 缺陷，致使某零件不合格率降至 2%。因此需核实现状存在的症结问题是否得到改善。

3. 非预期效果（副作用）检查

小组虽然已经达到目标，但在采取措施的过程中可能产生非预期的副作用。如对环境、对下道工序或其他特性值产生影响，或导致资源消耗上升等。所以在效果检查阶段，还应该对非预期效果（副作用）进行检查，发现的问题可作为下一个 PDCA 循环的研究课题。

4. 经济效益

小组活动不刻意追求经济效益，但若产生了经济效益时，需如实核算。

5. 社会效益

通过小组活动给利益相关方带来的收益，涵盖社会公众、顾客、员工、股东、供应商等。小组成员自身得到的收获，将在总结阶段阐述。

（二）效果检查的方法

1. 检查完成小组目标的方法

（1）检查时机　对策表中的措施全部完成后，即可收集数据，检查是否达到设定的目标值。此时检查有利于及时掌握完成目标的情况。若没有达到目标值，可及时排查原因并制定针对性对策。有的小组习惯在对策措施完成后，运行三个统计周期或更长时间再收集数据，检查小组目标是否达到。在统计周期较短，如天、时等时间，运行三个统计周期后检查目标达到情况，影响不大。但如果统计周期为月、季等，没完成目标的小组就错失了及时改进的机会，同时延长课题完成周期。

巩固期的效果应在确认小组已达到目标之后，再持续观察一段时间，通常为三个统计周期。这三个统计周期的数据即巩固期效果。若巩固期效果稳定在目标值及以上，即可制定巩固措施。

（2）常用的检查方法　检查目标完成情况常用的方法有柱状图、调查表、折线图等。在检查目标完成情况时，首先应将对策实施后的水平与目标值、与对策实施前的水平进行对比，以确认目标是否达到；其次与巩固期的水平对比，核实效果是否稳定在目标值及以上。

若目标值不能用数值表示，而是用文字表述的可检查目标，则仅需以文字说明目标达成情况。

2. 检查现状改进的方法

（1）检查时机　经检查，小组目标值已经达到，即可收集数据，检查对策实施后对现状的改善效果。

（2）常用的检查方法　现状改进的检查方法有很多，常用的包括：调查表、排列图、直方图、控制图、散布图、简易图表以及水平对比法等。为保证检查结果的有效性、可比性，小组不论运用何种方法来检查现状改进情况，都必须注意两点：

① 方法的一致性　即所用的检查方法必须与现状调查时所用的方法保持一致。

② 统计周期一致性　用于效果检查的数据，其统计周期必须与现状调查时所用的统计周期保持一致。关于收集数据，通常情况下可采用巩固期的数据。在目标检查时，巩固期效果只需呈现平均水平；而在现状改进检查时，则需要列出较为具体的数据。

（3）统计方法运用案例　不同的检查内容适用场景不同：运用排列图或饼图来检查现状改进情况，运用直方图检查现状改进效果，通过控制图监控现状改善效果的稳定性。

3. 非预期效果检查（副作用）

（1）检查时机　现状改进效果检查完毕，便可以检查活动中采取的措施是否产生了非预期的副作用。

（2）检查内容

① 对其他特性值、项目、下道工序等是否带来了副作用；

② 对环境是否造成污染或破坏；

③ 对顾客是否有影响，如安全性、可靠性，使用成本增加等；

④ 对管理是否产生负面影响，如成本、生产期等。

（3）检查方法　可用调查表、简易图表等。

（4）验证　经调查发现可能产生某种副作用时，需通过对比试验进一步验证，确认该副作用是否由小组实施对策所致。

4. 经济效益计算

经济效益的核算周期为小组活动期内（含巩固期）所产生的经济效益。计算公式：经济效益 = 产生收益 − 投入的费用。经计算得出的经济效益必须经过单位相关部门确认后，方可作为小组活动产生的最终经济效益。

5. 无形 / 社会效益

这里所说的社会效益是狭义的，仅指活动结果产生的无法用价值形式衡量的、对社会发展有益的积极作用或促进效果。社会效益并非在每次活动中都能产生，只有当小组活动产生了社会效益时才进行总结检查。在开展公益性小组活动时，需重点检查其产生的社会效益。活动小组检查社会效益可涵盖多方面，如资源再利用、保护环境、减少污染、节能降耗、公益支持、成果推广应用等。

综上所述，活动小组在进行效果检查时要依据课题及实际需要，选取适当的方法，在适当的时机展开，做到既不夸大，也无遗漏。

九、标准化

根据已确认的效果，明确有效的对策。对有效对策制定标准化文件并固化，纳入作业指导书或存档文件管理。结合现场实际状况合理制定材料、设备、制品等作业方法、手册、规定、规格等标准，有组织、有系统、灵活有效地运用，以实现经营管理之目的。

对标准化的措施开展培训和宣贯，并进行横向推广。在适当场合展示成果，既便于分享成功经验，也利于他人借鉴。标准化是维持企业管理现状不滑坡、积累和沉淀经验的最佳方式，也是企业管理水平不断提升的基础。可这样说，标准化是企业管理系统的动力，没有标准化，企业难以进步，甚至可能倒退。

（一）现场标准化的方法

如图 5.11 所示，现场标准化的制定，原本是由管理者单独制定，现需吸纳现场的操作者参与。首先，现场的操作者最为熟悉该岗位作业内容；其次，吸纳其参与可增强现场操作者的参与感与认同感，同时还能起到培育下属的作用。

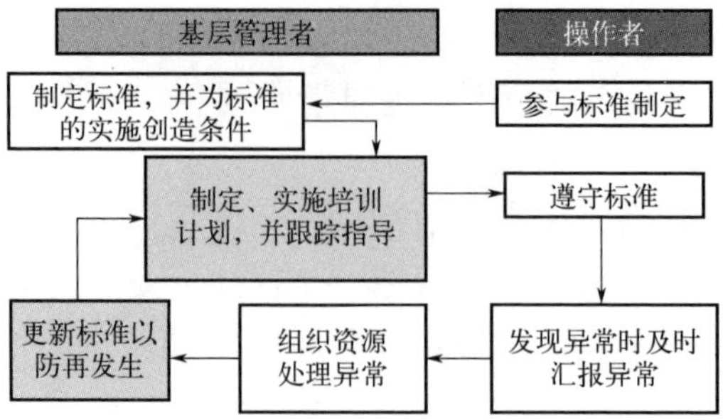

图 5.11　现场标准化的流程方法

要让标准的执行者参与到建立标准的过程中。也就是说，要让具体经营管理操作者参与到形成标准的这一过程中。因为人们对于自己参与过的事情通常都会表示赞同。在建立标准时，切不可企业单方面建立一套标准，而后就强迫并约束员工去执行；而应在标准制定阶段，就让相关的操作岗位都参与进来。

在整个标准化执行过程中，我们务必引导员工对企业的标准化系统形成一个正确认知。先要有一套结合企业实际情况提炼出来的关键系统标准化，严格执行以形成企业固化的一套操作标准化。发现异常时要及时上报。在经营过程中再逐步进行优化，标准化没有终点，需要持续进行改善！标准化制定的主要内容一般包括：

1. 技术标准

技术标准即企业生产的产品技术要求及其依据，是针对企业生产产品的技术要求所制定的统一标准。

2. 管理标准

管理标准乃是对企业标准化领域中需要协调统一的管理事项所制定的标准，是贯彻和实施技术标准的重要保障。

3. 工作标准

工作标准主要在于研究规定各个具体的人在生产经营活动中应尽的职责和应有的权限，以及对各种工作的量、质、期及其考核要求所作出的规定。

（二）标准化原则

标准化的制定要遵循以下三大原则（如图 5.12 所示）：

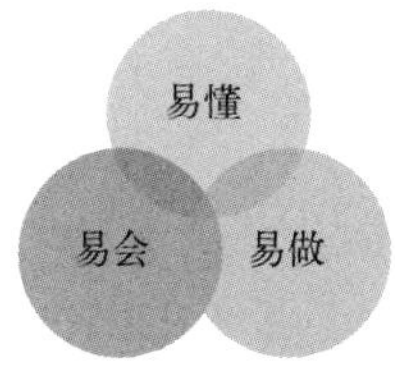

图 5.12　标准化三原则

1. 易懂

生产现场的所有员工，其文化水平、年龄层次、个人能力均存在差异，有高有低。标准化的操作手册必须做到简洁易懂、深入浅出且便于理解。这样才能确保任何一位员工拿到手册都能够看懂。

2. 易会

标准化的制定需确定标准的涵盖范围。该范围既不宜过宽，也不宜太窄。过窄会导致内容繁琐，过宽则会缺乏实际具体内容。以上情况都不利于员工掌握标准化作业的内容。

3. 易做

标准化作业的内容主要是作业过程中的标准化问题。涵盖作业程序的标准、作业方法以及手段的标准等。然而作业的实际过程都是在人机系统中进行的，也就是说标准化作业必须易于操作。

（三）标准化的好处

标准化作业是许多将精益和六西格玛[1]应用于工作流程的组织常用的管理方式；其优势显著，几乎每个组织都可以应用。总结如下：

1. 全面提高质量

全面提高质量标准化作业最明显的积极影响是，它能在几乎所有方面提高工作质量。这样就更容易确保事情与规范精准匹配，同时员工们也能明确流程的各环节的预期结果。在控制最终质量方面，这本身就是一个巨大的好处。不仅如此，标准化作业还能让组织更高效地识别生产中的问题，进而强化对最终生产质量的管控力度。

2. 有效减少浪费

有效减少浪费是许多现代组织中最重要的主题之一，因为许多公司现

---

[1] 六西格玛旨在通过核心流程（定义、测量、分析、改进和控制，即 DMAIC）及配套的方法和工具，降低过程中的缺陷和变异，追求近乎完美的质量水平。它强调以数据为驱动，通过识别并根除过程中的问题根源，实现业务流程的系统性优化和绩效的大幅提升，广泛应用于制造业、服务业等多个领域，以帮助企业提升效率、降低成本、优化质量。

在都在处理生产流程中的重大浪费问题。通过遵循标准化的工作原则，可以将浪费减少到绝对最小值。因为它会在最初的规划阶段，甚至在到达任何生产点之前就被消除。这就把消除浪费的责任前置到了设计环节而不是生产环节，设计阶段管控浪费的效果通常更优。

3. 缺陷很容易被识别和解决

当整个工作流程被拆解成标准化的部分时，就更易明晰何时出现了问题，以及可能出现了什么问题。在一个典型的标准化作业流程中，倘若一切都得到了正确施行，那么错误检测便极为简单，事后纠正错误只需遵循既定的程序即可。在解决生产线中的问题时，这可为组织提供更大程度的灵活性，同时提升规模扩张的能力，且无需担心质量滑坡。

4. 简化预算规划

当你对整个过程的每一部分的成本都有了很好的认知后，你就能够更从容地规划公司的预算以及市场的下一步行动。当然，总会存在一些偏离标准的情形，尤其是在处理故障设备和其他生产问题时。但在大多数情况下，公司能够预期其大多数项目的成本稳定在合理区间。当你将整个预算当作一个难题来对待时，对预算进行修改也会容易得多。

5. 精简员工培训

对于每一个组织而言，让新员工融入工作团队向来是一项极具挑战性的工作。特别是那些在工作中涉及较复杂程序的组织。公司仅在培训上投入大量资源的情形并不少见，从长远来看，这或许会对企业预算造成巨大消耗。标准化作业能够让一个组织尽可能轻松地帮助新员工融入到工作中，而不会遭遇任何阻碍或停滞。倘若执行到位，甚至可以在几乎无需额外人工干预的情况下执行此操作，进而使新员工加入的流程变得极为精简且高效。这反过来又能让公司在人员招聘及雇佣频次方面更加灵活。

结论：对于任何正确实施标准化作业的组织来说，标准化作业可为工作带来巨大的益处，并且也无需太长时间就能够开启这个过程。这是每一位有责任感的领导者在公司发展进程中都应该尽早关注并推行的管理举措。因为从长远来看，采用这种方法是减少整个组织压力和错误的最便捷有效的方式之一。

十、总结和下一步打算

（一）总结

不求与人相比，但求超越自己，没有总结就没有提高。

小组在课题解决后，全体成员应对本次选题分析解决过程进行总结，梳理本次改善历程中个人及团队的成长与不足。

其意义在于：明确成功与不足之处，梳理满意环节与待改进点。肯定成功的经验，有利于今后更好地开展活动；汲取失误教训，以使今后的活动少走弯路。通过总结，鼓舞士气、增强自信、体现自身价值，提高分析问题和解决问题的能力，更好地调动小组成员的积极性和创造性。我们可以从以下三个方面进行总结：

1. 专业技术

小组在活动中分析问题成因、确定主要原因、制定对策及推进改进，均需运用专业技术。通过活动，小组成员的哪些专业技术得到了提升？哪些专业知识及经验得到了掌握？而哪些专业知识和技能还存在欠缺？这所有的一切都需要小组成员共同认真梳理总结。通过总结必定会让小组成员在专业技术方面获得一定程度的提高。

2. 管理技术

在解决问题的整个过程中，小组活动是否遵循科学的 PDCA 循环程序推进；解决问题的思路是否一环扣一环，是否具备严密的逻辑性？在各个阶段是否都能以客观事实和数据作为依据，进行科学地判断、分析和决策？改进方法的应用方面是否正确且恰当？这一切都需要通过总结得以呈现。通过对管理技术方面的总结，能够进一步提升小组成员分析问题和解决问题的能力。

3. 综合素质

小组在对活动过程进行总结时，可从以下几个维度对小组成员的综合素质展开评价：

（1）质量意识（或安全、环保、成本、效率等意识）是否得以提升；

（2）问题意识、改进意识是否得以增强；

（3）分析问题与解决问题的能力是否有所提升；

（4）解决问题的方法是否掌握得更多一些，且运用得更为准确娴熟；

（5）团队精神、协作意识是否得以树立或强化；

（6）工作干劲和热情是否更为饱满；

（7）创新精神和能力是否有所提升等。

通过综合素质的自我评价，让小组成员明晰自身的进步，从而更好地调动小组成员质量改进的积极性和创造性。小组进行综合素质的自我评价，通常会采用评价表，并绘制成简易的雷达图或柱状图，使自己或他人能够一目了然地看出活动前后的对比状况。

（二）下一步打算

下一步打算的意义在于践行持续改善的理念。可以将此次改善历程整理为书面报告提交给公司，并启动下一个议题的分析解决历程。

在对本次活动进行全面总结的基础上，小组可明确下一次活动的课题，推动小组活动持续地开展下去。对于下一步要解决的课题可以从以下方向选取：

（1）在现状调查分析问题症结时，已经解决找出的关键少数问题；而原本的次要问题则上升为主要问题，把它作为下次活动的课题持续解决。这将使质量提升到一个新的水平，追求卓越，持续改进。

（2）在最初选择课题时，小组成员曾提出过多个备选课题，经过小组的评估，得分最高者已经解决了。在其余的问题中，可筛选出适合小组继续研究、解决的内容。

（3）再次动员小组成员广泛提出问题，经评估后选取新课题。

参考文献

[1] 西格蒙德·弗洛伊德 . 自我与本我 [M]. 上海 : 上海译文出版社 , 2011.

[2] 麦格雷戈 . 企业的人性面 [M]. 北京 : 中国人民大学出版社 , 2008.

[3] 威廉·大内 . Z 理论 [M]. 北京 : 机械工业出版社 , 2013.

[4] 彼得·德鲁克 . 卓有成效的管理者 [M]. 北京 : 机械工业出版社 , 2005.

[5] 张兆勤 . 浅谈参与式管理 [J]. 兰州学刊 , 2004(2): 109-110.

[6] 查尔斯·E·贝克 . 管理沟通 [M]. 康青等译 . 北京 : 中国人民大学出版社 , 2003.

[7] 李平 . 浅议团队的构成要素和优化团队管理 [J]. 企业经济 , 2003(04): 135-136.

[8] 史蒂芬·科维 , 罗杰·梅里尔 , 丽贝卡·梅里尔 . 要事第一 [M]. 刘宗亚译 , 北京 : 中国青年出版社 , 2011.

[9] 郝萌、程志超 . 真实型领导、积极氛围与下属创造力 [J]. 科研管理 , 2015(12): 103-109.

[10] 帕特里克·兰西奥尼 . 团队协作的五大障碍 [M]. 北京 : 中信出版社 , 2022.

[11] 卢志龙 . 4M1E 分析法在企业 6S 管理推行中的应用 [J]. 企业改革与管理 , 2015(07): 6-7.

[12] 威尔·鲍温 . 不抱怨的世界 [M]. 湖南 : 湖南文艺出版社 , 2021.

[13] 斯蒂芬·P·罗宾斯 . 组织行为学 [M]. 北京 : 中国人民大学出版社 , 2008.

[14] 芭芭拉·明托 . 金字塔原理 [M]. 北京 : 南海出版公司 , 2019.

[15] 卢宁 , 吴超 , 贾楠 . 相似安全管理学的创建 [J]. 中国安全科学学报 , 2017(04): 1-6.

[16] 丁良 . 警惕安全生产管理中的“达克效应”[J]. 现代班组 , 2023(12): 26.

[17] 李政 , 张春强 , 董晓斌 . 探讨企业安全控制管理体系构建 [J]. 食品工业 , 2024(05): 251-252.

[18]Heinrich, H. W. Industrial accident prevention : A scientific approach[M]. McGraw-Hill Book Company Inc. , New York and London, 1941: 27-28.

[19] 毛一宁 . 化工企业安全管理体系的构建与优化 [J]. 清洗世界 , 2024, 40(05): 190-192.

[20] 冈村拓朗 . PDCA 循环工作法 [M]. 北京 : 北京时代华文书局 , 2021.

[21] 加布里埃尔·温伯格 , 劳伦·麦肯 . 如何解决问题 [M]. 杭州 : 浙江教育出版社 , 2022.